北京市社会科学院文库

统筹发展和安全研究

新时代大国首都的生动实践

RESEARCH ON COORDINATING DEVELOPMENT AND SECURITY

THE PRACTICE OF THE CAPITAL OF A GREAT COUNTRY IN THE NEW ERA

杨 奎 等 著

社会科学文献出版社
SOCIAL SCIENCES ACADEMIC PRESS (CHINA)

序　言

以习近平总书记关于统筹发展和安全的重要论述为根本遵循，首都统筹发展和安全是率先探索构建新发展格局有效路径的必要条件，是率先基本实现社会主义现代化的内在要求。本书阐释习近平总书记关于首都政治、文化、科技、国际交往、经济、社会、生态等多个领域做好发展和安全工作的重要论述，发掘其丰富的理论内涵。通过对首都发展和安全的重点领域开展系统调研和理论归纳，对影响首都发展和安全的不确定性因素进行系统分析，着眼于防范和化解首都现代化进程中的各种重大风险，为推进首都发展和平安北京建设提出实践路径与对策建议。主要内容和创新性观点集中体现在以下几个方面。

第一，基于整体性的视角，研究分析了统筹发展和安全的时代背景与基本内涵。

一是研究了统筹发展和安全的时代背景。百年未有之大变局是统筹发展和安全治国理政重大原则提出的国际背景。中华民族伟大复兴战略全局是统筹发展和安全的出发点与根本诉求。“两个一百年”奋斗目标是统筹发展和安全实现中华民族伟大复兴的时间表和任务计划书。中国作为世界大国，承担着维护国际安全、促进全球经济社会发展的重要责任，统筹发展和安全体现大国担当。二是阐释了统筹发展和安全的基本内涵。以“五位一体”总体布局统筹好经济社会各个发展领域，奋进全面建设社会主义现代化国家新征程。以国家总体安全观统筹好各个安全领域，开创新时代国家安全工作新局面。坚持走中国特色社会主义发展道路与中国特色国家安全道路，统筹好发展和安全。三是论证了统筹发展和安全的辩证关系。从根本上来说，安全与发展是辩证统一和两面一体的关系，是一体之两翼、驱动之双轮。

第二，基于系统性的视角，研究阐释了习近平总书记关于统筹发展和安全的系列重要论述。

统筹发展和安全，是以习近平同志为核心的党中央站在“两个一百年”奋斗目标历史交汇点，统筹中华民族伟大复兴的战略全局和世界百年未有之大变局，对“变”与“不变”的科学驾驭和战略研判，是新时代中国特色社会主义进入新发展阶段、贯彻新发展理念、构建新发展格局和开启全面建设社会主义现代化国家新征程的必然要求。

“统筹发展和安全”战略思想的形成与发展，主要包括形成阶段（1978~2012 年）、深化发展阶段（2013~2016 年）、系统化体系化成熟阶段（2017 年至今）三个阶段。统筹发展和安全应坚持的战略原则主要包括：坚持党的领导是统筹发展和安全的根本原则；以当代中国马克思主义、21 世纪马克思主义为方法论指引原则；不断完善社会主义制度；坚持人民至上是统筹发展和安全的核心原则。统筹发展和安全的实现路径主要包括：贯彻总体国家安全观，建设更高水平的平安中国是总目标；增强忧患意识，做到居安思危是前提；系统思维是统筹发展和安全的基点；把安全发展贯穿国家发展各领域和全过程是中国式现代化的题中应有之义。

第三，基于历史逻辑的视角，系统总结了中国共产党统筹发展和安全的百年历程、辉煌成就和宝贵经验。

“统筹发展和安全”是党的十八大以来以习近平同志为核心的党中央在统揽国内外全局基础上提出的重大命题。历史是最好的教科书，也是最好的清醒剂。回顾和梳理党一百年来对于“发展”和“安全”问题的认识深化、理论深化、实践深化过程，对于研究今天和未来党如何统筹发展和安全具有重要的基础性作用。在新民主主义革命时期，实现以“站起来”为目标的政党安全和政党发展；在社会主义革命和建设时期，实现以“站稳脚”为目标的政权安全和经济建设；在改革开放和社会主义现代化建设新时期，实现以“富起来”为目标的经济发展与经济安全；在中国特色社会主义新时代，实现以“强起来”为目标的高质量发展与高水平安全。

中国共产党统筹发展和安全的百年经验主要表现如下。一是坚持党的领导。办好中国统筹发展和安全的大事，最根本的是坚持党对发展和安全工作的全面领导，不断增强“四个意识”、坚定“四个自信”、做到“两个维护”。二是坚持人民至上。从新民主主义革命时期到社会主义革命和建设时期，从改革开放和社会主义现代化建设新时期到中国特色社会主义新时代，我们党始终坚持人民立场和人民至上的理念，很好地回答了“为了谁”“依靠谁”的问题。三是坚持辩证思维。在新民主主义革命时期与社会主义革命和建设时期，党在发展和安全的策略安排上都侧重于“安全”，只是在前一个历史阶段侧重的是政党安全，而在后一个历史阶段更侧重于政权安全；改革开放和社会主义现代化建设新时期，党在发展和安全的策略安排上更侧重于“发展”，尤其是“以经济建设为中心”的改革发展；中国特色社会主义发展进入新时代，尤其是在百年变局和发展环境复杂多变相互交织的当下，中国共产党必须“统筹发展和安全”，把“发展”和“安全”作为同等重要的两件大事来抓。四是坚持系统观念。在世界百年未有之大变局下统筹国内国际两个大局要求坚持系统观念，在我国社会主要矛盾发生变化的新时代解决发展不平衡不充分问题要求坚持系统观念，在可以预见和不可预见的矛盾风险挑战面前统筹发展和安全要求坚持系统观念。五是坚持独立自主。“坚持独立自主”是党经过百年奋斗总结出的具有根本性、长远性的十条历史经验之一，深刻揭示了党始终掌握历史主动的根本原因。

第四，基于理论逻辑的视角，深入阐释了首都统筹发展和安全的重要意义及其主要内容。

北京作为伟大社会主义祖国的首都、迈向中华民族伟大复兴的大国首都、国际一流的和谐宜居之都，加强统筹发展和安全具有重要意义、深刻含义、丰富内容和远景目标。首都统筹发展和安全，是基于历史经验、解决现实问题、落实首都功能定位、率先构建新发展格局的必然要求。首都统筹发展和安全的基本内涵，彰显了深刻把握首都发展要义、贯彻首都城市战略定位、事关党和国家工作大局等丰富内涵。首都统筹发展和安全，要围绕“四个中心”功能建设和“四个服务”水平提升，加快推动首都高质量发展，筑牢首都安全稳定防线。从发展看，首都统筹发展和安全，是坚持稳中求进工作总基调，完整、准确、全面贯彻新发展理念，彰显新发展阶段首都的创新发展、协调发展、绿色发展、开放发展、共享发展等丰富内涵。从安全看，针对首都北京的实际情况，首都安全涉及众多领域，以人民安全为宗旨，以政治安全为根本，以经济安全为基础，以军事、文化、社会安全为保障，以促进国际安全为依托。首都统筹发展和安全的远景目标，就是以发展促安全，防范化解各种风险；以安全保发展，加快建设平安北京；率先基本实现社会主义现代化，建设国际一流和谐宜居之都。

第五，基于现实逻辑的视角，全面分析了首都统筹发展和安全面临的新机遇、新挑战、新要求。

紧扣“两个大局”，结合首都实际，首都统筹发展和安全面临新机遇、新挑战，也面临新要求。首都统筹发展和安全面临的新机遇主要包括：“东升西降”态势将进一步凸显，新一轮科技革命和产业革命将向纵深推进，“四个中心”“四个服务”能量释放将进一步显著，“五子”联动融入新发展格局成局成势将进一步显现，共同富裕取得更为明显的实质性进展将迈出关键一步。首都统筹发展和安全面临的新挑战主要包括：霸权主义对世界和平发展构成严重威胁，新冠疫情成为最大不确定性因素，经济平稳健康发展压力依然较大，主动应对发展不平衡不充分的问题依然突出，首都城市安全韧性发展任务依然艰巨。首都统筹发展和安全面临的新要求主要包括：发展仍是党执政兴国的第一要务，新版城市总规实施新要求，构建新发展格局新要求，京津冀协同发展新要求，扎实推进平安北京建设新要求等。

第六，基于比较研究的视角，总结分析了国内外代表性城市应对发展中长期风险的主要做法与经验启示。

基于地缘特征、气候、人文等方面的原因，国内外代表性城市应对发展中长期风险各有优势，梳理、总结其特色经验，为探索首都统筹发展和安全实践路径，切实防范、化解面临的各类风险提供可借鉴的做法。例如，伦敦加强以人为本的城市韧性工程建设，更加重视提升城市社区的韧性，关注城市环境和基础设施韧性，增强城市制度体系韧性。墨尔本以经济转型应对城市制造业危机，发展多元化产业体系增强经济韧性，发挥智力资本对城市发展的带动作用，优化产业布局协同就业创新发展，制定集约化政策提高住房的可负担能力。东京以积极老龄化政策应对老龄社会风险，以规划为先导创造老年人友好环境，构建老年人长期看护照料体系，发展“银发经济”鼓励老年人再就业等。山东青岛市以智慧手段赋能城市安全发展，提高城市数据聚合能力，不断提升信息化治理水平，推动城市“智能系统”发展。

第七，基于具体问题具体分析的视角，梳理总结了首都政治、经济、社会、文化、生态、国际交往、数字空间等九大领域的发展和安全问题，创造性地提出新发展阶段首都统筹发展和安全的任务书与路线图。

一是统筹首都政治发展和安全。国家政治稳定是政治安全的前提条件，政治安全是政治发展的根本保障，政治发展则是政治安全的内在动力。新发展阶段，统筹首都政治发展和安全，要坚持党的领导，强化思想建设；注重意识形态安全，避免思想偏差；把握统筹的内涵，重视经济安全；坚持法治思维，保障首都政治安全；强化队伍建设，培养优质社会治理人才。

二是统筹首都文化发展和安全。首都如何在统筹文化发展中实现文化安全，在保障文化安全基础上推进文化繁荣发展，是新时代文化中心建设面临的重要课题，需要结合文化发展理念、既定政策以及北京文化各领域的发展实际破题、解题。围绕传承源远流长的古都文化，弘扬丰富厚重的红色文化，发掘特色鲜明的京味文化，繁荣蓬勃兴起的创新文化，理顺文化生态的运作机制，做好首都文化发展这篇大文章。

三是统筹首都科技创新发展和安全。新时代，统筹首都科技创新发展和安全对国家安全发展具有重大战略意义和价值，要加强国家战略科技力量的体系化布局，探索市场经济条件下关键核心技术攻关的新型举国体制，畅通创新价值链关键环节，建立科技安全风险防控体系。

四是统筹首都国际交往与城市安全。北京正处于大国首都参与全球治理、服务国家总体外交大局的提升期，首都国际交往的频度、范围都逐步拓展，在这一过程中，统筹国际交往与城市安全的重要性越发突出。新发展阶段，统筹首都国际交往和城市安全，要统筹北京提升城市国际化水平进程中的发展和安全，统筹北京国际交往空间布局优化过程中的发展和安全，统筹首都完善涉外服务环境实践中的发展和安全。

五是统筹首都经济发展和安全。统筹经济发展和安全是首都统筹发展和安全的内在要求，为其他领域安全发展提供了基本物质条件。新时代首都发展必须建立在经济安全发展的基础上，持续提升产业链供应链现代化水平，促进创新链与产业链供应链融合对接，补齐产业链供应链短板；打造战略性新兴产业集群，锻造产业链供应链长板；培育企业集群，优化产业链供应链治理结构。加强数字化融合，优化提升产业链供应链组织治理模式，确保金融安全与发展，确保开放发展与自主发展相辅相成。

六是统筹首都社会发展和安全。北京作为大国首都，面对新变化新形势，社会发展和安全同样面临新挑战，尤其在经济下行压力加大的情况下，人口红利衰减、“半市民化”问题突出、收入差距过大、中等收入群体面临下滑风险，基层社会治理存在失序风险等，成为统筹首都社会发展和安全的重要方面与内容。新发展阶段，统筹首都社会发展和安全，要积极应对人口红利衰减风险，加快促进常住外来人口市民化进程，缩小城乡区域行业收入差距，不断扩大和稳固中等收入群体，走向积极的社会治理。

七是统筹首都生态发展和安全。首都北京深入贯彻习近平生态文明思想和习近平总书记对北京重要讲话精神，以生态文明建设为统领，以改善环境质量为核心，以保障首都生态安全为底线，统筹生态发展和安全取得了重要成就。新发展阶段，构筑首都生态安全屏障、守护首都生态安全，为建设美丽北京、美丽中国保驾护航。统筹首都生态发展和安全，要贯彻落实国家总体安全观和习近平生态文明思想，构建生态环境保护与绿色低碳发展齐头并进的长效机制，推进首都生态发展与构筑首都生态安全屏障紧密结合，加快建设高水平、高质量的平安北京和绿色北京，加快实现首都高水平保护、高质量发展和高品质生活。

八是统筹首都城市发展和公共安全。统筹首都城市发展和公共安全是统筹首都整体发展与安全的重要方面和内容，为此，要牢固树立以人民为中心的城市发展理念，把保护人民生命安全摆在首位；以城市高质量发展带动公共安全问题解决，以公共安全治理高标准倒逼城市高质量发展；合理开展城市空间布局规划，从源头上提升首都公共安全风险防控能力；把韧性城市建设摆到更加重要的位置，实现城市发展与公共安全风险的共生共存；提高城市管理精细化水平，保障首都城市运行安全；以智慧城市建设为统领，强化公共安全风险的技术治理。

九是统筹首都数字空间发展和安全。北京位于全国数字技术创新与应用的前沿，也是全球数字经济和数字社会发展的新高地。北京数字空间发展迅速，有力地推动首都经济社会迈向新发展阶段。新时代首都发展，需要统筹做好北京数字空间发展和安全工作。要立足首都发展全局，把握我国数字经济发展大势，充分抓住北京建设全球数字经济标杆城市的有利契机，不断优化数字空间内部结构，加快构建数字空间新发展格局，建设与强大而有韧性的国民经济循环体系相匹配、相适应的数字空间。积极推进数字空间“走出去”战略，提升大国首都数字空间高水平对外开放水平，为全球数字空间发展提供北京方案、贡献中国力量。

目　录

上　篇

下　篇

上　篇

一　总论

“安而不忘危，存而不忘亡，治而不忘乱。”[①] 古今中外，安全与发展始终是所有国家和人民关切的核心战略问题。国家安全是国家发展的最重要条件、人民福祉的最根本前提，国家发展则是国家安全的物质基础、人民美好生活不可替代的保障条件。就其本质而言，安全就是发展，发展就是安全，安全与发展是贯穿国家各领域和全过程的战略安排。习近平总书记在不同场合多次强调，国泰民安是人民群众最基本、最普遍的愿望。实现中华民族伟大复兴的中国梦，保证人民安居乐业，国家安全与发展是头等大事。统筹发展和安全，这一治国理政重大原则体现了以习近平同志为核心的党中央对世情、国情、社情的科学研判。

（一）统筹发展和安全的时代背景

立足新的历史方位，统筹我国发展和安全所面对的时势，就是“两个大局”和“两个一百年”。“两个大局”是指，国内的中华民族伟大复兴战略全局和国际的世界百年未有之大变局；“两个一百年”是指，在中国共产党成立一百年之时全面建成小康社会，在新中国成立一百年之时建成富强民主文明和谐美丽的社会主义现代化强国。在这样的国内国际背景下，中国的国家安全与发展面临着前所未有的机遇和挑战。习近平总书记提出的总体国

① 习近平：《在十八届中央政治局第十四次集体学习时的讲话》，《人民日报》2014 年 4 月 26 日。

家安全观，为我们应对各种变局、实现伟大复兴中国梦提供科学理论指导和实践遵循。

1. 百年未有之大变局是统筹发展和安全重大时代课题提出的国际背景

第一，从大历史观看百年未有之大变局。“百年”并非指具体的年数，其本质上是指一个时间相对较长，且正在发生巨大变化、影响人类历史进程和趋向的复杂历史时期，是一个大历史概念。“大”强调的是变化之重大，影响之广泛和深远。“变局”体现为方方面面的复杂变化，包括世界经济秩序、政治格局、科技态势、生产生活方式等多极化加速发展，西方传统优势受到一大批新兴市场国家和发展中国家崛起的系统冲击，西方与非西方关系的不对称性日益缩小，国际力量对比发生革命性变化，全球治理体系和格局发生深刻变革。在这诸多变革中，最为根本的是经济中心的变化：经济中心“自西向东”位移，由原来的大西洋两岸向太平洋两岸转移，美国影响力逐渐下降，中国影响力不断提升。世界政治格局的重大变化表现在：传统的G7统领世界的格局悄然发生变化，G20发挥的作用和影响更大、更广泛、更深远。生产生活方式的变化表现在：新一轮科技革命和产业革命带来全球经济结构的重塑，深刻改变人们的生产生活方式和思维方式，推动生产关系的变革，带来国际关系和国际体系新变化。与此同时，全球化进程遭遇逆流，单边主义、保护主义、孤立主义抬头，一些国家退群、挥舞“制裁大棒”，逆全球化事件时有发生，当今世界逆全球化程度前所未有。全球流行的新冠疫情、俄乌冲突以及局域的紧张关系，都进一步影响全球化历史进程和世界政治格局的变化。

第二，中国须在时代发展的情势中谋发展。经济全球化是社会生产力发展到一定阶段的必然产物，也是科技进步的必然结果，并非哪些人或哪些国家人为制造出来的。经济全球化作为客观现实和历史潮流，为世界经济增长提供了强劲动力，促进了商品和资本流动、科技和文明进步、各国人民的交往与发展。当代历史早已成为世界历史，我们已经处在并将继续处在全球互联互通的时代。在这个休戚与共的地球村里，单边主义、保护主义、孤立主义没有出路、不可持续。中国是经济全球化的坚定参与者、受益者，也是持续推动力量。当然，我们也应该看到，由于受到国际金融危机和新冠疫情的双重打击，世界经济正处于下行期，资本和劳动、增长和分配、效率和公平的矛盾更加突出，发达国家与发展中国家均面临巨大的压力和冲击。因此，反全球化的呼声，反映了经济全球化进程的不足，表明经济全球化进入阶段性调整期，值得我们重视和深思。[①]

第三，中国必须在大变局中确保总体国家安全。一方面，传统安全与非传统安全、内部安全与外部安全、自身安全与共同安全交织叠加，安全形势异常复杂且多变。政治、军事、国土、经济、文化、社会等传统“小安全”领域，向科技、网络、生态、资源、核、海外利益、太空、深海、极地、生物等诸多非传统领域扩展，并相互交织在一起，形成“大安全”态势。中东冲突、朝核问题、印巴矛盾、阿富汗动荡、俄乌冲突等地缘冲突成为威胁国际安全形势的重大地缘风险。大国竞争加剧，在太空领域、北极地区、网络虚拟空间等新战略空间展开博弈。以美国为首的西方国家升级对中国的施压，在涉及中国重要利益的领域和议题上不断挑衅、制造事端。经济领域通过贸易战、关税壁垒等逼迫中国让步；政治领域则通过干涉新疆、西藏、香港、台湾等问题挑起民族矛盾、认同矛盾，搅乱中国稳定大局，阻挠中国发展进程；外交领域，美国坚持“航行自由”，不断挑战中国底线。这都是我们需要面对的大变局所带来的安全挑战。然而，危中有机，挑战伴随着机遇，和平、发展、合作与共赢的时代潮流没有改变，中国、巴西等新兴市场国家呈现的整体崛起趋势没有变，“东升西降”是百年未有之大变局中最为突出的特点，人类命运休戚与共前所未有，我们要因事而谋、应势而动、顺势而为，立足大局、统筹全局、引领变局、开创新局，使大变局朝着有利于中华民族伟大复兴、有利于世界和平与发展的方向推进。

另一方面，大变局启示我们，各国安全的交融性、互联互动性不断增强。各国的国家安全维护如同经济社会发展一样，不可能独立于全球环境，

① 《习近平出席世界经济论坛 2017 年年会开幕式并发表主旨演讲》，《人民日报》2017 年 1 月 18 日。

不应该单打独斗、各自为政，而是要协商合作、携手共进。中国当然也不例外。我们看到，中国与国际社会的联结程度达到一个空前的水平，相互依存性越来越强。习近平总书记提出总体国家安全观，深刻指出了各个国家自身安全和世界安全的两面一体，坚持公正合理、互商互谅，恪守同舟共济、互利共赢，彰显了包容、开放、综合、合作、可持续的国家安全理念。总体国家安全观打破了冷战思维、保守主义、零和博弈的时代局限，为全球安全治理提供了中国方案、中国智慧，总体国家安全观的践行更是开启了全球深度合作的实践选择。

第四，中国必须统筹好发展和安全来应对百年未有之大变局。当今全球局势不稳定性和不确定性凸显，金融危机后遗症不断出现，传统安全威胁与新时代安全问题相互交织、此起彼伏，保护主义、孤立主义和霸权主义、战争思维甚嚣尘上，“黑天鹅”“灰犀牛”事件时有发生，国际安全体系和秩序受到单边主义和强权政治的持续冲击。2022 年初爆发的俄乌冲突，更是表明和平与发展的时代主题正面临严峻挑战。中国如何应对变与乱、危与机，如何赢得更好的发展和安全？首要的是主动作为，做好自己的事，要以发展谋安全、以发展保安全，同时以合作谋和平、促安全，统筹好发展和安全，营造有利于推动中国现代化进程的国内国际环境。

2. 中华民族伟大复兴战略全局是统筹发展和安全的出发点和根本诉求

统筹发展和安全，是更好地适应我国国家安全和经济社会发展面临的新形势新任务的必然要求，是推进国家治理体系和治理能力现代化、实现国家长治久安的迫切需要，是实现中华民族伟大复兴的重要战略保障。中华民族伟大复兴战略全局对统筹发展和安全提出要求和框架，中华民族伟大复兴中国梦是统筹发展和安全的出发点与根本诉求。一方面，中华民族伟大复兴的实现离不开中国自身的发展和安全，发展是解决中国所有问题、实现中国梦的根本出路，只有发展才能防范和化解前进道路上的重大风险，只有发展才能真正实现国家安全，也才会有中华民族伟大复兴的真正实现。另一方面，中国梦的实现离不开全球的共同安全和共同发展。随着全球一体化进程不断推进，各国命运紧密相连的程度前所未有。中国外部环境是否和平稳定，是中华民族伟大复兴能否顺利实现的重要条件和保障。面对各种全球性紧迫挑战，要不惧挑战、主动营造良好的外部环境，要始终坚持独立自主，在国家的核心利益以及民族尊严的问题上绝不退缩、退让，要协同发力维护好国家主权、安全与发展利益，同时与国际社会加强安全领域和经济领域的合作，共同坐上新时代的“诺亚方舟”，维护全球战略稳定，携手应对全球性挑战，推动构建人类命运共同体。

3.“两个一百年”是统筹发展和安全实现中华民族伟大复兴的时间表和任务计划书

党的十五大首次提出“两个一百年”，经过十六大、十七大的逐步完善，党的十八大确立了“两个一百年”奋斗目标——中国共产党成立百年时全面建成小康社会、新中国成立百年时建成富强民主文明和谐的社会主义现代化国家。党的十九大报告又对第二个一百年做了进一步细化：第一个阶段，2020~2035年，在全面建成小康社会的基础上，再奋斗15年，基本实现社会主义现代化；第二个阶段，2035年到本世纪中叶，在基本实现现代化的基础上，再奋斗15年，把我国建成富强民主文明和谐美丽的社会主义现代化强国。[①] 习近平总书记将“两个一百年”与中华民族伟大复兴战略全局联系起来，把国家现代化进程与个体、家庭、人民群众的愿望和利益结合起来，为如何统筹好发展和安全目标确立了更加清晰的可持续、分阶段的路线图，确立了更加明确的人民主体力量和中国共产党坚强领导地位，激发全国各族人民实现“两个一百年”奋斗目标的不竭动力、强大决心和坚定信心。

4.中国作为世界大国，承担着维护国际安全、促进全球经济社会发展的重要责任，统筹发展和安全体现大国担当

大国并不意味着权力更大，而是责任更大。“大国更应该有大的样子，要提供更多全球公共产品，承担大国责任，展现大国担当。”“我们永远不

① 习近平：《决胜全面建成小康社会　夺取新时代中国特色社会主义伟大胜利——在中国共产党第十九次全国代表大会上的报告》，人民出版社，2018，第28~29页。

称霸，不扩张，不谋求势力范围，无意跟任何国家打冷战热战，坚持以对话弥合分歧，以谈判化解争端。”[①] 换言之，中国将始终做世界和平的建设者、全球发展的贡献者、国际秩序的维护者。中国也有信心有能力维护好国家发展和安全的利益。

第一，中国的发展是推动全球繁荣发展的关键力量。作为世界第二大经济体，中国对全球产生的是不可忽视的影响。改革开放以来，中国一直将自身发展与世界发展联系起来，将中国人民利益同各国人民共同利益结合起来，持续推进开放、包容、普惠、平衡、共赢的经济全球化，不断扩大同各国的互利合作，共同应对全球性挑战，为全球风险治理贡献中国力量。尤其是2008年国际金融危机以来，中国在帮助稳定世界经济大局、推进全球脱贫扶贫事业等方面积极作为，成为全球经济发展的最大推动力。实践证明，中国全面深化改革、持续扩大开放，坚持新发展理念，融通国内国际市场，必将开创一个经济持续增长的新纪元，为其他各国发展提供市场、投资、机遇和经验等。并且，中国是多边主义和经济全球化的坚定拥护者，人类命运共同体理念、全球发展倡议、“一带一路”合作等中国方案表明，中国的发展将开拓出以和平发展为支柱的全球合作新格局。比如，中国不断加大在南美洲的投资，提供的物流基础设施很好地刺激了区域间贸易和地区价值链的形成，这一方面使南美国家实现自身发展目标，另一方面也有利于该地区加深区域一体化。

第二，中国的发展是世界和平力量的增长与壮大。中国始终是世界和平的建设者和坚定捍卫者，中国特色社会主义现代化建设，走的是和平发展的道路，而不是像一些老牌资本主义国家那样，走的是暴力掠夺殖民地的道路，是以其他国家落后为代价的发展。无论国际形势如何纷繁变幻，无论自身发展到什么程度，中国都不称霸、不扩张、不谋求势力范围。一方面，我们尊重世界文明多样性和国家发展道路多样化，努力通过自身发展促进世界

① 《习近平在联合国成立75周年纪念峰会上发表重要讲话》，《人民日报》2020年9月22日。

共同发展；另一方面，我们不断加强同各国的友好合作，努力推动各国互利共赢。另外，在力所能及的范围内，中国承担更多国际责任和义务，中国派出维和部队守护和平，积极参与反恐和人道主义救援，参与管控热点敏感问题，帮助战乱国家重建家园，为人类和平与发展做出更大贡献。[①] 正如习近平总书记在国际交往的多种场合多次强调：中国梦是和平、发展、合作、共赢的梦，是奉献世界的梦，中国梦与世界各国人民的美好梦想相通，不仅造福中国人民，而且造福各国人民。

第三，中国国家安全是确保地区安全乃至国际安全的重要前提和保障。任何国家的生存和发展都离不开一个好的安全环境，特别是一个好的周边安全环境。新中国成立以来 70 多年的和平稳定发展，为亚太地区乃至整个世界的经济社会持续发展提供了稳定器。一个坚定走中国特色社会主义和平发展道路的中国，坚定奉行合作共赢理念的中国，积极推动全球安全治理合作的中国，将越来越对这个充满不确定性的世界发挥中流砥柱的稳定作用，成为国际安全的稳定锚。中国的国家总体安全将有助于更好地维护地区和世界安全稳定。

综上，环顾全球，国际形势正在并将继续发生深刻而复杂的变化。审视国内，发展和安全任务始终艰巨繁重。因此，我们必须把两个百年、两个大局作为把握历史发展大势的基点，坚定“四个自信”，坚持“四个全面战略”，继续深化对外开放，推动建设开放型世界经济，致力于构建人类命运共同体，为我国发展和安全营建良好国内外生态、赢得历史主动。

（二）统筹发展和安全的基本内涵

“越开放越要重视安全，越要统筹好发展和安全，着力增强自身竞争能力、开放监管能力、风险防控能力，炼就金刚不坏之身。”[②] 习近平总书记这一论断，为我们把握统筹发展和安全科学内涵指明了基本方向。

---

① 金民卿：《习近平关于和平发展的大智慧》，《人民论坛》2017 年第 21 期。

② 习近平：《正确认识和把握中长期经济社会发展重大问题》，《求是》2021 年第 2 期。

1. 以“五位一体”总体布局统筹好经济社会各个发展领域，奋进全面建设社会主义现代化国家新征程

发展必须是科学发展、系统发展、整体发展、全面发展，“五位一体”总体布局是统筹经济社会发展各领域的总纲，创新、协调、绿色、开放、共享五大发展理念是基本遵循。其中，经济建设是中心和根本，政治建设为其他建设提供制度保障，文化建设是灵魂，社会建设是前提条件，生态文明建设则是整个社会可持续发展的基础。[①] 改革开放 40 多年的实践证明，我国综合国力和国际影响力的显著增强，都归功于坚持以经济建设为中心的发展战略。着眼两个百年目标，实现中华民族伟大复兴的中国梦，我们仍然必须大力发展经济，以发展为第一要务。建设中国特色社会主义民主政治为我国社会主义现代化建设提供了坚实的政治保障，我们要继续深化政治体制改革，坚定制度自信，健全人民当家作主制度体系，发展社会主义民主政治。文化建设为中国特色社会主义事业提供精神动力和智力支持，我们要坚定文化自信，以社会主义核心价值观为引领，推动社会主义文化繁荣兴盛。社会建设为中国特色社会主义事业创造良好的社会环境，我们要不断完善公共服务体系，提高保障和改善民生水平，加强和创新社会治理，提升人民获得感、幸福感和安全感。生态环境是关系民生的重大社会问题，也是关系党的使命宗旨即不断满足人民对优美环境的需要的重大政治问题，我们要坚持新发展理念，建成美丽中国，为全球生态安全贡献中国力量。

2. 以国家总体安全观统筹好各个安全领域，开创新时代国家安全工作新局面

习近平总书记强调指出，当前我国国家安全内涵和外延比历史上任何时候都要丰富，时空领域比历史上任何时候都要宽广，内外因素比历史上任何时候都要复杂。面对发展中的深层次矛盾和问题，一是要改变机械化战争、维护传统安全、单一军种作战、固守部门利益等思维定式，树立信息化战争、国家总体安全、诸军兵种一体化联合作战和全军一盘棋、全国一盘棋的思想观念。二是要坚持总体国家安全观，坚持国家利益至上，以人民安全为

---

① 《统筹推进新时代“五位一体”总体布局》，《人民日报》2017 年 11 月3 日。

宗旨，以政治安全为根本，统筹外部安全和内部安全、国土安全和国民安全、传统安全和非传统安全、自身安全和共同安全，完善国家安全制度体系，加强国家安全能力建设，坚决维护国家主权、安全、发展利益。[①]

新形势下维护国家安全，必须牢固树立总体国家安全观，加快构建新安全格局。习近平总书记强调，全面贯彻落实总体国家安全观，必须坚持统筹发展和安全两件大事，既要善于运用发展成果夯实国家安全的实力基础，又要善于塑造有利于经济社会发展的安全环境；坚持人民安全、政治安全、国家利益至上的有机统一；坚持立足于防，又有效处置风险；坚持维护和塑造国家安全，塑造是更高层次更具前瞻性的维护，推动构建人类命运共同体；坚持系统思维，构建集政治安全、国土安全、军事安全、经济安全、文化安全、社会安全、科技安全、信息安全、生态安全、资源安全、核安全等于一体的国家安全体系；坚持科学统筹，始终把国家安全置于中国特色社会主义事业全局中来把握，充分调动各方面积极性，形成维护国家安全合力。[②]

3. 坚持走中国特色社会主义发展道路与中国特色国家安全道路，在统筹发展和安全中加快构建新发展格局

要统筹发展和安全两件大事，既要善于运用发展成果夯实国家安全的实力基础，又要善于塑造有利于经济社会发展的安全环境[③]，“以统筹发展和安全为新发展格局的核心要义，在统筹发展和安全中加快构建新发展格局”[④]，也就是要走出一条统筹好发展和安全的中国特色社会主义道路。

第一，发展是硬道理，通过发展增强自身竞争能力，有发展才有安全。发展是基础，经济不发展，一切都无从谈起。发展是解决我国一切问题的基础和关键，也是维护国家安全的基础和关键。改革开放以来，我国无论是在

---

① 习近平：《决胜全面建成小康社会　夺取新时代中国特色社会主义伟大胜利——在中国共产党第十九次全国代表大会上的报告》，人民出版社，2018，第24页。

② 《全面贯彻落实总体国家安全观　开创新时代国家安全工作新局面》，《光明日报》2018年4月18日。

③ 《全面贯彻落实总体国家安全观　开创新时代国家安全工作新局面》，《光明日报》2018年4月18日。

④ 高培勇：《构建新发展格局：在统筹发展和安全中前行》，《经济研究》2021年第3期。

国家安全还是经济社会发展方面都取得了举世瞩目的伟大成就，根本原因就在于把发展作为党执政兴国的第一要务，不断提升综合国力和国际影响力。当前，在一个更加不稳定不确定的世界环境中谋求国家安全和发展，中国唯有坚持供给侧结构性改革这个战略方向，实现“两个循环”彼此促进，大力提升自主创新能力，加快构建新发展格局，不断增强自身竞争能力，中国这艘巨轮才能在各种狂风暴雨、惊涛骇浪中乘风破浪、扬帆远航。

第二，增强更高质量开放监管能力，做好安全投资、生产、贸易、金融等服务。随着改革开放的深入，中国同世界经济以前所未有的程度紧密联系在一起，资本、人员、技术、数据等要素和资源的国际流动更加频繁，亟须不断提升监管能力。要进一步扩大对外开放，就必须完善配套监管机制、加强相关基础设施建设、优化营商环境，同时要学习国际先进监管经验、培养监管人才，不断提高监管能力，提升贸易便利化水平，推进更高水平金融开放，防范和化解各种风险，为经济高质量发展提供有力保障和支撑。

第三，居安思危，增强风险防控能力，塑造有利于发展的安全环境。习近平总书记告诫我们：“前进的道路不可能一帆风顺，越是前景光明，越是要增强忧患意识，做到居安思危，全面认识和有力应对一些重大风险挑战。”[①] 现阶段，政治、经济、科技、社会、安全、党的建设、外部环境等领域都存在极大风险，我们要辩证认识和把握国内外大势，胸怀两个大局，高度警惕“黑天鹅”事件、防范“灰犀牛”事件，不断增强发现风险、认识风险、化解风险的本领，努力避开“中等收入陷阱”和“修昔底德陷阱”。同时，立足于构建新型国际关系，坚持“共同、综合、合作、可持续的新安全观”[②]，积极参与全球安全治理，推动构建人类命运共同体。

第四，把系统思维贯穿统筹发展和安全工作全过程。坚持系统思维，是贯彻马克思主义方法论的必然要求。把系统思维运用到统筹发展和安全中，

---

① 《全面贯彻落实总体国家安全观　开创新时代国家安全工作新局面》，《光明日报》2018 年 4 月 18 日。

② 《习近平出席中法全球治理论坛闭幕式并致辞》，《人民日报》2019 年 3 月 27 日。

就是要强化系统治理和全链条防控，始终坚持系统思维，科学施策，统筹谋划，抓好全链条治理。既要坚决维护国家层面的发展和安全利益，也要实现人民群众的安居乐业，还要确保党的长期执政和国家长治久安，三者相互支撑、有机统一。人民安全和国家利益至上是统筹发展和安全的宗旨和准则；人民安居乐业、国家长治久安是统筹发展和安全的目标和根本诉求；党的长期执政是国家安全和国家发展的根本保障。实现国家利益至上、人民安居乐业、政治安全的有机统一，是中国特色社会主义发展道路和中国特色国家安全道路的必然要求与本质体现。

第五，盯牢抓紧国家安全重点风险领域，强化底线思维和风险意识。居安思危，方能在风险防控中占据主动，进而化危为机。也就是说，在统筹发展和安全中，要强化底线思维和风险意识，尤其在一些关乎国之根本、民之根本的领域。着眼现实，就是要强化粮食安全、生物资源安全、网络安全等监管，强化潜在风险分析和违规违法行为处罚；要持续做好疫情防控，加快提升生物安全、数据安全以及人工智能安全等领域的治理能力；坚持底线思维，做好风险防控，坚持原则性和策略性相统一，把维护国家安全的战略主动权始终牢牢掌握在我们自己手中。

第六，坚持党对国家发展和安全工作的绝对领导。“中国共产党是领导我们事业的核心力量。”[①] 坚持党的领导，是百年来党领导人民伟大奋斗积累的宝贵经验。习近平总书记强调，要加强国家安全系统党的建设，坚持以政治建设为统领，教育引导国家安全部门和各级干部增强“四个意识”、坚定“四个自信”，坚决维护党中央权威和集中统一领导，建设一支忠诚可靠的国家安全队伍。[②] 要从把握全局、谋划发展的战略能力提升上下功夫，不断增强应对挑战和驾驭风险的本领，提高总揽全局、协调各方的定力和能力，特别是要进一步完善集中统一、高效权威的国家安全工作领导体制，从而对国家发展和安全进行强而有力的统领和协调，推动形成工作合力。

① 《中共中央关于党的百年奋斗重大成就和历史经验的决议》，人民出版社，2021。

② 《全面贯彻落实总体国家安全观　开创新时代国家安全工作新局面》，《光明日报》2018 年 4 月 18 日。

第七，坚持国家安全和发展依靠人民、为了人民。国家的发展和安全关乎我们每个人的切身利益，筑牢国家安全屏障，推进经济社会发展，人人有责，更需人人尽责。人民是历史的创造者。所以，统筹国家安全和发展要做到始终以人民为中心，为了人民方能真正打牢国家安全和发展的群众根基；为了人民，也要依靠人民，统筹国家安全和发展必须形式多样地开展国家安全知识宣传教育活动，让国家安全走进千家万户，让国家安全意识全民普及；统筹国家安全和发展还需充分利用数字科技，整合社会各方资源，形成强大社会合力，让人民群众共建共享更高水平的国家安全和发展。

第八，坚持安全发展、和平发展，树立共同、综合、合作、可持续的全球安全观和发展观，促进自身安全与发展和共同安全与发展相协调。面对世纪变局，习近平总书记一再呼吁和强调，我们要顺应历史大势，致力于稳定国际秩序，弘扬全人类共同价值，推动构建人类命运共同体。全球主要经济体要树立共同体意识，强化系统观念，加强政策信息透明和共享，协调好财政和货币政策目标、力度、节奏，打造发展共同体。面对百年疫情，中国与国际社会开展了疫苗全产业链合作和药物研发、共筑多重抗疫防线等卫生健康合作，在携手共同抗疫基础上推动完善全球公共卫生治理，加快构建人类卫生健康共同体。面对俄乌冲突、核安全问题和恐怖主义问题等，中国倡导全球问题全球各国共同协商、携手解决，与各国一同建设全球安全体系，构建安全共同体，促进实现国际共同安全。

（三）统筹发展和安全的辩证关系

统筹发展和安全的辩证关系包含两个层次的内容，一个层次是统筹好发展内部各个方面的关系、统筹好安全内部各个方面的关系，另一个层次是统筹好发展和安全两者之间的辩证关系。我们主要关注的是第二个层次的辩证关系问题。

发展是党执政兴国的第一要务，国家安全是安邦定国的重要基石。从根本上来说，安全和发展是必然统一和两面一体的关系，是一体之两翼、驱动之双轮。我们既要高度重视发展问题也要高度重视安全问题，二者相辅相成，把握好发展和安全的辩证关系是我们统筹好发展和安全两件大事的必要要求。

1. 发展是安全的基础、保障和目的

发展是安全的基础和关键，为国家安全和社会稳定提供最坚实的物质基础和坚强保障。只有经济社会富足强大，才能筑牢国家的安全防线不受威胁，且能保持持续的安全稳定局势。历史和实践已经并将继续证明，弱国无外交，贫穷是一切问题的根源；富国才能强兵，强兵才能卫国。比如生物安全领域的科技创新发展，不仅决定了我们应对生物安全问题的能力和水平，也决定了我们参与相关国际事务的底气。再比如生态安全中的“双碳”工作，只有加快绿色低碳科技革命，通过科技赋能，发挥技术潜力，才能形成经济发展与环境保护协同推进的产业结构、生产方式、生活方式和空间格局，也才能真正引领全球气候治理。

2. 安全是发展的内在要求和前提条件

当前，我国已进入高质量发展的新阶段，在这样的经济社会发展关键期尤其需要防范风险，安全已经成为一切发展的头等要务和基础性条件。只有国家安全、社会稳定，经济社会才能健康持续高质量发展。没有安全和稳定，一切都无从谈起。同时，要处理好内部安全与外部安全、自身安全与共同安全的关系，维护和塑造安全稳定的国内和国际发展环境，打造人类命运共同体，推动各个国家各个民族朝着共同安全、共同发展、互惠共赢的目标携手共进。比如生态安全方面，实现碳达峰碳中和，正是贯彻新发展理念、构建新发展格局、推动高质量发展的内在要求。推进“双碳”工作，也是破解资源环境约束突出问题、实现可持续发展的迫切需要，是顺应技术进步趋势、推动经济结构转型升级的迫切需要，是满足人民群众日益增长的优美生态环境需求、促进人与自然和谐共生的迫切需要，是主动担当大国责任、推动构建人类命运共同体的迫切需要。[①] 因此，实现“双碳”目标，维护生

① 《习近平在中共中央政治局第三十六次集体学习时强调：深入分析推进碳达峰碳中和工作面临的形势任务　扎扎实实把党中央决策部署落到实处》，《人民日报》2022 年 1 月 26 日。

态安全，是实现新一轮发展的内在要求和前提条件。发展和减排的关系正是安全和发展的关系在生态领域的具体呈现。

3. 发展与安全紧密相关、互为条件、辩证统一

发展与安全互相支撑、互为条件。没有发展作为基础支撑的安全，必然难以长久；没有安全作为前提保障的发展，必然不可持续；维护安全是为了发展，全面发展是为了实现安全，二者是辩证统一的关系。要深刻认识和把握二者的辩证统一关系，统筹好发展和安全，这是对历史上大国兴衰经验的深刻总结，是对新中国成立 70 多年来推进社会主义现代化建设经验的深刻总结，也是着眼于在不稳定不确定发展环境中更好地推进中华民族伟大复兴的重要战略部署。

第一，维护国家安全，应当与经济社会发展相协调。经济社会发展是第一位的，维护国家安全不能罔顾实际、急于求成，而是要在推动经济社会发展过程中促进国家安全，在国家安全环境中实现更好更大更多的发展。比如，要维护生态安全，实现“双碳”目标，不能脱离实际，搞运动式“降碳”、踩“急刹车”，而是必须立足国情，坚持稳中求进、逐步实现，既要有一个绿色清洁的环境，也要保证我们的生产生活正常进行。习近平总书记一再强调，减排不是减生产力，也不是不排放，而是要走生态优先、绿色低碳发展道路，在经济发展中促进绿色转型、在绿色转型中实现更大发展。换言之，要在降碳的同时确保能源安全、产业链供应链安全、粮食安全，维护安全应以经济社会发展为前提条件。

第二，坚持安全发展，推动高质量发展和高水平安全动态平衡。① 以安全促发展，以发展保安全，推动高质量和高水平的安全发展，使高质量发展和高水平安全之间保持协调良好的动态平衡。安全与发展不是一成不变的，而是一直处于调整和变化当中。不能只要安全，忽视发展，也不能只强调发展，忽视安全，安全多一点还是发展多一点，要根据国内国际局势、各领域

① 《中共中央政治局召开会议审议〈国家安全战略（二〇二一—二〇二五年）〉〈军队功勋荣誉表彰条例〉和〈国家科技咨询委员会二〇二一年咨询报告〉》，《人民日报》2021 年 11 月 19 日。

具体实际、人民需求等进行动态调整，使二者处于动态平衡中，任何一方面的不足和短板都会影响中华民族伟大复兴的战略大局。并且，低质量低水平的安全与发展动态平衡是不能持续和长久的，不是我们追求的目标。我们要推动高质量发展和高水平安全动态平衡，实现高层次可持续的安全发展。同时，要以合作促安全发展、以对话谋发展安全，为解决国际安全与发展问题携手奋进。中国的“一带一路”倡议和实践，为沿线国家的发展、为地区安全问题的妥善解决提供了实实在在的机遇和条件，也是推动全球“和平之路”和“发展之路”的动态平衡。

第三，强化科技自立自强作为国家安全和发展的战略支撑作用，自觉推进发展和安全深度融合。[①] 科技是推动平安中国建设和经济社会持续健康发展的第一引擎。要实现高质量高水平的安全发展，必须强化科技自立自强，要善于运用科技最新最强成果支撑国家安全与发展，自觉推进发展和安全的深度融合。一是要面向世界科技前沿、面向经济主战场、面向国家安全重点领域、面向人民生命健康，充分发挥科技的战略支撑作用，把大数据、数字技术、人工智能、云计算、区块链等新技术从“最大变量”变为“最大增量”，在新冠疫情防控、科技支撑碳达峰碳中和、科技创新驱动经济发展等方面提供关键力量。二是要在坚持创新驱动的基础上，自觉推进安全和发展协同联动、深度融合，打造安全的增长模式和发展模式、持续发展的安全模式和合作模式，使安全和发展紧密融合、互促互进。比如网络安全领域，网信事业代表着新的生产力和新的发展方向[②]，互联网对整个经济社会发展的融合、渗透、驱动作用日益明显，牵一发而动全身。信息化为经济社会发展带来巨大机遇，也为国防和军队现代化建设插上了腾飞的翅膀。加强信息化领域的自主创新，推动国家关键信息基础设施建设，推动信息领域核心技术突破，就是发

① 《中共中央政治局召开会议审议〈国家安全战略（二〇二一—二〇二五年）〉〈军队功勋荣誉表彰条例〉和〈国家科技咨询委员会二〇二一年咨询报告〉》，《人民日报》2021 年 11 月 19 日。

② 《敏锐抓住信息化发展历史机遇　自主创新推进网络强国建设》，《人民日报》2018 年 4 月 22 日。

挥信息化对经济社会发展的引领作用，提升网络安全防控能力，维护国防和军队安全、经济安全等，也就是实现安全和发展的高质量深度融合。

第四，从大安全观来说，发展是根本。俄乌冲突、逆全球化的种种表现，都充分说明没有发展的安全、没有保障安全能力的安全是一厢情愿、毫无保障、无法长久的。比如，我们要保障粮食安全，根本出路在科技创新，也就是实现技术安全。农谚说得好，“好种多打粮”，“种地不选种，累死落个空”。习近平总书记强调，种业是保障粮食安全的源头，种源安全关系到国家安全，必须下决心把我国种业搞上去，实现种业科技自立自强、种源自主可控。一是要通过科技创新推动我国种业高质量发展，科学调配优势资源，加强种质资源收集、保护和开发利用，加快生物育种产业化步伐；健全品种审定和知识产权保护制度，以创新链建设为抓手推动我国种业高质量发展。二是要大力发展生物科技和生物产业，全方位、多途径开发食物资源和食物品种，向森林和海洋要食物，向植物动物微生物要热量、要蛋白，努力从传统农作物和畜禽资源向更丰富的生物资源拓展，实现各类食物供求平衡，更好满足人民群众高质量、多元化的食物消费需求。

4. 从更深层意义上讲，发展就是安全，安全就是发展，二者是一体之两翼、驱动之双轮

发展就是安全，安全就是发展，二者统一于坚持和发展中国特色社会主义伟大实践，统一于实现中华民族伟大复兴的新征程。[①] 历史证明，发展和安全合则兴、离则弱、悖则亡。[②]《中共中央关于制定国民经济和社会发展第十四个五年规划和二〇三五年远景目标的建议》首次把统筹发展和安全纳入“十四五”时期我国经济社会发展的指导思想，并设专章作出全面战略部署。这就把发展这个“第一要务”与安全这个“头等大事”统筹起来，将二者作为一体两面统一起来。科学发展首先是安全发展，安全发展是科学发展的内容和前提。要实现经济平稳健康的科学发展，先要做到安全生产，

① 《习近平出席第二届世界互联网大会开幕式并发表主旨演讲》，《人民日报》2015 年 12 月 17 日。

② 陈文清：《统筹发展和安全　筑牢国家安全屏障》，《人民日报》2020 年 12 月 31 日。

而安全生产本身就是在发展基础上实现的，又推动了经济社会的可持续发展。比如能源安全与发展领域，20 世纪 90 年代末，美国以一种经济高效的方式实现对页岩气大规模商业开发的页岩气革命，不仅使美国基本实现了“能源独立”，也深刻改变了全球能源供应格局和美国在所在地区及全球的政治形势。大力开发天然气，不仅能够保证我国的用气安全和国家能源安全，也充实了经济社会持续健康发展的底气。

（四）统筹发展和安全的主要领域

国家既是统筹发展和安全的责任主体也是内容承载客体。国家安全是指“国家政权、主权、统一和领土完整、人民福祉、经济社会可持续发展和国家其他重大利益相对处于没有危险和不受内外威胁的状态，以及保障持续安全状态的能力”。[①] 党的十八大以来，中国国家安全工作取得显著成效，构建国家安全体系工作正从各领域全面展开。根据总体国家安全观和中国特色社会主义事业“五位一体”总体布局，我们可以从如下方面多方位把握国家发展和安全的主要领域。

1. 人民发展与人民安全是统筹发展和安全的宗旨和初心使命

人民立场、人民中心是中国共产党和我国社会主义制度的本质要求。人民安全是国家安全的基石，国家安全的最终目的和初心都是人民安全。中国经济社会发展最终是坚持以人为本的科学发展，是为满足最广大人民群众美好生活需要的发展。实现人民发展与人民安全是统筹发展和安全的根本宗旨，是以人民为中心的发展思想的集中体现。新冠疫情发生以来，人民群众生命安全和身体健康一直是头等大事，正是因为坚持人民至上、生命至上的理念，中国疫情防控才得到了人民的支持，取得了全球瞩目的成效。因此，人民的发展和安全始终处于一切工作的最高位置，坚持国家发展和安全一切依靠人民、一切为了人民。

2. 政治安全和发展是国家总体发展和安全的根本和生命线

政治安全关乎党和国家安危，是一个国家生存和发展的根本保障，必须

① 《中华人民共和国国家安全法》，法律出版社，2015，第 4 页。

把政治安全放在极端重要的位置。政治安全主要包括国家主权安全、政权安全、制度安全和意识形态安全。党的十八大以来，以习近平同志为核心的党中央高度重视我国政治领域安全建设，通过颁布和修订一系列法律条例推进政治领域法治化建设，从体制和机制上为政治安全提供制度保障，在维护国家政治安全和社会稳定、政法领域全面深化改革、常态化反腐和扫黑除恶、人民当家作主、全面从严治党、全面依法治国等方面取得了重大成效。当前，国际局势复杂多变，我国政治安全面临的挑战和风险更多、更复杂。要巩固我国政权安全和制度安全，必须增强“四个意识”、坚定“四个自信”，坚持“两个确立”、做到“两个维护”，弘扬伟大建党精神，提升防范化解重大风险的能力，营建风清气正的政治生态，为建设更高水平的平安中国、法治中国提供理论支撑、制度保障和思想堡垒。需要特别指出的是，以美国为首的西方利益集团从多方位对我国发起意识形态战，我们对此不仅仅要应战，还要通过整合资源、优化方式方法积极“攻城略地”。筑牢我国意识形态领域安全屏障，有四个着力点：一是要坚持党对意识形态工作的全面领导；二是要守住意识形态阵地，巩固和拓展红色阵地，积极改造灰色地带，持续肃清民族分裂、宗教极端思想流毒，切实维护好网络意识形态安全；三是要巩固马克思主义在意识形态领域的指导地位，巩固社会主义核心价值观作为全党全国人民团结奋斗共同思想的基础地位；四是要建设具有强大凝聚力和引领力的社会主义意识形态，提升中国国际传播能力，不断增强中国国际话语权。

3. 经济发展和安全是国家总体发展和安全的基础和主要内容

经济发展是国家发展的根本和主要内容，经济安全是国家总体安全的基石，任何时候都不能动摇。当前，处于经济转型和产业升级期的中国，社会治理结构和运行模式发生重大变化，疫情防控、医疗救助等公共卫生支出大幅度增长，中美贸易摩擦的持续升级对经济发展造成的负面影响不容小觑，以美国为代表的霸权主义也在一定程度上打乱了我国经济发展的节奏，全球重大政治及军事冲突冲击着经济全球化的进程和秩序。如何有效应对国际形势对经济领域安全的挑战，防范化解地方政府债务风险、保持财政可持续性和金融安全性，促进经济稳定发展，就成为摆在我们面前的重要任务。需要特别强调的是，当前是新一轮科技革命和产业变革机遇期，发展数字经济是我们不掉队、实现赶超的战略选择。随着互联网、大数据、云计算、人工智能、区块链等技术加速创新并日益融入经济社会发展各领域全过程，数字经济发展的速度、辐射的广度、影响的深度前所未有，正在并将继续成为全球要素资源重组、全球产业结构重塑、全球竞争格局变迁的关键性力量。数字经济的健康发展，一方面有利于推动构建新发展格局，打破时空限制，实现跨界发展，延伸产业链条，畅通国内外经济循环；另一方面有利于推动建设现代化经济体系，数字经济作为新的经济增长点，是改造提升传统产业的支点，是构建现代化经济体系的重要引擎。因此，我们要统筹好数字产业化发展与安全，推进重要产业数字化转型与安全管控，加强数字基础设施建设与安全，促进数据资源的采集利用与安全。

4. 文化发展与安全是国家总体发展和安全的精神保障，是民族复兴的深层持久力量

文化兴则国兴，文化强则国强。作为国家软实力的集中表现，文化的兴盛衰败与安全，关系到中华民族的前途命运。保障文化安全是民族走向复兴的前提保障，传承发展中华文化，关系“两个一百年”奋斗目标和中华民族伟大复兴中国梦的实现。如果国家文化安全得不到保障，中华文化将无法存续与发展，中国人民的精神将失去根基，中华民族伟大复兴也将沦为空谈。统筹好我国文化发展与安全，一要坚持文化自信，推动中华优秀传统文化创造性转化、创新性发展；大力弘扬社会主义核心价值观，发展社会主义先进文化，不忘本来、吸收外来、面向未来，更好地构筑中国精神、中国价值、中国力量，为人民提供精神指引，推动社会主义精神文明和物质文明协调发展。[①] 二要塑造好我国历史底蕴深厚、各民族多元一体、文化多样和谐的东方文明大国形象，展示好坚持和平发展、促进共同发展、维护国际公平

① 习近平：《决胜全面建成小康社会　夺取新时代中国特色社会主义伟大胜利——在中国共产党第十九次全国代表大会上的报告》，人民出版社，2018，第 23 页。

正义、为人类做出贡献的充满活力的负责任的社会主义大国形象。三要精心构建对外话语体系，努力提高国际话语权，发挥好新兴媒体加强国际传播能力的作用，讲好中国故事，传播好中国声音，阐释好中国特色，增强中华文化的创造力、感召力、公信力。

5. 社会发展与安全是国家总体发展和安全的本质要求

党的十八大以来，我国在社会发展与安全方面成效显著。人民生活不断改善，人民获得感显著增强，脱贫攻坚取得决定性胜利，教育事业全面发展，城乡居民社会保障全覆盖体系基本建立、全社会医疗卫生服务水平大幅提升，社会治理体系更加完善，社会大局保持稳定，国家安全全面加强。[①] 维护社会发展与安全，是我们党践行以人民为中心发展理念的重要体现和保障。着眼我国基本国情，持续稳步推进我国社会发展与安全的几个着力点包括：不断完善立体化社会治安防控体系，提高社会治理整体水平，依法取缔恐怖活动组织和严厉惩治暴力恐怖活动，坚决遏制严重刑事犯罪高发态势；健全有效预防和化解社会矛盾的体制机制，提高食品药品等关系人民健康产品和服务的安全保障水平，妥善处置公共卫生、社会安全等突发事件；坚持在发展中保障和改善民生，在发展中补齐民生短板，促进社会公平正义；认真落实《道路交通安全法》《食品安全法》《安全生产法》等，加强交通运输、消防、危险化学品等重点领域安全生产治理，遏制重特大事故的发生，确保人民的生命和财产安全；加强和创新社会治理，促进社会和谐，创造更加安定的社会环境，确保国家长治久安和人民安居乐业。

6. 生态发展与安全在国家总体发展和安全工作中占有突出位置

生态安全和经济社会发展是辩证统一、相辅相成的关系，推动绿色低碳循环发展、建设生态文明，在满足人民对良好生态环境需求的同时，还能推动实现更高质量和水平、可持续的安全发展，从而走出一条不同于传统扩张型的兼顾经济发展与生态保护的文明发展现代化新路。从科学发展观到新发

---

① 习近平：《决胜全面建成小康社会　夺取新时代中国特色社会主义伟大胜利——在中国共产党第十九次全国代表大会上的报告》，人民出版社，2018，第5页。

展理念，我们党对经济社会发展中生态发展的规律性认识不断深化，党的十八大以来，党中央对我国生态发展与安全的重视程度达到一个前所未有的高度，生态文明建设成为“五位一体”总体布局中的重要内容，“绿水青山就是金山银山”的理念传遍全中国。我们真切地感受到，生态文明建设从认识到实践已然发生历史性、转折性、全局性的变化。“十四五”时期，我国生态文明建设进入以降碳为重点战略方向、推动减污降碳协同增效、促进经济社会发展全面绿色转型、实现生态环境质量改善由量变到质变的关键时期。① 实践表明，维护好我国生态领域的安全与发展，必须统筹处理国内国际两个维度的关系。因为，生态环境本身是一个动态的大循环，全球性生态安全的实现最终要依靠全人类的共同努力。这就需要我们对内始终坚持人与自然和谐共生的理念，将建设生态文明作为中华民族永续发展的千年大计，坚定不移走生态优先、绿色低碳发展道路，着力推动经济社会发展全面绿色转型，统筹污染治理、生态保护、应对气候变化，促进生态环境持续改善，为人民群众创造一个优美生态环境，为全球生态安全做出更大贡献。与此同时，中国还要积极参与和引领全球气候治理，在守护全球生态安全中承担大国责任，在推动构建公平合理、合作共赢的全球生态治理体系中提供中国方案。

7. 国土安全是国家安全的底线，是统筹发展和安全、实现民族复兴的基本前提

国土安全是指国家统一、领土完整，基础设施、海洋等自然资源、领海领空等重大权益及边疆边境处于没有危险和不受内外威胁的状态。国家主权和领土完整不容侵犯和分割，这是我们的底线和基本原则。坚决维护国土安全，我们要坚持“一国两制”方针不动摇，保持香港、澳门的繁荣稳定；推进两岸关系，坚决开展反“台独”斗争，努力维护两岸关系和平发展局面；加强边防、海防和空防建设，采取一切必要的防卫和管控措施，保卫领

① 《习近平在中共中央政治局第二十九次集体学习时强调：保持生态文明建设战略定力　努力建设人与自然和谐共生的现代化》，《人民日报》2021 年 5 月 2 日。

陆、内水、领海和领空安全，维护国家领土主权和海洋权益。① 在国土安全上，中国一贯主张尊重其他国家和地区的领土主权，主张通过谈判磋商和平解决争端，同时坚决反对其他国家和地区对我国国土安全任何形式的干涉，对于任何挑战我们都敢于“亮剑”。

一段时间以来，美国通过打“台湾牌”搞“以台制华”，民进党当局企图倚仗国外势力“谋独”。中美贸易摩擦起起伏伏、俄乌冲突全面爆发，“谋独”势力蠢蠢欲动，这是当前我们面临的国土安全领域的最大风险因素。在台湾问题上，我们坚持一个中国原则，台湾自古以来就是中国领土神圣不可分割的一部分，两岸同胞拥有血浓于水、守望相助的天然情感和民族认同，这是任何人任何势力都无法改变的！我们要积极推进两岸经济合作制度化、常态化，切实贯通两岸市场，为发展、合作注入强劲动力。只有中国发展强大了，和平统一进程才能顺利推进。② 一个中国原则是两岸关系的政治基础，坚持与否，是两岸关系改善发展还是紧张动荡的根本前提。台湾问题是中国内政，不容任何外来势力干涉搅局，因此我们不承诺放弃使用武力，保留采取一切必要措施的选项。习近平总书记在《告台湾同胞书》发表40周年纪念会上的重要讲话，深刻揭示了台湾前途命运、台湾同胞福祉与中华民族复兴的内在联系，把国家统一目标和民族复兴目标融合在一起，把国土安全与国家发展的目标统一在一起，是新时代指导解决台湾问题的根本遵循和行动指南。

8. 国防和军事发展与安全是国家总体发展和安全的坚强后盾，为民族复兴保驾护航

重视国防则国强家安，轻视国防则国破家毁。中国近代史充分表明，落后就会挨打，只有建立强大的国防，只有拥有强大的武装力量，才能避免战争、赢得战争。国无防不立，民无防不安。国防和军事发展与安全为人民安居乐业和中华民族伟大复兴保驾护航。党的十八大以来，强军兴军开创了新

① 《中华人民共和国国家安全法》，法律出版社，2015，第6~7页。

② 《〈告台湾同胞书〉发表40周年纪念会在京隆重举行　习近平出席纪念会并发表重要讲话》，《人民日报》2019年1月3日。

局面，国防和军队改革取得历史性突破，人民军队政治生态得到有效治理，武器装备加快发展，军事斗争准备取得重大进展，中国特色的强军之路越走越坚实。2022 年两会期间，习近平总书记在出席解放军和武警部队代表团全体会议时强调，要全面把握依法治军战略，并提出了“八个坚持”，即坚持党对军队绝对领导，坚持战斗力标准，坚持建设中国特色军事法治体系，坚持按照法治要求转变治军方式，坚持从严治军铁律，坚持抓住领导干部这个“关键少数”，坚持官兵主体地位，坚持贯彻全面依法治国要求。[①] 这“八个坚持”立足于国防和军队建设的伟大实践，立足于统筹军事发展与安全的需要，是习近平强军思想的理论精髓，也为推进强军事业、确保军事发展与安全指明了方向。

要建设巩固国防和强大的军队，一是要开展国防教育，这是全面推进国防和军队现代化的基础性工程。强烈的国防观念是一种重要的精神力量，是制止战争、威慑敌人的重要因素。只有全民族具有强烈的国防意识，我们才能筑牢国防安全的坚实砥柱。[②] 二是要坚定不移加强边防、海防和空防建设，推进国防现代化，加强军事武装力量革命化、现代化和正规化建设，以党在新形势下的强军目标为引领，深入推进政治建军、改革强军、科技兴军、依法治军。三是要大力推进科技练兵，全面推进军事训练转型升级，练就能战善战的精兵劲旅。四是要实施积极防御军事战略方针，开展国际军事安全合作，实施联合国维和、国际救援、海上护航和维护国家海外利益的军事行动，维护国家领土主权、海洋权益、发展利益与世界和平。近年来，中国军队还积极开展国际人道主义援助、亚丁湾护航、联合国维和行动、抗疫、军售以及双边和多边联合军演等军事交流合作，为构建人类命运共同体贡献力量，彰显大国军队的责任担当。

9. 科技发展与安全是国家总体发展和安全的智力支撑与保障

科技强则国强，科技兴则国兴。当前，科技已经成为影响国家战略安

① 《习近平在出席解放军和武警部队代表团全体会议时强调：贯彻依法治军战略　提高国防和军队建设法治化水平》，《人民日报》2022 年 3 月 8 日。

② 陈兆明：《筑牢国防安全的坚实砥柱》，《解放军报》2019 年 9 月 18 日。

全以及国家总体实力和竞争力的关键要素。党的十八大以来，以习近平同志为核心的党中央强调科技创新在提高社会生产力和综合国力上的战略支撑作用，必须将之摆在国家发展全局的核心位置。随着创新驱动发展战略的实施，我国在科技领域取得了一批国际领先的重大成果，在一些核心科技领域实现了从跟跑、并跑到领跑的跨越。但与此同时，我国在科技安全方面还存在资源配置重复、科研力量分散、创新主体功能定位不清晰、高科技短板等诸多问题和风险挑战。其主要原因正如习近平总书记所言："我国面临许多'卡脖子'技术问题，根子是基础理论研究跟不上，源头和底层的东西没有搞清楚。"[①] 因此，基于全球科技发展态势和我国科技发展现状，面对以美国为首的西方国家近年来对我国科技领域的封堵，我们必须认清科技发展与安全的紧迫形势，潜心创新、集智攻关。一要加强党对科技领域重大创新的全面领导，发挥我国制度优势攻坚克难，突破核心科技的基础研究课题。二要强化事关国家安全和经济社会发展全局的重大科技任务的统筹组织，强化国家战略科技力量建设。三要加快补短板，建立自主创新的制度机制优势，建设重大创新基地和创新平台，完善产学研协同创新机制。[②] 四要促进传统产业转型升级、数字技术与实体经济深度融合，催生新产业、新业态、新模式，不断把我国数字经济做大做强。五要顺应全球新技术革命和产业革命的浪潮以及金融监管等需要，大力发展监管科技、信息科技、人工智能、大数据、云计算、生物识别、区块链、元宇宙等，占领科技制高点，不断提高运用科学技术维护国家安全的能力，也为中国经济社会发展注入强大科技动力。

10. 网络发展与安全是现代国家非传统安全领域的核心内容

信息化时代，离开网络安全，国家安全就无从谈起。可以说，没有网络发展与安全，就没有国家现代化。保障网络安全就是要维护网络空间主权和国家安全、社会公共利益，保护公民、法人和其他组织的合法利益，促进经

① 习近平：《在科学家座谈会上的讲话》，人民出版社，2020，第 7 页。

② 《提高防控能力着力防范化解重大风险　保持经济持续健康发展社会大局稳定》，《人民日报》2019 年 2 月 22 日。

济社会信息化健康发展。[①] 随着云计算、大数据、物联网、移动互联网、工业互联网、区块链等新技术、新产品、新应用的不断发展，网络安全成为信息时代各个国家必须高度关注的领域。有学者将网络安全形象比喻为国家安全体系的“神经系统”，在整个安全体系链路中处于牵一发而动全身的战略地位。一旦网络安全出现问题，与网络技术高度融合渗透的政治安全、国土安全、军事安全、经济安全和社会安全等方方面面都会发生系统性重大风险。[②] 党的十八大以来，党中央不断加强网络领域的立法建设，《中华人民共和国网络安全法》《国家网络空间安全战略》《中华人民共和国数据安全法》等法律法规的颁布，为加强我国互联网信息安全保护提供法理依据和制度保障。网络信息技术不同于其他技术，其迭代更新周期更短的同时，核心科技却难以在短时间内取得突破。这一特点成为西方国家打压我国高科技企业的“王牌”，近几年的表现极为明显。现实警示我们：关键核心技术受制于人的困境亟待改变。为积极应对全球互联网治理体系变革，我们要筑牢网络安全防线，建立健全网络安全保障体系，提高网络安全保障水平，强化关键信息基础设施防护；要坚持网络安全与信息化发展并重，鼓励网络技术创新和应用，支持培养网络安全人才，努力把我国建设成为网络强国；要加强网络安全预警监测，务必确保关乎国计民生的大数据安全运行；要扩大共识，深化国际合作，构建网络空间命运共同体。

11.生物发展与安全是国家总体发展和安全的重要组成部分

生物安全属于非传统安全范畴，包括重大新发突发传染病、动植物疫情、新型生物技术误用、病原微生物实验室生物安全、防范外来物种入侵与保护生物多样性、生物恐怖袭击和生物武器威胁、国家重要遗传资源和基因数据流失等。[③] 生物安全关乎人民生命健康、国家长治久安和中华民族永续发展，是国家总体安全的重要组成部分，也是影响乃至重塑世界格局的重要力量。党的十八大以来，党中央把加强生物安全建设纳入国家安全战略，颁

① 《中华人民共和国网络安全法》，法律出版社，2021，第 39 页。

② 袁国强：《网络安全是军事安全的焦点》，《解放军报》2018 年 1 月 19 日。

③ 参见《中华人民共和国生物安全法》，法律出版社，2020。

布施行《中华人民共和国生物安全法》，出台国家生物安全政策和国家生物安全战略，健全国家生物安全工作组织领导体制机制，举全党全国全社会之力打好新冠肺炎疫情防控人民战争，加强生物资源保护利用，我国生物安全防范意识和防护能力不断增强，维护生物安全基础不断巩固，生物安全建设取得重大历史性成就。

当前，全球生物威胁继续呈现多样化发展态势。大国抢占生物技术战略高地，生物恐怖袭击、生物实验室泄漏、生物技术谬用与误用、生物战等全球生物安全威胁有进一步严重化的趋势。特别是2020年，迅速蔓延全球的新冠疫情，给全球生命健康和社会健康发展带来了巨大危害，从而进一步凸显保障生物安全的重要性。众所周知，美国在境外部署多个生物实验室以及多年来不断阻挠《禁止生物武器公约》核查议定书谈判的行径对世界和平与安全发展构成了重大威胁。新冠疫情的全球流行，让我们更清楚地看到，传统生物安全问题不断凸显，新型生物安全风险增大，境外生物威胁和内部生物风险交织并存。这一现状要求我们盯牢生物安全重点风险领域，持续推进国家生物安全风险防控和治理体系建设；着力推进生物科技领域创新和产业化应用推广，加强科研项目伦理审查和科学家道德教育，确保我国生物安全领域科技自立自强；加大生物安全法律法规和生物安全知识宣传教育力度，切实筑牢国家生物安全屏障。与此同时，中国作为世界负责任的大国，要积极参与全球生物安全治理，在全球生物安全政策制定、风险评估、应急响应、能力建设、信息共享等方面加强双边、多边交流与合作，同国际社会一道应对日益严峻的生物安全挑战。

12. 资源能源发展与安全是“国之大者”，直接关涉国家发展和安全大局

战略资源安全包括矿产资源、水资源、粮食等安全，能源安全主要包括石油安全、煤炭安全、天然气安全和电力系统安全，上述资源能源是人类赖以生存的基础，是国家经济的命脉，直接影响国家安全、社会稳定和经济可持续健康发展。党的十八大以来，我国大力推进能源生产和消费革命，确保国家能源安全，发布《能源生产和消费革命战略（2016—2030）》，印发《关于全民所有自然资源资产有偿使用制度改革的指导意见》，建立健全资源有偿使用制度等。当前，我们在紧缺战略性矿产品等资源能源方面，对外依存度仍然很高。习近平总书记警示我们，把资源能源饭碗端在自己手里，要明确重要资源能源国内生产自给的战略底线。我们不仅要加强国家战略物资储备制度建设，促进资源合理开放利用，保障我国资源能源安全和全产业链安全；还要加强资源能源国际合作，保障国际经济社会发展所需资源能源持续、可靠和有效供给。

粮食安全是国家安全的重要基础和前提，是治国理政的头等大事，中国必须坚持走中国特色粮食安全之路。百年变局和世纪疫情交织叠加、全球气候灾害、俄乌冲突等都严重影响了粮食安全，加剧了粮食危机。日益增多的境外输入性风险，也影响着我国的粮食安全。粮食安全是“国之大者”，养活中国人民不能指望依靠国际市场，必须保证一个可控的自给量、自给率，确保中国人的饭碗主要装中国粮。要从政治高度看待粮食问题，粮食是压舱石，粮食安全是最基本的安全，粮食生产和储备是实现经济发展、保障社会稳定、维护国家安全的基础性、根本性条件；要坚持藏粮于地、藏粮于技，坚决遏制耕地“非农化”、基本农田“非粮化”，不断强化储备能力，推进粮食仓储技术现代化，强化龙头企业带动，推动粮食产业转型升级、提质增效；要全面落实粮食安全党政同责，严格粮食安全责任制考核，在全社会树立科学粮食安全观；要开展国际合作，合理利用国际市场资源，推动进口来源国和渠道多元化。

13. 核安全与发展是国家安全和发展的重要内容，是实现中华民族伟大复兴的坚强保障

核安全是指安全利用核能，保障公众和从业人员的安全与健康，保护生态环境，有效预防和应对核事故，规范和严格核设施、核材料、核活动和放射性物质安全监管，持续推进核安全监管体系和监管能力现代化建设，有力维护国家核安全，为全面建设社会主义现代化强国、实现中华民族伟大复兴提供坚强保障。[①] 党的十八大以来，中国的核安全事业进入安全高效发展的

① 《中华人民共和国核安全法》，法律出版社，2017，第4页。

新时期：中国核安全能力持续提升；核安全监管工作步入机制化、规范化轨道，成立了国家核安保技术中心；2014 年首次提出中国核安全观；2016 年首次提出打造核安全命运共同体；2017 年全国人大审议并表决通过《中华人民共和国核安全法》；2019 年发布《中国的核安全》白皮书。习近平总书记提出理性、协调、并进的核安全观，强调发展和安全并重，倡导打造全球核安全命运共同体，为新时期中国核安全发展指明了方向，为推进核能开发利用国际合作、实现全球持久核安全提供了中国方案。美国是世界上拥有最大核武库的国家。近年来，美国不断升级核力量，降低核门槛，加快发展核、高超音速技术等领域的军事力量，肆无忌惮地退出《中导条约》和《反导条约》，与英国、澳大利亚建立三方安全伙伴关系，开展核潜艇合作，人为制造核扩散的严重风险，对国际核不扩散体系造成了巨大冲击。当下的俄乌冲突、朝鲜核问题等也威胁着全球核安全。面对世界核发展失衡带来的核安全隐患，中国要秉持为发展求安全、以安全促发展的理念，更好利用核能、实现更大发展，以应对当前外部各种核安全挑战和威胁。

14. 国际安全为国家总体发展和安全营造有利的外部环境

关于国际安全，习近平总书记有科学的阐释，即国际共同安全、综合安全、合作安全和可持续安全。[①] 实践表明，中国的发展与安全是国际社会发展与安全不可分割的部分，为国际社会的发展与安全提供动力和保障，同时国际社会发展与安全为中国发展与安全提供必不可少的外部环境和秩序。因此，强调统筹发展和安全，不仅要着眼于国内安全和发展，还要着眼于国际环境的共同安全和全球的共同发展。国际安全为国家总体发展和安全营造有利的外部环境，中国的国家安全和发展又为国际安全和发展提供稳定器和力量源，必须注重两者的相互协调和统筹发展，这就超越了传统国家安全观和发展观的局限。正如习近平在中央国家安全委员会第一次会议上所强调的，贯彻落实总体国家安全观，必须既重视外部安全又重视内部安全，对内求发

① 2022 年 3 月 18 日，习近平总书记在应邀同美国总统拜登视频电话中指出："我们向来从事情本身的是非曲直出发，独立自主作出判断，倡导维护国际法和公认的国际关系基本准则，坚持按照联合国宪章办事，主张共同、综合、合作、可持续的安全观。"

展、求变革、求稳定、建设平安中国，对外求和平、求合作、求共赢、建设和谐世界。习近平总书记提出的总体国家安全观和新时代发展观为构建中国特色国家安全和发展体系奠定了理论基础，也为维护国际和平与共同安全和发展贡献了中国智慧、中国方案，有助于营造一个互利互惠、合作共赢的和谐世界，促进国际共同安全、国际共同发展和繁荣。在全球安全面临严峻复杂挑战的当下，唯有综合运用政治、经济、科技、社会、文化等手段，构建合作共赢的新型国际关系，有效应对西方故意制造的争端，破除“中国威胁论”的威胁，消除霸权主义、恐怖主义、极端主义思想影响，消除世界和平赤字、发展赤字、治理赤字；全方位强化国际安全合作，建立更高水平的军事安全互信，打造更加完善的安全合作平台，提供更多更好的公共安全产品，携手构建共建共享的安全格局，为各国发展繁荣筑牢安全屏障，促进国际共同安全，才能为实现“两个一百年”奋斗目标、实现中华民族伟大复兴中国梦提供坚实的安全保障。

二　习近平总书记关于统筹发展和安全的重要论述研究

安全发展是一个国家兴旺发达的指示器。“没有安全的发展是脆弱的、不稳定的，没有发展的安全是短暂的、不可持续的。”① 统筹发展和安全，是中国共产党人在总结实践经验基础上作出的重大理论创见。改革开放 40 多年来，中国共产党人始终重视发展、安全问题，以举世瞩目的经济发展奇迹与和谐社会建设回应了这一命题，形成了许多熠熠生辉的科学表述。党的十八大以来，习近平总书记把“统筹发展和安全”作为党治国理政的重大原则，从内容与形式两个方面对“统筹发展和安全”进行了系统阐述和全面发挥，形成了“统筹发展和安全”的体系化界说。以习近平总书记关于统筹发展和安全重要论述为根本遵循和行动指南，把发展和安全贯穿国家发展的各领域和全过程，对于在复杂环境下更好地推进我国经济社会的安全发展、开启全面建设社会主义现代化国家新征程具有重大意义。

（一）统筹发展和安全的科学研判

1. 从战略意义上来看，统筹发展和安全，是以习近平同志为核心的党中央站在“两个一百年”奋斗目标历史交汇点，对中国特色社会主义“变”与“不变”的科学驾驭和战略研判

站在“两个一百年”和“两个大局”交织点，习近平总书记科学研判

① 颜晓峰：《科学统筹发展和安全两件大事》，《经济日报》2020 年 10 月 13 日。

中国特色社会主义新时代最大实际的“不变”与“变”：一方面，和平与发展的时代主题没有变，我国仍处于并将长期处于社会主义初级阶段的基本国情没有变。习近平总书记作出了“发展仍然是我们党执政兴国的第一要务”的科学研判。另一方面，百年未有之大变局的“变革、风险、不确定性”随处可见，小概率高风险的“黑天鹅”和大概率高风险的“灰犀牛”触目惊心：中国特色社会主义新时代的“历史方位”“主要矛盾”“发展方式”“国际政治风云”等方面发生的变革语境，使得系统性、普遍性和根本性的深层次矛盾逐渐浮出水面，相互交织所形成的“风险综合体”正处在从“不断积累”到“集中显露”的阶段。这就对我们党防范重大风险的意识和能力有了更高的要求，要居安思危，增强忧患意识，树立底线思维，重点防控可能迟滞或中断中华民族伟大复兴进程的全局性风险。显而易见，坚持“统筹发展和安全这一治国理政的重大原则”，把发展这个“第一要务”与安全这个“头等大事”统筹起来，系习近平总书记对“变”与“不变”的科学驾驭和战略研判。这就使得“统筹发展和安全”成为“两个大局”中需要综合研判、统筹规划、系统谋略、战略布局、一体推进的重要工作，不断增强发展的安全性。

2. 从实践路径上来看，统筹发展和安全，是进入新发展阶段、贯彻新发展理念、构建新发展格局和开启全面建设社会主义现代化国家新征程的题中应有之义

在开启全面建设社会主义现代化国家新征程的宣言书[①]中，第一次出现“把安全发展贯穿国家发展各领域和全过程”的重要论述，把对“发展”和“安全”的认识提升至新高度，对全面建设社会主义现代化国家开好局、起好步具有重要意义。从高频词上看，“发展”出现195次，“安全”出现66次，这充分说明在新发展阶段、贯彻新发展理念、构建新发展格局语境下，“发展”和“安全”的内涵诠释愈加丰富深刻，外延拓展更加复杂宽广，理

① 《中共中央关于制定国民经济和社会发展第十四个五年规划和二〇三五年远景目标的建议》；习近平：《关于〈中共中央关于制定国民经济和社会发展第十四个五年规划和二〇三五年远景目标的建议〉的说明》。

论位阶日益凸显；从辩证关系上看，“我们越来越认识到，安全是发展的前提，发展是安全的保障”①，这充分说明发展和安全如鸟之两翼、车之双轮，“安全”和“发展”是关联性、平等性、并重性关系，相辅相成、辩证统一，在理论指引上构成治国理政的重要原则和经济社会发展的指导思想。统筹发展和安全是高质量发展和高水平安全的内在要求。在全面建设社会主义现代化国家新征程的道路上，我们必须把安全发展贯穿国家发展各领域和全过程，书写好“新发展格局”与“大安全格局”，续写新形势下“两大奇迹”新篇章。习近平总书记关于“统筹发展和安全”的一系列重要论述，明确了统筹发展和安全的战略性、全局性、前瞻性意义，构成全面建设社会主义现代化国家新征程的根本遵循和行动指南。

（二）科学把握发展和安全的辩证关系

从理论渊源来看，中国共产党在社会主义初级阶段的“一个中心、两个基本点”基本路线，既保证了中国特色社会主义的正确政治方向和团结稳定的社会环境，又解放和发展了社会生产力，这构成了“统筹发展和安全”的雏形。统筹发展和安全在一定意义上来说是党的基本路线在中国特色社会主义新时代的创新和发展。从词汇学来看，“统筹发展和安全”最初是以政治话语形式出现的：《2006年中国的国防》白皮书从“发展和安全相统一的安全战略思想”角度，首次使用了“统筹发展和安全”的正式表述；《2010年中国的国防》白皮书从“发展”和“安全”的关联性、平等性角度出发，明确提出“维护国家主权、安全、发展利益”的国防政策首要目标，进一步拓展了“发展”与“安全”内涵。2012年党的十八大报告使用“维护国家主权、安全、发展利益”的表述来宣示中国政府的外交政策宗旨，这一表述“在文件上的优化和升格”可以看作“统筹发展和安全”战略思想的逻辑起点。党的十八大以来，习近平总书记将“统筹发展和安全”

① 《〈中共中央关于制定国民经济和社会发展第十四个五年规划和二〇三五年远景目标的建议〉辅导读本》，人民出版社，2020，第22页。

作为治国理政的重大原则和经济社会发展的指导思想，从内容与形式两个方面对“统筹发展和安全”进行了系统阐述、全面发挥，形成体系化理论界说。“安全是发展的保障，发展是安全的目的。”[①]“安全是发展的前提，发展是安全的保障。”[②]这为我们正确认识发展和安全的辩证关系提供了根本遵循：发展和安全互为保障，相互支持、相互促进，共同组成一个有机整体。在2020年“十四五”规划的建议中首次出现“把安全发展贯穿国家发展各领域和全过程”的重要论述，将对安全和发展关系的认识提升至新高度，对全面建设社会主义现代化国家开好局、起好步具有重要意义。习近平总书记关于“统筹发展和安全”的一系列重要论述，明确了统筹发展和安全的战略性、全局性、前瞻性意义，构成全面建设社会主义现代化国家新征程的根本遵循和行动指南。发展和安全，相辅相成、相互支撑，见证了世所罕见的“经济发展”和“社会稳定”两大奇迹，也必将形塑中国式现代化道路。

1. 安全是发展的前提，也是最基本的民生

回眸百年沧桑，痛定思痛：安全是发展的前提，保证国家安全是治国理政的头等大事。清末民国以降，乡土中国陷入政治动荡、军阀割据、战乱频仍、匪患不断的泥淖，国家经济停滞不前、民众愚穷弱私积习成常、财富稀缺匮乏流弊兹甚。1949年新中国的诞生、安定有序的政治环境，开辟了中华民族发展进步的新纪元，开启了建设社会主义康庄大道的新征程。1978年改革开放以来，我们党坚持四项基本原则，坚持“稳定是前提、改革是动力、发展是目标”的基本方针，在政治安定和社会稳定中促进了社会主义现代化建设的跨世纪发展。党的十八大以来，我们设立“4·15全民国家安全教育日”，首次作出“国家安全是头等大事”[③]“国家安全和社会稳定

① 习近平：《习近平谈“一带一路”》，中央文献出版社，2018，第92~93页。

② 《〈中共中央关于制定国民经济和社会发展第十四个五年规划和二〇三五年远景目标的建议〉辅导读本》，人民出版社，2020，第22页。

③ 中共中央党史和文献研究院编《习近平关于总体国家安全观论述摘编》，中央文献出版社，2018，第10页。

是改革发展的前提"[①] 的科学研判，把国家安全看作国家繁荣富强、社会安定有序、人民安居乐业的前提基础，国家总体安全被提到了前所未有的高度。

从人民追求美好生活的角度来看，公共安全是最基本的民生。安居乐业是人民群众梦寐以求的理想，国泰民安是人民群众最基本、最普遍的愿望。国家安全是保障人民安居乐业和国泰民安的一项重要工作。2015 年 5 月，习近平总书记首次提出了"公共安全是最基本的民生"[②] 的重要论点。公共安全关涉最广大人民群众的根本利益。保障公共安全的民生工作永远在路上，要不断抓紧抓好。从实际出发，织密扎牢托底的民生安全保障网，着力堵塞漏洞、消除隐患，着力抓重点、抓关键、抓薄弱环节，才能不断提高公共安全水平，确保人民群众安居乐业、社会秩序安定有序。

2. 发展是安全的基础，是解决中国一切问题的关键

"我们越来越深刻地认识到，……发展是安全的保障。"[③] 百年屈辱史反复告诉我们，落后就要挨打。当今时代，新一轮科技革命正在孕育兴起，一些关键核心技术已经呈现革命性突破的先兆，给产业模式、竞争格局带来深刻变革。科技创新是发展的第一动力。近年来，在"华为的'操作系统'""中兴的'芯片'"等事件中，我国关键核心技术被"卡脖子"风险不断凸显，严重阻碍科技创新驱动型战略发展。下好先手棋，打好主动仗。据此，习近平总书记作出科学应对：必须集合精锐力量，"在关键领域、卡脖子的地方下大功夫"[④]，强化科技创新体系能力，加强对关系根本和全局的科学问题的研究部署。

"发展仍然是我们党执政兴国的第一要务，仍然是带有基础性、根本性的工作。"[⑤] 在中国特色社会主义新时代，高质量发展成为解决我国一切问

---

① 中共中央文献研究室编《十八大以来重要文献选编》（上），中央文献出版社，2014，第 506 页。

② 新华月报编《新中国 70 年大事记（1949.10.1－2019.10.1）》，人民出版社，2020，第 1642 页。

③ 《〈中共中央关于制定国民经济和社会发展第十四个五年规划和二〇三五年远景目标的建议〉辅导读本》，人民出版社，2020，第 22 页。

④ 《习近平谈治国理政》（第三卷），外文出版社，2020，第 248 页。

⑤ 习近平：《做焦裕禄式的县委书记》，中央文献出版社，2015，第 35 页。

题的基础和关键，特别是解决新发展阶段经济社会发展不平衡不充分问题的唯一途径。“以经济建设为中心是兴国之要，发展是党执政兴国的第一要务，是解决我国一切问题的基础和关键。”[①] 党中央坚持稳中求进的工作总基调，全面贯彻落实创新、协调、绿色、开放、共享的新发展理念，深化供给侧结构性改革，适应、把握、引领经济发展新常态，切实提高发展质量和效益，保持经济平稳健康发展和社会和谐稳定，推动经济更有效率、更有质量、更加公平、更可持续、更加安全的发展，形塑更高水平、更高层次的安全发展新格局，不断开拓经济社会发展新境界。

3. 发展和安全并重，“促一方发展，保一方平安”

从方法论来看，机遇和挑战共生、发展和安全并重，是唯物辩证法的题中应有之义。“所谓‘社会主义社会’不是一成不变的东西，而应当和其他社会制度一样，把它看成是经常变化和改革的社会。”[②] “安全和发展是一体之两翼、驱动之双轮。安全是发展的保障，发展是安全的目的。”[③] 由此可见，着力防范化解重大风险、保持经济持续健康发展和社会稳定大局，改革、发展、稳定是一项系统性工程，牵一发而动全身。在中国特色社会主义新时代，“平安中国”“美丽中国”“中华民族伟大复兴的中国梦”“四个全面”等时代发展课题任重道远。在新发展阶段，贯彻新发展理念和构建新发展格局，全面开启社会主义现代化新征程，是发展和安全的辩证统一。统筹发展和安全，是新时代中国特色社会主义在辩证统一的客观规律面前的自觉。“要有强烈的问题意识，以重大问题为导向，抓住关键问题进一步研究思考，着力推动解决我国发展面临的一系列突出矛盾和问题。”[④] 在中国特色社会主义新时代，披荆斩棘的全面深化改革、破除利益固化藩篱的自我革命伟业、勇于同各种假马克思主义和反马克思主义错误思潮作斗争的伟大斗

① 中共中央文献研究室编《十八大以来重要文献选编》（中），中央文献出版社，2016，第245~246页。

② 《马克思恩格斯选集》（第四卷），人民出版社，1995，第639页。

③ 习近平：《习近平谈“一带一路”》，中央文献出版社，2018，第92~93页。

④ 《习近平谈治国理政》（第一卷），外文出版社，2014，第74页。

争、在百年未有之大变局中复兴中华民族的伟业，作为一项前无古人的伟大事业，中国特色社会主义建设毫无现成经验可循，坚持和发展中国特色社会主义永远在路上。利用唯物辩证法看问题、分析问题，坚持“两点论”“重点论”相统一，从而确立对若干重大问题的决议和对策，是习近平谈治国理政的鲜明特征。

发展和安全并重，上升为治国理政的重大原则和经济社会发展的指导思想。在中国特色社会主义新时代，以习近平同志为核心的党中央及时调整发展理念和进路，不能“简单以 GDP 增长率论英雄”①，而是发展和安全并重，努力实现高质量发展和高水平安全的良性互动和动态平衡。要严格实行党政领导干部安全生产工作责任制，切实做到失职追责。要把遏制重特大事故作为安全生产整体工作的“牛鼻子”来抓，在煤矿、危化品、道路运输等方面抓紧规划实施一批生命防护工程，积极研发应用一批先进安防技术，切实提高安全发展水平。

由上可见，发展和安全是辩证统一体，二者相互蕴含、互为条件、互为保障，只有把发展和安全统一起来，坚持以发展促安全、以安全保发展，才能“促一方发展，保一方平安”。习近平总书记强调：“发展是硬道理，稳定也是硬道理，抓发展、抓稳定两手都要硬。”② 发展之中蕴含安全要素，不平衡不充分发展中潜藏安全风险。“过去，经济高速发展掩盖了一些矛盾和风险。现在，伴随着经济高速下调，各类风险逐步显性化。”③ 曾几何时，粗放式发展方式，造成人与自然、人与人之间的紧张关系。随着中国特色社会主义建设事业不断走向深入，我国已经进入高质量发展阶段，但是发展中的安全问题不仅不会减少，相反，单一的传统安全已向传统与非传统安全交织转变，各种可以预见和难以预见的风险因素呈现明显增多的态势，安全的广度和复杂程度前所未有。危中有机、危可化机。安全之中蕴含发展内容，

① 中共中央文献研究室编《十八大以来重要文献选编》（下），中央文献出版社，2018，第 750 页。

② 《习近平谈治国理政》（第二卷），外文出版社，2017，第 384 页。

③ 中共中央党史和文献研究院编《习近平关于防范风险挑战、应对突发事件论述摘编》，中央文献出版社，2020，第 50 页。

安全的内涵和外延不断拓展，“安全观念、安全机制、安全形势和安全应对措施都处在不断发展变化之中”。[①] 不断优化对国家安全的认识，树立科学的总体国家安全观，防范和化解影响我国现代化进程的各种风险，筑牢国家安全屏障，不断开创安全工作新局面。不稳定性、不确定性就是科学认识和全面把握新发展理念的一把钥匙，求发展、求变革系总体国家安全观的题中应有之义。发展是最大的安全。以发展的办法解决发展中的问题，以发展的眼光看待发展，以发展的方式来化解不平衡不充分矛盾。在中国特色社会主义新发展阶段，完整、准确、全面贯彻新发展理念，把“绿色理念”“共享理念”“协调理念”落到实处，回答好“实现什么样的发展、怎样实现发展”这一重大时代课题，才能不断开辟国家安全发展的新境界！

（三）统筹发展和安全的战略原则

1. 坚持党的领导是统筹发展和安全的根本原则

党的领导是中国特色社会主义最本质的特征，也是做好发展和安全工作的根本保障。鸦片战争以降，乡村中国各自为政、一盘散沙，一直处于政治动荡、经济停滞不前、社会矛盾纠葛重重、军阀混战格局之中，经济社会困顿凋敝、民生救死犹恐不赡，民众愚穷弱私积习成常，流弊兹甚。历史选择了中国共产党。从 1921 年嘉兴南湖建党之日起，中国共产党就以中华民族伟大复兴为己任，以为人民服务为宗旨，以为人民谋福利为初心，以不屈的意志和昂扬的斗志，前赴后继、矢志不渝，使得中国革命面貌焕然一新。延安、西柏坡、香山，深圳、浦东、雄安，百年峥嵘岁月，一路砥砺前行；一场场气壮山河的艰巨斗争，一段段可歌可泣的英雄故事，一个个惊心动魄的悲壮瞬间，一首首不愧天地的正气之歌，谱写了开天辟地、改天换地、翻天覆地、惊天动地的峥嵘岁月，形塑了中华民族站起来、富起来、强起来的光辉历程。在中国特色社会主义新时代，我国社会主义政治制度的一个突出特

① 蒋熙辉：《统筹发展和安全，走中国特色国家安全道路——深入学习习近平总书记总体国家安全观思想》，《人民论坛》2017 年第 32 期。

点是党总揽全局、协调各方的领导核心作用，形象地说是“众星捧月”，这个“月”就是中国共产党。这就告诫全党，在新时代中国特色社会主义进入新发展阶段和开启全面建设社会主义现代化国家新征程之际，只有坚持和加强中国共产党的领导，领导和团结全国各族人民，坚定共产主义信念，才能承前启后、继往开来，统筹发展和安全，走出一条中国式现代化道路。

统筹发展和安全，必须坚持和完善党的领导。打铁还需自身硬。在统筹发展和安全的道路上，我们必须以更大的决心和勇气抓好党的自身建设，把党的政治建设摆在首位，将党风廉政建设和反腐败斗争作为重要内容，以零容忍态度惩治腐败，全面从严治党，不断优化党的政治生态，为新时代统筹发展和安全的伟大事业提供坚强的政治保证。在思想方法上，要不断增强“四个意识”、坚定“四个自信”、做到“两个维护”，始终在思想上政治上行动上同以习近平同志为核心的党中央保持高度一致，不断提高党的创造力、凝聚力、战斗力。在工作方法上，建立健全党委统一领导的工作责任制，坚持问题导向，紧扣“新一轮科技革命和产业革命孕育兴起”的时代脉搏，唱响时代发展主旋律，敏锐把握“世界百年未有之大变局”以及由此而来的重大风险和挑战，直面现实关切，维护好安定团结的大好局面，意气风发地走在高质量发展和高水平安全的中国式现代化的康庄大道上。

2. 以当代中国马克思主义、21世纪马克思主义为指引原则

事必有法，然后可成。作为当代中国马克思主义、21 世纪马克思主义，习近平新时代中国特色社会主义思想，把历史唯物主义和辩证唯物主义作为看家本领，加强顶层设计和“摸着石头过河”相结合，既部署“过河”的任务，又指导如何解决“桥或船”的问题，为中国共产党人观察、解决一切问题提供了“望远镜”和“显微镜”，是我们党统筹发展和安全的方法论“钥匙”。从思想方法和工作方法来看，在统筹发展和安全问题上，我们必须更加自觉地坚持和运用 21 世纪马克思主义、当代中国马克思主义来谋划、推动工作，始终贯彻“实事求是”“矛盾分析”等“看”的思想方法，“以身作则、率先垂范”“调查研究、深入群众”“求真务实、狠抓落实”等“办”的工作方法，提升战略思维、创新思维、辩证思维、底线思维能力，

不断提高贯彻落实的自觉性、积极性和主动性，将发展和安全贯穿于经济社会发展的各领域和全过程。

统筹发展和安全，是辩证唯物主义的方法论“自觉”。发展和安全并重，机遇和挑战并存，这是颠扑不破的客观存在。在“和平与发展”这一时代主题下，统筹发展和安全的辩证统一，标志着科学社会主义方法论“自觉”上了一个新的高度。失去或弱化这种“自觉”，理论上就会导致重大误区，实践上就会走弯路，造成大大小小的挫折和失败。

统筹发展和安全理论的提出，是在中国式现代化道路上对发展观和安全观的重大理论创新，是对马克思主义中国化的坚持和发展。党的十八大以来，统筹发展和安全成为我国经济社会发展指导思想的重要内容和经济社会发展必须遵循的原则。习近平总书记坚持马克思主义的立场、观点和方法，充分吸收和运用唯物辩证法中的两点论与重点论，充分运用联系和发展的观点，结合中国国情以及世界大背景，致力于打造和平的国内环境以及为维护世界和平贡献力量，实现高质量发展和高水平安全的良性互动，丰富和发展了统筹发展和安全的重要论述与实践。

3. 不断完善社会主义制度

坚持、发展和完善社会主义制度，是社会主义有效应对发展和安全课题、永葆青春活力的秘籍。“我们搞社会主义才几十年，还处在初级阶段。巩固和发展社会主义制度，还需要一个很长的历史阶段，需要我们几代人、十几代人，甚至几十代人坚持不懈地努力奋斗，决不能掉以轻心。”① 为此，必须两手抓，两手都要硬。一方面，作为马克思主义中国化的理论创新发展飞跃，要从“发展”“解放生产力和发展生产力”的角度出发，认识到“巩固和发展社会主义制度”的紧迫性：“不发展经济，不改善人民生活，只能是死路一条。”② 另一方面，我们已经是社会主义了，必须坚持而不能离开社会主义。必须坚持四项基本原则，反对资产阶级自由化，维护安定团结的

① 《邓小平文选》（第三卷），人民出版社，1993，第 379~380 页。

② 《邓小平文选》（第三卷），人民出版社，1993，第 370 页。

政治局面，才能深入推进改革开放和社会主义现代化建设。

在习近平总书记看来，“我们治国理政的本根，就是……社会主义制度”。[①] 在中国特色社会主义新时代，高质量发展任重道远，统筹安全和发展问题日益凸显出来。只有不断完善社会主义制度，才能充分彰显其推进安全发展的巨大优势，充分调动和发挥有利于安全发展的各方面积极因素，有力有效集中力量办大事，攻克安全发展过程中的艰难险阻。“欲成事而随其体制，则万事之功形矣。”统筹发展和安全，实现社会和谐稳定、国家长治久安，国家繁荣富强、人民安居乐业，还是要靠社会主义集中力量办大事的制度优势，化危为机、浴火重生，不断提高国家治理体系和治理能力现代化水平。只有不断完善和更好发挥中国特色社会主义制度的优越性，不断优化体制机制创新，完善和落实安全生产责任和管理制度，完善共建共治共享的社会治理制度，才能实现更高质量、更加安全的发展。

4. 坚持人民至上是统筹发展和安全的核心原则

习近平总书记指出，“历史是人民书写的，一切成就归功于人民”。[②] 从历史主体和目的来看，人民是历史的创造者，群众是真正的英雄，人民群众是党的力量之源和胜利之本。“以人民为中心”“为人民谋福利”“把人民对美好生活的向往作为奋斗目标”[③] 自然而然成为共产党人的初心使命；“一个国家的发展道路合不合适，只有这个国家的人民才最有发言权”[④]。在习近平总书记看来，“发展的目的是造福人民”[⑤]，“公共安全是最基本的民生，自觉把维护公共安全放在维护最广大人民根本利益中来认识”[⑥]。统筹发展和安全，贯彻落实“以人民为中心”理念，坚持人民至上、生命至上，把

① 中共中央文献研究室编《习近平关于社会主义政治建设论述摘编》，中央文献出版社，2017，第 8 页。

② 《习近平谈治国理政》（第三卷），外文出版社，2020，第 67 页。

③ 资料来源：《人民日报》2019 年 6 月 1 日。

④ 《习近平谈治国理政》（第一卷），外文出版社，2014，第 273 页。

⑤ 习近平：《共担时代责任，共促全球发展》，《人民日报》2017 年 1 月 18 日。

⑥ 中共中央文献研究室编《习近平关于社会主义社会建设论述摘编》，中央文献出版社，2017，第 150 页。

保护人民生命安全摆在首位，实现更加安全的发展，这是中国共产党人一以贯之的价值排序。习近平总书记要求“始终把人民群众生命安全放在第一位，牢固树立发展不能以牺牲人的生命为代价这个观念。这个观念一定要非常明确、非常强烈、非常坚定”①。统筹发展和安全，要始终坚持人民至上、生命至上，坚持把最广大人民的根本利益作为我们工作的出发点和落脚点，扎实推进全体人民共同富裕。

全心全意为人民服务是中国共产党人的根本宗旨。中国特色社会主义进入新时代以来，中国共产党人坚持人民至上、生命至上，坚持安全生产的发展红线，扎实做好防灾减灾救灾、安全生产、公共卫生、食药安全、生态环境安全、社会治安防控等领域应急处突工作，切实保障人民生命安全。“为了保护人民生命安全，我们什么都可以豁得出来!”② 习近平总书记以“我将无我，不负人民”的无产阶级革命家风范，身体力行、率先垂范，践行“人民至上”的核心原则，不断统筹发展和安全工作，让安全发展的成果更多更公平地惠及全体人民。

（四）统筹发展和安全的实现路径

在统筹发展和安全的道路上，我们必须在思想方法和工作方法上自觉贯彻总体国家安全观，强化忧患意识、坚持系统思维，把安全发展贯穿国家发展各领域和全过程，坚决打好防范和管控重大风险攻坚战，推动高质量发展和高水平安全取得新成效，不断谱写安全发展的新篇章!

1. 贯彻总体国家安全观，建设更高水平的平安中国是总目标

统筹发展和安全，是总体国家安全观“五个统筹”“十个坚持”中的重要一环，要自觉把统筹发展和安全放在贯彻落实总体国家安全观中来思考。“发展问题与安全问题”是总体国家安全观“五对关系”中的一对，“统筹发展和

① 中共中央文献研究室编《习近平关于全面建成小康社会论述摘编》，中央文献出版社，2016，第 136 页。

② 习近平：《在全国抗击新冠肺炎疫情表彰大会上的讲话（2020 年 9 月 8 日）》，《求是》2020 年第 20 期。

安全”也是贯彻总体国家安全观“十个坚持”中的一环。“坚持总体国家安全观，统筹发展和安全”，就是要把“发展和安全”放在总体国家安全观的“五对关系”“十个坚持”系统中来把握，深入探讨其有机统一、密不可分的内在联系。所谓“总体国家安全观”，即把安全发展贯穿国家发展各领域和全过程，实现经济安全、政治安全、社会安全、文化安全、军事安全、人民安全、国际安全一体推进的中国特色社会主义基本方略，为社会主义现代化建设提供坚强保障。“总体国家安全观”一经提出，就把我们党对国家安全的认识提升到了新高度和新境界，是指导新时代安全发展工作的根本遵循和行动指南。

总体国家安全观关键在“总体”，突出“大安全”理念，强调的是对“发展和安全”的思想统领，要求严格把握好安全的边界，要求立足基本国情、把握国际环境、着眼促进发展来分析研究和落实安全，有效防范化解迟滞或掣肘中国式现代化的各类风险。在中国特色社会主义新时代的历史语境下，世界百年未有之大变局与实现中华民族伟大复兴视野下的全面建设社会主义现代化国家相交织，中国全面深化改革进入了深水区和攻坚期，发展不平衡不充分的问题突出、生态经济任重道远、社会矛盾和问题交织叠加，在此进程中意识形态风险与其他风险相互交织所形成的“风险综合体”，正处在从“不断积累”到“集中显露”的阶段，激起一波波舆情涟漪，甚至带来一系列次生灾害。面对波谲云诡、变幻复杂的国内外环境，贯彻总体国家安全观，才能有效应对党的十八大以来风险综合体的新特点新趋势。

2. 强化忧患意识是前提

“统筹发展和安全，增强忧患意识，做到居安思危，是我们党治国理政的一个重大原则。”① 中国特色社会主义进入新发展阶段，一方面当代中国处于一个大有可为的历史机遇期，另一方面“防范化解重大风险”“小概率高风险的‘黑天鹅’”“大概率高风险的‘灰犀牛’”等风险挑战不断凸显。在中华民族伟大复兴的关键期和世界百年未有之大变局的叠加期，这些

① 习近平：《决胜全面建成小康社会 夺取新时代中国特色社会主义伟大胜利——在中国共产党第十九次全国代表大会上的报告》，人民出版社，2018，第 24 页。

风险挑战关乎发展、掣肘安全，“底线”“红线”“安全线”等词语频现，“于安思危”“于治忧乱”等警钟长鸣。习近平总书记谆谆告诫：“我是经常地敲警钟。我敲警钟是为了让大家警惕起来，居安要思危。无论国际风云如何变幻，我们都要坚定不移做好自己的事情。”①

强化忧患意识，就是要打好“提前量”，对未来可能出现的风险保持一种警觉。习近平总书记指出，“我国正处于一个大有可为的历史机遇期，发展形势总的是好的，但前进道路不可能一帆风顺，越是取得成绩的时候，越是要有如履薄冰的谨慎，越是要有居安思危的忧患，绝不能犯战略性、颠覆性错误”②。我们必须增强政治敏锐性和鉴别力，保持高度的思想警觉性，坚持底线思维，一以贯之防范化解重大风险。不断强化忧患意识，就是要有强烈的问题意识，迎难而上，着力推动解决我国发展面临的一系列新问题新情况。在中国特色社会主义新时代，改革发展稳定任务之重、矛盾风险挑战之多、治国理政考验之大都是前所未有的，应对重大挑战、抵御重大风险、克服重大阻力、化解重大矛盾、解决重大问题永远在路上。忧患意识、居安思危是守住底线的先手，坚持问题导向解决发展问题，确立对若干重大问题的决议和对策，对于防范风险异常重要。“只有聆听时代的声音，回应时代的呼唤，认真研究解决重大而紧迫的问题，才能真正把握住历史脉络、找到发展规律。”③

3. 系统思维是统筹发展和安全的基点

坚持系统思维、强化全局观念，是唯物辩证法系统中的重要一环，也是统筹发展和安全必须遵循的重要原则。党的十八大以来，习近平总书记高瞻远瞩、运筹帷幄，提出一系列治国理政的新理念新思想新战略，其中，在总结实践经验基础上作出重大理论概括——“坚持系统思维，构建大安全格局”，系统观念被提升为“统筹发展和安全”和“十四五”时期我国经济社

① 习近平：《“我是经常地敲警钟”》，《人民日报》2021年12月12日。

② 《习近平谈治国理政》（第三卷），外文出版社，2020，第73页。

③ 中共中央文献研究室编《习近平关于社会主义文化建设论述摘编》，中央文献出版社，2017，第80页。

会发展必须遵循的重要原则之一。在统筹发展和安全问题上，习近平总书记关于坚持系统思维、强化全局观念的一系列重要论述，为新发展阶段以系统思维来思考和布局“发展与安全的统筹维度”指明了方向。

以系统性观念统筹发展和安全，要把着力点放到加强综合性研判、全局性谋划、系统性布局、整体性推进上来，不断增强发展的安全性。“必须在把情况搞清楚的基础上，统筹兼顾、综合平衡，突出重点、带动全局，有的时候要抓大放小、以大兼小，有的时候又要以小带大、小中见大，形象地说，就是要十个指头弹钢琴。”[①] 整体地、发展地、普遍联系地研判新发展阶段的重大时代课题，才能有效防范和应对可能影响、迟滞中国式现代化进程的系统性风险。

4. 把安全发展贯穿国家发展各领域和全过程是中国式现代化的内在要求

在历史方位上，当前中国立足于社会主义初级阶段基本国情，开启中国式现代化新征程。中国特色现代化既具有“现代化”共性，也具有“中国式现代化”特性。从“现代化”共性的角度来看，现代社会在本质上是一个变革、不确定的“风险社会”。相对于前现代社会较为固定的或可预见的自然风险来说，现代社会日新月异的新知识和新技术带来大量不确定的、不可控的、难以预料的“急剧变化”，现代化进程释放了越来越多的创新力和破坏力，物质财富的充盈和人与人/自然关系的紧张相耦合，经济进步、技术进步和风险指数增长交织在一起。连续性变革构成断裂性的肇始性因素，不确定性催生了个体的躁动、焦虑和不安，选择的多种可能性、掌控的无力感和不可预见性引致对未知世界的恐惧。“在风险社会中，未知的、意图之外的后果成了历史和社会的主宰力量。”[②]

从“中国式现代化”特性来看，对于仍处于并将长期处于社会主义初级阶段的中国特色社会主义来说，在全面建设社会主义现代化国家进程中要特别警惕前资本主义因素和异化的资本主义因素：我们既要警惕作为市场经

① 《习近平谈治国理政》（第一卷），外文出版社，2014，第 102 页。

② 〔德〕乌尔里希·贝克：《风险社会——新的现代性之路》，张文杰、何博闻译，译林出版社，2018，第 8 页。

济主要弊病的资本主义性质的“拜物教”以及由此引致的逐利行为会滋生并渗透到社会生活的各个领域和造成严重的社会负面效应，也要警惕传统的封建遗留因素如等级、特权、官本位以及公共权力与私人资本联姻、公共政治与私人经济结盟，“除了现代的灾难而外，压迫着我们的还有许多遗留下来的灾难，这些灾难的产生，是由于古老的陈旧的生产方式以及伴随着它们的过时的社会关系和政治关系还在苟延残喘”①。与此同时，在“中华民族伟大复兴战略全局”和“世界百年未有之大变局”交织语境下，在现代风险社会的“共时性压缩”与后现代信息网络“瞬时性放大”双重因素叠加作用下，不同风险在现实和虚拟时空中或激烈或缓和地碰撞、对抗、冲突和博弈，“发展不平衡不充分问题仍然突出”“不稳定性不确定性明显增加”“世界进入动荡变革期”“单边主义、保护主义、霸权主义对世界和平与发展构成威胁”②，使得“中国式现代化”的风险指数不断企高。习近平总书记强调指出，“我们的事业越前进、越发展，新情况新问题就会越多，面临的风险和挑战就会越多，面对的不可预料的事情就会越多”。③ 在变革、风险、不确定的中国式现代化进程中，经济全球化、文化多元化、社会信息网络化的趋势，全面深化改革利益固化的藩篱，使得系统性、普遍性和根本性的深层矛盾逐渐浮出水面，在网络传播开放性、扩散性、多元性、隐匿性、碎片化作用下深度发酵，形成风险滋生的温床。当前各种风险相互交织所形成的“风险综合体”，正处在从“不断积累”到“集中显露”的阶段，激起一波波舆情涟漪，甚至衍生出一系列关联性风险，这构成“中国式现代化”机遇和挑战并存、发展和安全共生的“新发展阶段”语境。

由上可见，在中国式现代化进程中，我国发展仍然处于重要战略机遇期，但政治、经济、文化、社会等领域和自然界，存在前所未有的矛盾、风险、博弈，甚至会遇到难以想象的惊涛骇浪、重大挑战、重大风险、重大矛

① 《马克思恩格斯全集》（第 23 卷），人民出版社，1972，第 11 页。

② 本书编写组编著《党的十九届五中全会〈建议〉学习辅导百问》，学习出版社、党建读物出版社，2020，第 14 页。

③ 《习近平谈治国理政》（第一卷），外文出版社，2014，第 23 页。

盾，遇到可能会迟滞或中断中华民族伟大复兴的全局性风险。就此而论，全面建设社会主义现代化国家的中国式现代化道路任重道远，发展之后的安全问题需要摆放在更加突出的位置，需要从创新安全理念、健全安全体制机制、强化安全宣传教育等方面入手，突出“大安全”理念，立足基本国情、把握国际环境、着眼促进发展来分析研究和落实安全，“构建集政治安全、国土安全、军事安全、经济安全、文化安全、社会安全、科技安全、信息安全、生态安全、资源安全、核安全等于一体的国家安全体系”①，形成完备的安全防范体系。“把国家安全贯穿到党和国家工作各方面全过程，同经济社会发展一起谋划、一起部署，……为建设社会主义现代化国家提供坚强保障。”② 在中国特色现代化新征程道路上，在政治、经济、文化、社会、科技、生态、国防、外交等领域，实现经济社会发展和安全发展的亦步亦趋、高度一致。统筹发展和安全，把安全发展贯穿国家发展各领域和全过程，才能化险为夷、变危为机，为我国改革发展稳定营造良好的外部环境。

在中国特色社会主义新时代，我们在中华大地上全面建成了小康社会，正在迈进全面建成社会主义现代化强国的新征程。在此进程中，如何顺应社会主要矛盾转化的新要求，以更加平衡、更加充分的发展满足人民日益增长的美好生活需要；如何赓续中华民族 5000 多年灿烂光芒，走好中国式现代化新道路，为完善全球治理贡献中国智慧和中国经验，等等，涉及发展和安全的一系列重大时代课题又呈现在我们面前。有鉴于此，必须深刻把握当代中国和世界发展变化的新特点新趋势，立足中国实际，以更宽广的视野、更长远的眼光思考和把握中华民族伟大复兴的重大时代课题，坚持用 21 世纪马克思主义的“矢”去射新时代中国特色社会主义的“的”，大力推进习近平新时代中国特色社会主义思想在京华大地落地生根，才能不断开辟 21 世纪“统筹发展和安全”理论和实践的新境界。

---

① 中共中央党史和文献研究院编《习近平关于总体国家安全观论述摘编》，中央文献出版社，2018，第 5 页。

② 习近平：《坚持系统思维构建大安全格局　为建设社会主义现代化国家提供坚强保障》，《人民日报》2020 年 12 月 13 日。

三　中国共产党统筹发展和安全的百年历程、成就和经验

"统筹发展和安全"是党的十八大以来以习近平同志为核心的党中央在统揽国内外全局基础上提出的重大命题。历史是教科书，也是清醒剂。自成立之日起，中国共产党对于"发展"和"安全"问题的重视始终如一。回顾和梳理党成立100年来对于"发展"和"安全"问题的认识深化、理论深化、实践深化过程，对于研究今天和未来党如何统筹发展和安全具有重要的基础性作用。

（一）新民主主义革命时期：以"站起来"为目标的政党安全和政党发展

中国共产党是在"内忧外患"的局势中诞生的。其中，"内忧"来自封建主义、官僚资本主义以及帝国主义控制下的军阀割据混战，社会动荡、民不聊生；"外患"则主要来自帝国主义。当时社会的主要矛盾是帝国主义和中华民族的矛盾、封建主义和人民大众的矛盾，因此，中国共产党自成立之日起就肩负起反对帝国主义、封建主义、官僚资本主义，为中国人民谋幸福、为中华民族谋复兴的使命和责任。

1840年前后，西方国家正在工业革命的道路上快速发展，并对落后国家掀起了殖民战争的狂潮，而当时的清朝政府却依旧徜徉在"天朝上国"的美梦之中，闭关锁国看不清世界大势，从而错失了发展的良机，在生产力

上大大落后于世界的脚步。与发展“落后”相伴随的必然是“挨打”。正如马克思所指出的：“一个人口几乎占人类三分之一的大帝国，不顾时势，安于现状，人为地隔绝于世并因此竭力以天朝尽善尽美的幻想自欺。这样一个帝国注定最后要在一场殊死的决斗中被打垮。”[①] 鸦片战争以后，面对列强的环伺和一次次宰割和欺凌，中国毫无招架之力，被迫与列强签订了一系列不平等条约，割地赔款，国家主权沦丧，国土被瓜分蚕食，国民被扣以“东亚病夫”的帽子，中国一步步沦为半殖民地半封建社会。其间，中国各种政治力量也曾试图改变命运拯救民族危亡，但均告失败。洋务派企图“师夷”而“自强”，“求富”以“制夷”，却被污为“崇洋”“卖国”“溃夷夏之防”；维新派希望通过政治体制改革走上君主立宪之路，却被骂“认贼作父”“认敌为师”；义和团以“扶清灭洋”为口号抵制西方侵略，却在内外夹击中走向失败；辛亥革命推翻了君主专制制度建立了中华民国，但也未能从根本上改变西方列强欺凌中国的命运，“二十一条”的提出、巴黎和会上中国外交的失败证明了这一点。

在“迫切需要新的思想引领救亡运动，迫切需要新的组织凝聚革命力量”[②] 来改变中国半殖民地半封建的社会性质、改变中国人民悲惨命运的关键时刻，中国发生了“开天辟地的大事变”，中国共产党应运而生。新生的中国共产党无比清醒地认识到，当时中国社会的主要矛盾是帝国主义和中华民族的矛盾、封建主义和人民大众的矛盾，从而高高举起了反帝反封建的旗帜，担负起解救民族于危难、人民于水火的重任。也正因为对于发展落后和因发展落后而招致的“挨打”有着深刻的认知和切身的感受，中国共产党自成立伊始就高度重视发展和安全问题。

在发展问题上，这一阶段主要是解决农民土地问题、摧毁封建制度根基。新民主主义革命时期的中国，农民在人数上占绝对优势，而且饱受剥削之苦、战乱之苦，因此，只有解决好农民问题、土地问题，中国革命才能成

---

① 《马克思恩格斯选集》（第一卷），人民出版社，1995，第 716 页。

② 习近平：《在庆祝中国共产党成立 100 周年大会上的讲话》，人民出版社，2021，第 3 页。

功。成立之初，中国共产党就到农村开展农民运动，在浙江、广东、湖南等地成立农会、开展农民运动讲习所。1925 年党的四大提出，不仅要反对“国际帝国主义”“封建的军阀政治”，还要反对“封建的经济关系”。1927 年初，毛泽东对湖南农民运动进行了为期 32 天的考察，在此基础上写出了著名的《湖南农民运动考察报告》。在这一无产阶级政党领导农民革命斗争的纲领性文献中，毛泽东提出：“农民成就了多年未曾成就的革命事业，农民做了国民革命的重要工作”①，有力回击了当时地主豪绅、国民党右派对农民运动“糟得很”、农会“乱来”的攻击和污蔑。在报告中，毛泽东不仅高度肯定了农民革命的成就，而且高度重视农村建设和发展。他提出，既要将农民组织起来、武装起来，还要在农村普及政治宣传，改变农村权力框架，破除迷信神权，严禁牌、赌和鸦片，创办农民学校、修建道路和塘坝等。这实际上已经涉及农村的政治、经济、文化、社会建设，有利于促进农村政治、经济、文化、社会发展。随后，党的五大提出了“实行土地革命”等原则问题，党也从大革命失败的教训中认识到解决农民土地问题、发动农民参加革命的重要性，为土地革命战争做了准备。

大革命失败后，中国共产党人认识到，中国革命不能效仿十月革命那样通过占领中心城市取得全国胜利，而是选择到农村建立革命根据地，走农村包围城市、武装夺取政权的道路。在建立和发展农村革命根据地的过程中，党领导农民“打土豪、分田地”，进行土地革命，变封建土地所有制为农民土地所有制，广大受剥削压迫的农民分到土地，实现了政治、经济上的翻身，从而激发了参与革命的积极性，纷纷参军，投身革命斗争，支援前线、慰劳红军，形成鱼水相依的党群、军民关系。为打破敌人封锁，苏维埃政府领导根据地军民积极开展经济建设，虽然当时的条件极为艰苦，但农工商业、交通、邮电、财政、金融、文化教育事业都有一定程度的发展，革命根据地呈现生机勃勃的景象。

抗日战争期间，由于日军、伪军野蛮残暴的“扫荡”和“清乡”，国民

---

① 《毛泽东选集》（第一卷），人民出版社，1991，第 18 页。

党顽固势力的军事包围和经济封锁，抗日军民的生存条件极其恶劣，根据地财政经济状况极其艰难，抗日军民缺衣少食，武器装备也极其简陋稀缺。为了克服困难，抗日根据地开展了以“发展经济，保障供给”为总方针的大生产运动，号召军民“自己动手”“生产自救”。中央领导人以身作则，毛泽东带头垦田种菜，朱德组织生产小组；八路军第三五九旅开进南泥湾实行军垦屯田，变荒凉的南泥湾为“陕北的好江南”。1942 年初，《关于抗日根据地土地政策的决定》明确了抗战时期土地政策的三项基本原则，除了重申原来已经执行的“减租减息”以改善农民生活、“交租交息”以联合地主一致抗日两项原则之外，又增加了“奖励富农生产与联合富农”的第三项原则。大生产运动明显地改善了军民生活，减轻了人民负担，也加强了党和群众的联系。

解放战争期间，土地制度改革更加普遍深入地开展，解放区 2/3 的地方已基本实现“耕者有其田”。1947 年，彻底反封建的土地革命纲领——《中国土地法大纲》公布，随后迅速形成土改热潮。土地制度改革是党领导人民从根本上摧毁中国封建制度根基的社会大变革，让占有中国人口绝大多数的农民自觉地站到中国共产党一边，为打败国民党、建立新中国奠定了最深厚的群众基础。解放战争转入战略反攻以后，毛泽东在《目前形势和我们的任务》中提出了新民主主义革命的三大经济纲领：“没收封建阶级的土地归农民所有，没收蒋介石、宋子文、孔祥熙、陈立夫为首的垄断资本归新民主主义的国家所有，保护民族工商业。”① 在接收城市的过程中，党采取了一系列正确政策，使新解放城市的社会秩序、生产生活快速恢复和发展。

围绕安全问题，中国共产党对外抵御日本帝国主义的侵略，对内推倒帝国主义操控下的军阀、推翻国民党反动统治。幼年时期的中国共产党虽然还不成熟、不强大，但在帝国主义面前无所畏惧。著名的五卅运动、省港大罢工就是在党的直接领导和推动下、与日本和英国等帝国主义国家进行的英勇斗争，充分彰显了中国共产党不惧强敌的勇气和争取民族独立的担当。五卅

① 《毛泽东选集》（第四卷），人民出版社，1991，第 1253 页。

运动中，在共产党人李立三等主持下成立了上海总工会，组织民众罢工、罢市、罢课，使工人运动从分散状态转向集中的、有组织的行动并很快席卷全国。中共中央发表《中国共产党为反抗帝国主义野蛮残暴的大屠杀告全国民众书》，指出："因英日帝国主义之大屠杀而引起的全上海和全中国的反抗运动之目标，决不止于惩凶、赔偿、道歉等'了事'的虚文，解决之道不在法律而在政治，所以应认定废除一切不平等条约，推翻帝国主义在中国的一切特权为其主要目的。"[①] 这场以工人阶级为主力军覆盖学生、商人、市民、农民等社会各阶层的群众性反帝爱国运动沉重打击了帝国主义，大大提高了中国人民的觉悟，在领导五卅运动的斗争中党也经受了锻炼。收回汉口、九江英租界的斗争也是党领导工人运动的重要成果，是近代以来中国反帝斗争史上的一次重大胜利。然而，此时的中国共产党仍然处于幼年时期，党的安全意识不高，在随后发生的大革命中，我们党损失惨重，但也在血的教训面前意识到军事斗争的重要性。1927 年 8 月 1 日南昌起义爆发，党确立了以军事斗争为核心的安全思想。在 8 月 7 日召开的"八七会议"上，毛泽东首次提出了"枪杆子里出政权"的科学论断，开始确立党指挥枪的军事革命思想并建立党领导的人民军队。9 月 2 日，著名的"三湾改编"首次提出"支部建在连上"，从而实现了党对军队的绝对领导。

"九一八事变"爆发后，中国共产党更是旗帜鲜明地发表声明谴责、反对日本帝国主义的侵略行径，与日本帝国主义进行坚决彻底、英勇顽强的斗争，并以最大的自我牺牲换来抗日战争的完全胜利，在全民族抗战中发挥了中流砥柱的作用。抗日战争的胜利，向世界展示了中国共产党领导中国人民追求民族独立的意志、不畏强暴的气概、坚忍不拔的信念，这些正是中国共产党领导全国人民维护国家安全和发展所必需的精神财富。

抗战胜利后，中国共产党已发展成为一个具有全国影响力的大党并致力于和平、民主，但当时的国民党却为消灭共产党和其他民主势力而积极备战，美国支持国民党的反共方针并给予经济、政治、军备等方面的援助。为

① 《建党以来重要文献选编（1921～1949）》（第二册），中央文献出版社，2011，第 377 页。

了争取和平民主的国内环境，以毛泽东等为代表的中国共产党人以“弥天大勇”飞抵重庆与国民党展开谈判并签订了《双十协定》，向世人展现了中国共产党谋求和平的真诚愿望。然国民党随后即发动了全面内战。从当时的力量对比来看，国统区有3.39亿人口，占领着全国土地面积的76%，控制着几乎所有城市和绝大多数铁路交通线，拥有大部分近代工业和人力物力资源。而共产党的解放区则仅有1.36亿人，占全国土地面积的24%，几无近代工业，主要依靠传统农业。在军队上，国民党和共产党的兵力对比约为3.4∶1，且国民党军队装备较好、海陆空完备，共产党没有空军和海军且装备多是从日军、伪军中收缴的步兵武器。国共力量对比并没有吓倒共产党人。毛泽东客观分析了情况，提出：“蒋介石虽有美国援助，但是人心不顺，士气不高，经济困难。我们虽无外国援助，但是人心归向，士气高涨，经济亦有办法。因此，我们是能够战胜蒋介石的。”[①] 经过不屈不挠的斗争，党领导广大军民逐步由积极防御转向战略进攻，并最终推翻了国民党反动政府，建立了人民当家作主的新中国。

综上可见，自成立之日起，发展和安全就与中国共产党相伴相生。28年的浴血奋斗证明了“没有中国共产党领导，民族独立、人民解放是不可能实现的”[②] 这一道理，而党的领导建立在党的发展和党的安全基础之上。没有党的发展和党的安全，党的领导也是不可能实现的，所以，在这一时期，党的发展和党的安全是至关重要、最为核心的问题。从安全和发展的辩证特征来看，这一时期的发展和安全可以概括为“安全主导下的发展”，因为，这一时期革命和战争是时代主题，在白色恐怖、极其恶劣的安全环境下，初生的中国共产党始终存在生存危机，而且缺乏应对复杂危险环境的政治经验，随着蒋介石集团、汪精卫集团先后叛变革命，大批优秀的党员牺牲在反革命的血雨腥风之中。从残酷的现实和血的教训中，中国共产党认识到统一战线、军事武装和领导权的重要性，认识到“没有革命的武装就无法

① 《毛泽东选集》(第四卷)，人民出版社，1991，第1187页。

② 《中共中央关于党的百年奋斗重大成就和历史经验的决议》，《人民日报》2021年11月17日。

战胜武装的反革命”，并探索出“农村包围城市、武装夺取政权”这一适合中国国情的革命道路，找到“统一战线、武装斗争、党的建设”三大法宝。

经过大革命的洪流、土地革命的风暴、抗日战争和解放战争的洗礼，中国共产党带领中国人民以28年英勇顽强的奋斗，“彻底结束了旧中国半殖民地半封建社会的历史，彻底结束了极少数剥削者统治广大劳动人民的历史，彻底结束了旧中国一盘散沙的局面，彻底废除了列强强加给中国的不平等条约和帝国主义在中国的一切特权”①，实现了民族独立、人民解放，中国人民从此“站起来”了，中华民族“任人宰割、饱受欺凌”的时代一去不复返了，中国的发展从此开启了新纪元。经过28年的磨炼和锻炼，中国共产党也从军阀混战、国民党白色恐怖下一个只有50多人的弱小政党发展到新中国成立时拥有448.8万人的执政党，实现了政党自身发展和安全，为在全国执政奠定了坚实的基础和条件。

（二）社会主义革命和建设时期：以“站稳脚”为目标的政权安全和经济建设

社会主义革命和建设时期，党面临的主要任务是“实现从新民主主义到社会主义的转变，进行社会主义革命，推进社会主义建设，为实现中华民族伟大复兴奠定根本政治前提和制度基础”②。其中，“进行社会主义革命”解决的主要是政权安全问题，“推进社会主义建设”主要解决的则是经济发展问题。

新中国成立之初，无论是从经济、军事、国际环境还是党自身来看，中国共产党都面临着严峻挑战。从经济方面看，长期的恶性通货膨胀使物价飞涨、投机猖獗，长期的战争使中国经济遭受严重破坏，生产萎缩、民生困苦。从军事方面看，西南、华南、沿海岛屿还有100多万国民党军队在负隅

① 《中共中央关于党的百年奋斗重大成就和历史经验的决议》，《人民日报》2021年11月17日。

② 《中共中央关于党的百年奋斗重大成就和历史经验的决议》，《人民日报》2021年11月17日。

顽抗，新解放区还有大批国民党残余力量，他们与恶霸势力和惯匪相勾结。从国际方面看，美国等国家拒不承认新中国并对新生政权实行政治上的孤立、经济上的封锁和军事上的包围。这些严峻复杂的内外部环境，严重威胁新生的人民政权。从党自身来看，能否尽快掌握经济建设和治国理政的全新本领，能否在执政条件与和平建设环境下继续保持党的优良传统和作风，能否经得起内外部威胁和资产阶级"糖衣炮弹"的攻击，都是对新执政的中国共产党提出的严峻考验。

面对当时如此严峻复杂的内外部环境，新生政权要"站稳脚跟"，既要恢复国民经济、发展生产，争取国家财政经济状况的根本好转，改善人民生活，这是"发展"问题；又要继续完成反帝反封建的任务措施抵御威胁新生政权的各种挑战，保卫人民胜利果实和革命成果，保卫国家的主权独立和领土完整，这是"安全"问题。为此，一方面，为了解决"发展"问题，中国共产党通过没收官僚资本、稳定物价、统一财经，为恢复和发展工农业生产创造了条件；通过土地改革、废除封建土地制度，为新中国的工业化开辟道路；按照"公私兼顾、劳资两利、城乡互助、内外交流"的基本方针全力恢复国民经济。到 1952 年底，工农业总产值比 1949 年增长了 70% 以上，城乡人民的生活普遍得到改善。另一方面，为了解决"安全"问题，通过抗美援朝保家卫国，粉碎了美国等帝国主义国家将新中国扼杀在摇篮之中的图谋，展示了中国人民不畏强暴、维护世界和平的决心；通过镇压反革命运动扫除了国民党残余势力、肃清了特务等反动组织，有力地维护了社会秩序；通过取缔旧社会遗留的娼、赌、毒等丑恶现象，扫除了社会痼疾和弊病，极大改善了社会风尚、社会面貌；通过"三反"运动清除了干部队伍里的蛀虫，对于教育干部并形成良好的党风、政风和社会风气起到了很好的作用；通过"五反"运动在工商业从业者中普遍进行了一次守法经营教育，为后来对资本主义工商业的社会主义改造作了铺垫。

发展和安全的关系问题是毛泽东十分重视的问题，在新中国成立初期，这一关系集中表现为经济建设和国防建设的关系。1952 年 2 月，毛泽东签发的《军委关于部队集体转业的命令》明确提出："必须大力加强国防建设，巩固人民民主专政，巩固国防，来保障祖国的建设；而发展工农业生产，又是加强国防建设的物质基础。”[①] 在《论十大关系》中，毛泽东把“经济建设和国防建设的关系”作为“十大关系”之一。对于如何处理经济建设和国防建设的关系，毛泽东认为：“只有经济建设发展得更快了，国防建设才能够有更大的进步。”[②] 毛泽东还提出“两个拳头、一个屁股”的建设方针，其中，两个拳头指的是农业、国防工业，一个屁股指的是基础工业。从这些论述可以看出，在毛泽东看来，国防建设和经济建设都很重要，他清醒地认识到了经济建设对于国防建设的基础作用和国防建设对于经济建设的保障作用。

但是，在资源有限的情况下，毛泽东更多考虑的是安全问题。经过长年战争，新生的国家急需休养生息、发展生产，但正如上文所述，客观存在的威胁新生政权的各种不安全因素决定了当时没有条件全心全意发展经济。在毛泽东看来，在帝国主义和霸权主义的威胁面前，如果没有安全的国内外环境，恢复国民经济的任务难以完成。所以，当威胁新中国安全的朝鲜战争爆发时，中央政治局作出了出兵朝鲜、抗美援朝的决定，目的是为发展争取和平的环境，是“打得一拳开，免得百拳来”。抗美援朝的胜利，显示了中国军队强大的战斗力，有力捍卫了我国国土安全。从 20 世纪 50 年代后期开始，中苏之间的矛盾冲突加剧，美国妄图制造“两个中国”并支持蒋介石在中国东南沿海的挑衅行为，此时，虽然毛泽东试图平衡发展和安全的关系，但其总体策略是安全主导发展，是以安全为前提来配置资源、谋划发展，著名的“三线建设”就是在此背景下开始的，是出于国防安全需要，以加强国防为中心的战略大后方建设，要求将沿海地区的优势部门向内地转移，将工业、科技、国防等生产资源向三线地区调整。简言之，这一阶段，为了保障必要的“安全”，在一定程度上牺牲了“发展”，或者说是“发展”让步于“安全”。

---

① 《毛泽东文集》（第六卷），人民出版社，1999，第 223 页。

② 《毛泽东文集》（第七卷），人民出版社，1999，第 27 页。

这一阶段国家建设的成就也能从一个侧面反映当时“安全”优先的策略选择。在十年社会主义建设时期，无论是包括钢铁和机械等在内的工业建设、国防尖端技术的发展，还是我国第一颗原子弹的成功爆炸，导弹和人造卫星研制取得的突破性进展，都是以国防、军事安全为中心的，都是“安全”主导下的“发展”成就。“文化大革命”期间的发展成就也集中在国防科技业绩方面：第一次成功发射导弹核武器的试验、第一个氢弹成功爆炸、第一颗人造卫星“东方红一号”成功发射、第一颗返回式遥感人造地球卫星成功发射，更多的是为了增强国防战略防御能力。总之，新中国成立后的经济建设集中于与主权安全、军事安全等密切相关的工农业集体化生产方面，并在苏联模式的影响下逐步建立起适应政权安全需要、高度集中的计划经济体制。

（三）改革开放和社会主义现代化建设新时期：以“富起来”为目标的经济发展与经济安全

在改革开放之初，邓小平结合当时世界经济快速发展、科技进步日新月异的国际形势，适时地作出时代主题已从“革命与战争”转向“和平与发展”的战略判断，适时地作出把全党工作重心从“以阶级斗争为纲”转到“以经济建设为中心”的重大战略决策，适时地作出实行改革开放的历史决策，开启改革开放和社会主义现代化建设的历史新时期。这一阶段，党的主要任务是“解放和发展社会生产力，使人民摆脱贫困、尽快富裕起来”①。与这些转变和党的主要任务相适应，党在处理发展和安全关系问题上更多考量的是“发展”以及以“发展”为中心的“安全”。

邓小平对发展和稳定关系的阐释集中体现了他的发展观和安全观以及对二者关系的认识。在发展问题上，邓小平认为，一方面，“发展是硬道理”，只有“以经济建设为中心”“一心一意搞现代化建设”才能提升综合国力和科

---

① 《中共中央关于党的百年奋斗重大成就和历史经验的决议》，《人民日报》2021 年 11 月 17 日。

技实力。“中国解决所有问题的关键是要靠自己的发展。”[①] 对于为什么要发展、实现什么样的发展、怎样才能实现发展，邓小平有一系列论述，系统地回答了发展阶段、发展道路、发展动力、发展方式、发展条件、发展环境等基本问题。另一方面，没有发展就没有稳定。发展不是孤立的，而是与稳定联系在一起的，只有经济发展了才能保持政局稳定，才能为国家安全提供物质基础和前提条件。“中国能不能顶住霸权主义、强权政治的压力，坚持我们的社会主义制度，关键就看能不能争得较快的增长速度，实现我们的发展战略。”[②] “不搞现代化，科学技术水平不提高，社会生产力不发达，国家的实力得不到加强，人民的物质文化生活得不到改善，那么，我们的社会主义政治制度和经济制度就不能充分巩固，我们国家的安全就没有可靠的保障。”[③] 如果经济发展不上去，不仅没有能力维护国家安全，而且本身就是社会稳定的隐患问题。

在安全问题上，邓小平深刻地认识到“以阶级斗争为纲”的“文化大革命”对社会主义建设造成的严重影响以及给全党、全国人民思想上政治上造成的严重混乱。“中国人民，吃够了十多年来动乱的苦头。动乱一下，就耽误好多年，不是三年五年能恢复起来的，动不得、乱不得啊！”[④] 所以，“文化大革命”一结束，邓小平就着手拨乱反正，平反冤假错案，彻底肃清“四人帮”在组织上、思想上残存的不安定因素，促进了社会安定、人民团结。邓小平认识到，改革开放一方面使我国有了更多的吸收和借鉴国外先进技术和经验的机会，推动了经济社会发展，另一方面也带来了安全方面的挑战。1983 年 7 月 1 日，国家安全部在北京成立，目的就是促进社会主义现代化建设，保障国家安全。20 世纪 80 年代中期以后，苏联东欧国家的改革进入最关键也最艰难的时刻，此时各种社会矛盾尖锐，西方国家的和平演变

① 《邓小平文选》（第三卷），人民出版社，1993，第 265 页。

② 中共中央文献研究室编《改革开放三十年重要文献选编》（上），中央文献出版社，2008，第 571 页。

③ 《邓小平文选》（第二卷），人民出版社，1986，第 86 页。

④ 中共中央文献研究室编《邓小平思想年谱（一九七五—一九九七）》，中央文献出版社，1998，第 122 页。

又乘虚而入，这些国家终于在内外交困下发生了剧变。与此同时，西方国家也加紧对我国进行思想、政治渗透，推行和平演变战略。鉴于这种情况，特别是社会上出现了质疑、否定“四项基本原则”的资产阶级自由化思潮，邓小平提出：“中国不能乱哄哄的，只有在安定团结的局面下搞建设才有出路。一切反对、妨碍我们走社会主义道路的东西都要排除，一切导致中国混乱甚至动乱的因素都要排除。”①

邓小平在谈稳定问题时，始终是把它与发展联系在一起的。“中国要实现四个现代化，摆脱落后状态，必须有一个安定团结的政治局面，必须有领导有秩序地进行建设。”② “只有稳定，才能有发展。”③ 邓小平把“稳定”提到“压倒一切”的高度，提出：“中国的问题，压倒一切的是需要稳定。没有稳定的环境，什么都搞不成，已经取得的成果也会失掉。”④ “我们搞四化，搞改革开放，关键是稳定。”⑤ 邓小平同时也提出：“没有改革开放十年经济发展的那个飞跃，取得顺利调整是不可能的。强调稳是对的，但强调得过分就可能丧失时机。现在工业发展还是两位数嘛，农业情况也不坏嘛。可能我们经济发展规律还是波浪式前进。过几年有一个飞跃，跳一个台阶，跳了以后，发现问题及时调整一下，再前进。总结经验，稳这个字是需要的，但并不能解决一切问题。以后还用不用这个字？还得用。什么时候用，如何用，这要具体分析。但不能只是一个稳字。”⑥ 可见，在邓小平的话语中，稳定是为发展创造条件，要坚定地维护国家主权和社会稳定，但维护稳定的手段要灵活。比如在国家统一问题上，邓小平一方面表示“主权问题是不能谈判的”⑦，另一方面又创造性地提出了“一国两制”构想，为港澳回归祖国和海峡两岸的和平发展创造了有利条件。面对风云变幻的国际形势，邓

---

① 《邓小平文选》（第三卷），人民出版社，1993，第 212 页。

② 《邓小平文选》（第三卷），人民出版社，1993，第 208 页。

③ 《邓小平文选》（第三卷），人民出版社，1993，第 357 页。

④ 《邓小平文选》（第三卷），人民出版社，1993，第 284 页。

⑤ 《邓小平文选》（第三卷），人民出版社，1993，第 286 页。

⑥ 《邓小平文选》（第三卷），人民出版社，1993，第 368 页。

⑦ 《邓小平文选》（第三卷），人民出版社，1993，第 84 页。

小平提出："要冷静、冷静、再冷静，埋头实干，做好一件事，我们自己的事。"① 在解决国际争端与冲突时，邓小平优先选择和平、共赢的方式，邓小平提出的"韬光养晦""决不当头"也是为了避免中国成为国际矛盾的焦点，从而更专注于自身发展。

以江泽民、胡锦涛为主要代表的中国共产党人进一步丰富和发展了邓小平有关发展和安全的基本观点。在发展问题上，江泽民提出"改革是动力，发展是目标，稳定是前提"。②"经济是基础，解决中国的所有问题，归根到底要靠经济的发展。"③"发展不但关乎各国国计民生，国家长治久安，也关系到世界的和平与安全。"④ 1994 年，在《中国 21 世纪议程》中，我国明确提出："建立可持续发展的经济体系、社会体系和保持与之相适应的可持续利用的资源和环境基础"，这就把发展从单纯的经济领域拓展到包括社会、资源和环境等在内的更丰富的领域。在此基础上，胡锦涛进一步提出了"科学发展观"，更强调以人为本的基本价值取向，强调要满足人的需求和人的发展。党的十六届三中全会正式提出"坚持以人为本，树立全面、协调、可持续的发展观，促进经济社会和人的全面发展"⑤，标志着我国发展观的重要转型。党的十七大进一步阐发了科学发展观的基本内涵："第一要义是发展，核心是以人为本，基本要求是全面协调可持续，根本方法是统筹兼顾。"⑥

在安全问题上，与冷战后安全挑战的多样化相适应，江泽民提出了综合安全观和新安全观，"新安全观的核心，应该是互信、互利、平等、协作。"⑦ 其认为不能单一而应综合地考虑政治、经济、军事、文化等各领域

① 《邓小平文选》（第三卷），人民出版社，1993，第 321 页。
② 《江泽民文选》（第一卷），人民出版社，2006，第 365 页。
③ 《江泽民文选》（第一卷），人民出版社，2006，第 514 页。
④ 《江泽民文选》（第一卷），人民出版社，2006，第 414 页。
⑤ 中共中央文献研究室编《十六大以来重要文献选编》（上），中央文献出版社，2005，第 465 页。
⑥ 中共中央文献研究室编《十七大以来重要文献选编》（上），中央文献出版社，2009，第 70 页。
⑦ 《江泽民文选》（第二卷），人民出版社，2006，第 313 页。

的安全，综合考虑国家、地区与世界的安全。“在相当长的时期内，避免新的世界大战是可能的，争取一个良好的国际和平环境和周边环境是可以实现的。”① 面对恐怖主义、分裂主义、极端主义的威胁，胡锦涛倡导内建“和谐社会”、外促“和谐世界”的主张，致力于“实现不同文明和谐进步”“实现全球经济和谐发展”“实现各国和谐共处”②。在总结“非典”经验的基础上，2003 年，我国把公共安全纳入国家经济社会发展规划和国家科技规划，此后，我国公共安全科技水平、应急能力得到迅速提升。《2006 年中国的国防》白皮书开宗明义地提出“发展与安全相统一”的安全战略思想和“统筹发展与安全”的正式表述：“中国依据发展与安全相统一的安全战略思想，对内努力构建社会主义和谐社会，对外积极推动建设和谐世界，谋求国家综合安全和世界持久和平；统筹发展与安全、内部安全与外部安全、传统安全与非传统安全，维护国家主权、统一和领土完整，维护国家发展利益，维护国家发展的重要战略机遇期；努力构建互利共赢的合作关系，促进与其他国家的共同安全。”《2010 年中国的国防》白皮书明确国防政策首要目标是“维护国家主权、安全、发展利益”，这一表述把“发展”与“安全”并列起来，虽然没有明确提出“统筹”发展与安全，但显然已经把二者密切联系起来。

这一时期，基于和平与发展已成为时代主题的客观研判，党在处理发展和安全之间关系的策略上更侧重“发展”方面的考量，更强调“发展”之于“安全”的先决意义和主导作用。“如果说毛泽东遵循的是军事安全观，那么邓小平奉行的则是发展安全观。”③ “一个中心、两个基本点”的基本路线很好地体现了这一阶段我们党在发展和安全关系问题上的基本观点。其中，“以经济建设为中心”其实是以发展为中心，是兴国之要，“一心一意谋发展”使我国经济社会发展走上了快车道，也满足了人民对发展生产、改善生活的迫切渴望；“坚持四项基本原则”“坚持改革开放”其实是安全

---

① 《江泽民文选》(第二卷)，人民出版社，2006，第 39 页。

② 《胡锦涛文选》(第二卷)，人民出版社，2016，第 445 页。

③ 肖晞、王一民：《中国共产党百年国家安全思想发展析论》，《太平洋学报》2021 年第 11 期。

保障，保障发展的正确方向和发展的安全性，是立国之本、强国之路。在基本路线的指引下，中国创造了令世人惊叹的“两大奇迹”，既实现了经济的快速发展又保持了社会的长期稳定，实现了中华民族从“站起来”到“富起来”的历史性飞跃。

（四）中国特色社会主义新时代：以“强起来”为目标的高质量发展与高水平安全

党的十八大以来，我国社会主要矛盾由“人民日益增长的物质文化需要同落后的社会生产之间的矛盾”转变为“人民日益增长的美好生活需要同不平衡不充分发展之间的矛盾”，党面临的主要任务是实现第一个百年奋斗目标并开启实现第二个百年奋斗目标新征程，全面建设社会主义现代化强国。

无论是社会主要矛盾的变化还是中华民族伟大复兴战略全局和世界百年未有之大变局，都意味着我国的发展和安全在内涵和外延上更为丰富，在时空领域上更为宽广，在内外影响因素上更为复杂。从国内来看，我国已转向高质量发展阶段，但不平衡不充分的发展问题仍然突出，其中，“不平衡”主要表现为经济、政治、文化、社会和人自身的全面协调发展还没有实现，地区之间、城乡之间发展水平和小康社会程度仍不平衡，经济发展与资源、环境、人口之间的关系还不协调，社会各个领域的发展状况和达到的水平仍不平衡，城乡之间、行业之间、不同社会阶层之间、不同社会群体之间的生活水平和收入水平还存在较大差距。“不充分”主要表现为市场竞争、效率发挥、潜力释放、有效供给、动力转换和制度创新不充分。这些发展方面的不平衡不充分必然带来安全方面的挑战和风险，同时意味着我国人民不仅追求更高的获得感和幸福感，而且追求更高的安全感。从国际来看，世纪疫情和百年变局相互交织，虽然我国已成为世界第二大经济体，在制造业和外汇储备方面也堪当第一大国，但是我国企业受外部资本控制的问题还比较突出，石油、大豆等战略物资的缺口仍然很大，关键设备和零部件的外部依赖性较高，核心技术和专利仍然受制于人，在意识形态、生态环境、国土安全等方面还面临很大挑战……这些发展和安全方面的问题都意味着当下的中国虽“大”但还不够“强”，未来几十年是我国走向“强起来”的关键阶段，在这个过程中，我们既要坚持“创新、协调、绿色、开放、共享”的新发展理念，又要坚持总体国家安全观，建设更高水平的平安中国。

2014 年 4 月，习近平总书记在主持召开中央国家安全委员会第一次会议时提出“总体国家安全观”的重大战略思想，强调“发展是安全的基础，安全是发展的条件”①。2016 年《关于加强国家安全工作的意见》进一步把“统筹发展安全两件大事”与“统筹国内国际两个大局”并列。2017 年，党的十九大报告把“坚持总体国家安全观”纳入新时代坚持和发展中国特色社会主义基本方略，并将“统筹发展和安全，增强忧患意识，做到居安思危”② 作为我们党治国理政的一个重大原则。2018 年 4 月，习近平总书记在十九届中央国家安全委员会第一次会议上再次强调：“必须坚持统筹发展和安全两件大事，既要善于运用发展成果夯实国家安全的实力基础，又要善于塑造有利于经济社会发展的安全环境。”③ 2019 年 1 月，在省部级主要领导干部坚持底线思维着力防范化解重大风险专题研讨班开班式上的重要讲话中，习近平总书记指出，面对世界大变局加速深刻演变，全球动荡源和风险点增多，我国外部环境复杂严峻的形势，“要统筹国内国际两个大局、发展安全两件大事，既聚焦重点、又统揽全局，有效防范各类风险连锁联动”。④ 2019 年 10 月党的十九届四中全会通过的《中共中央关于坚持和完善中国特色社会主义制度　推进国家治理体系和治理能力现代化若干重大问题的决定》明确要求，“完善国家安全体系”必须“坚持总体国家安全观，统筹发展和安全，坚持人民安全、政治安全、国家利益至上有机统一”。⑤

① 中共中央党史和文献研究院编《习近平关于总体国家安全观论述摘编》，中央文献出版社，2018，第 231 页。

② 中共中央党史和文献研究院编《习近平关于总体国家安全观论述摘编》，中央文献出版社，2018，第 13 页。

③《习近平谈治国理政》（第三卷），外文出版社，2020，第 218 页。

④《习近平谈治国理政》（第三卷），外文出版社，2020，第 222 页。

⑤《中共中央关于坚持和完善中国特色社会主义制度　推进国家治理体系和治理能力现代化若干重大问题的决定》，人民出版社，2019，第 30 页。

2020年，党的十九届五中全会通过的“十四五”规划设专章对“统筹发展和安全，建设更高水平的平安中国”加以部署。把“统筹发展和安全”纳入“十四五”时期经济社会发展的指导思想，提出要“把安全发展贯穿国家发展各领域和全过程，防范和化解影响我国现代化进程的各种风险，筑牢国家安全屏障”[①]，强调“实现更高质量、更有效率、更加公平、更可持续、更为安全的发展”[②]，显然，这一表述与党的十九大报告提出的“实现更高质量、更有效率、更加公平、更可持续的发展”[③]相比较，增加了“更为安全”的新要求。在《关于〈中共中央关于制定国民经济和社会发展第十四个五年规划和二〇三五年远景目标的建议〉的说明》中，习近平总书记强调：“我们越来越深刻地认识到，安全是发展的前提，发展是安全的保障。当前和今后一个时期是我国各类矛盾和风险易发期，各种可以预见和难以预见的风险因素明显增多。我们必须坚持统筹发展和安全，增强机遇意识和风险意识，树立底线思维，把困难估计得更充分一些，把风险思考得更深入一些，注重堵漏洞、强弱项，下好先手棋、打好主动仗，有效防范化解各类风险挑战，确保社会主义现代化事业顺利推进。”[④]这一论述体现了党和国家对国家安全的高度重视、对矛盾和风险高发期的预判和准备。2020年12月，中共中央政治局专门就切实做好国家安全工作举行第26次集体学习，习近平总书记明确强调“坚持发展和安全并重，实现高质量发展和高水平安全的良性互动”，“努力实现发展和安全的动态平衡”，强调国家安全工作的两个“十分重要”，一是对党治国理政“十分重要”，二是对保障国泰民安“十分重要”。2021年1月，习近平总书记在省部级主要领导干部学

① 《中共中央关于制定国民经济和社会发展第十四个五年规划和二〇三五年远景目标的建议》，人民出版社，2020，第36页。

② 《中共中央关于制定国民经济和社会发展第十四个五年规划和二〇三五年远景目标的建议》，人民出版社，2020，第367页。

③ 习近平：《决胜全面建成小康社会　夺取新时代中国特色社会主义伟大胜利——在中国共产党第十九次全国代表大会上的报告》，人民出版社，2018，第35页。

④ 《关于〈中共中央关于制定国民经济和社会发展第十四个五年规划和二〇三五年远景目标的建议〉的说明》，《人民日报》2020年11月4日。

习贯彻党的十九届五中全会精神专题研讨班开班式上的讲话中，把“统筹发展和安全”列为党的十八大以来我们党对发展理念和思路作出及时调整的一个重要方面，强调要“从忧患意识把握新发展理念”，“随着我国社会主要矛盾变化和国际力量对比深刻调整，我国发展面临的内外部风险空前上升，必须增强忧患意识、坚持底线思维，随时准备应对更加复杂困难的局面。”

中国共产党对发展和安全的重视始终如一，但在不同时期有不同的侧重点。中国特色社会主义发展进入新时代，党正式提出了“统筹发展和安全”的重要理念，真正把发展和安全看作一个密切联系的有机整体，把统筹发展和安全作为党治国理政的重大主题。党的十八大以来，面对复杂多变的国内外形势和艰巨繁重的改革发展稳定任务，以习近平同志为核心的党中央把“统筹发展和安全”列为我国经济社会发展指导思想的重要内容、坚持和发展中国特色社会主义的重要方面以及中国共产党治国理政的重大原则，并用“发展是安全的基础，安全是发展的条件”，“安全是发展的前提，发展是安全的保障”来阐释二者的关系。这是对党成立百年来治国理政实践的客观分析、经验总结，是对一代代中国共产党人关于发展和安全的思想、理论、观点的继承和发展。“统筹发展和安全”，这就意味着发展和安全不再是一个主导一个从属的问题，或者是一个比另一个更重要的问题，而是同等重要的两件大事，意味着中国共产党对二者辩证关系的认识达到了一个新的高度。特别是在全面建设社会主义现代化国家的新征程上，必须走发展和安全并重之路，将安全和发展一起部署、一起谋划，既要实现高质量发展，又要实现高水平安全，将统筹发展和安全贯穿于构建新发展格局全过程和各领域，在二者良性互动中全面建设社会主义现代化国家。

总之，统筹发展和安全是一个国家存续的两个基本方面，二者相互联系、相互影响，缺一不可。中国从一个积贫积弱的半殖民地半封建社会发展成为今天这样一个实现了经济快速发展和社会长期稳定“两大奇迹”的伟大国家，是中国共产党带领全国人民艰辛探索、艰苦奋斗的结果，是准确把握国内国际的形势任务、社会主要矛盾的发展变化、不同时代特征和要求的结果，是正确处理发展和安全的关系、妥善解决发展和安全中的实际问题的结果。

（五）中国共产党统筹发展和安全的百年经验

1. 坚持党的全面领导

中国共产党的领导是中国特色社会主义最本质的特征，是中国特色社会主义制度的最大优势。党政军民学，东西南北中，党是领导一切的。党的十九届六中全会更明确地指明了党的领导的作用："中国共产党是领导我们事业的核心力量。中国人民和中华民族之所以能够扭转近代以后的历史命运、取得今天的伟大成就，最根本的是有中国共产党的坚强领导。"[①] 正是因为有党的集中统一领导，中国才能打赢一场又一场硬仗，抵御一个又一个风险、取得一个又一个成绩，才能产生令世人惊叹的经济快速发展、社会长期稳定"两大奇迹"。

百年实践充分证明，办好中国的事情关键在党。"共产党的领导，这个丢不得，一丢就是动乱局面，或者是不稳定状态。"[②] 发展和安全工作具有政治性、全局性、战略性，理应坚持党的集中统一领导，特别是在大方向上由党中央统一指挥，在大战略上由党中央统一谋划、统一部署。坚持党的领导，是做好国家发展和安全工作的根本原则和根本保证。百年来，中国共产党科学研判时与势，辩证把握危与机，在发展和安全方面不断取得新胜利。今天，我们已经站在全面建设社会主义现代化国家新征程上，办好发展和安全两件大事，继续谱写经济快速发展、社会长期稳定"两大奇迹"新篇章，最根本的仍然是要坚持党对发展和安全工作的全面领导，增强"四个意识"、坚定"四个自信"、做到"两个维护"。要将党的领导贯穿统筹发展和安全工作的各个方面、各个环节，以人的全面发展与人民安全为宗旨，坚持发展和安全并重，推动实现更高质量的发展、更高水平的安全。

① 《中共中央关于党的百年奋斗重大成就和历史经验的决议》，《人民日报》2021 年 11 月 17 日。

② 《邓小平文选》（第三卷），人民出版社，1993，第 252 页。

2. 坚持以人民为中心

人民是历史的创造者，一切为了人民、一切依靠人民是坚持马克思主义唯物史观的内在要求。因此，无论是发展还是安全，最终都具体化为人的基本的现实需求，脱离现实的、活生生的“人”，离开人的现实需求，所谓的发展和安全都无从谈起。人民立场是中国共产党的根本政治立场，为人民谋幸福、为民族谋复兴是中国共产党人的初心和使命。人民是“我们党执政的最大底气，是我们共和国的坚实根基，是我们强党兴国的根本所在”①。党的十九大把“坚持以人民为中心”确定为新时代坚持和发展中国特色社会主义基本方略的重要内容。习近平总书记指出：“发展的目的是造福人民”②，“人民安全是国家安全的宗旨”③，“共产党就是为人民谋幸福的，人民群众什么方面感觉不幸福、不快乐、不满意，我们就在哪方面下功夫。”④党制定任何战略规划、实施任何具体措施，都是以人民为中心，都是为了解决好关系人民群众切身利益的问题。

综观中国共产党的百年历程，从新民主主义革命时期到社会主义革命和建设时期，从改革开放和社会主义现代化建设新时期到中国特色社会主义新时代，在价值立场上，我们党都坚持人民立场和人民至上的理念，无论是“发展”还是“安全”，都很好地回答了“为了谁”“依靠谁”的问题。在新民主主义革命时期，毛泽东提出：“一切空话都是无用的，必须给人民以看得见的物质福利。”⑤ 改革开放以来，我们“一心一意谋发展”，但并没有简单地将“发展”等同于“经济增长”，邓小平把“小康社会”纳入国家经济社会发展规划中来，目的就是提高人民生活水平；在新时代我们党强调新发展理念和高质量发展，更是跳出了偏重于数量和速度的“增长”误区，而是兼顾数量和质量，经济因素和政治因素、社会因素、环境因素，是为了

① 《习近平谈治国理政》（第三卷），外文出版社，2020，第 137 页。
② 《习近平谈治国理政》（第二卷），外文出版社，2017，第 482 页。
③ 《习近平谈治国理政》（第三卷），外文出版社，2020，第 218 页。
④ 《习近平谈治国理政》（第三卷），外文出版社，2020，第 9 页。
⑤ 《毛泽东文集》（第二卷），人民出版社，1993，第 467 页。

“更好满足人民日益增长的美好生活需要”，而“美好生活需要”是广泛的，特别是在中国特色社会主义新时代，“人民美好生活需要日益广泛，不仅对物质文化生活提出了更高要求，而且在民主、法治、公平、正义、安全、环境等方面的要求日益增长”①。可以说，现有的发展成果和社会稳定是党带领全体中国人民艰辛探索、努力奋斗的结果。中国特色社会主义进入新时代，人民对美好生活的向往就是我们的奋斗目标，统筹发展和安全是全体中国人民的共同诉求。统筹发展和安全的提出，正是为了人民、依靠人民的体现，是为了让人民过上更美好的日子。

3. 坚持辩证思维

辩证思维是唯物辩证法在思维中的运用，是基于事物之间的客观联系、以变化发展视角认识事物的思维方式。“唯物辩证法认为，事物是普遍联系的，事物及事物各要素相互影响、相互制约，整个世界是相互联系的整体，也是相互作用的系统。坚持唯物辩证法，就要从客观事物的内在联系去把握事物，去认识问题、处理问题。”② 联系、发展的观点也是辩证思维的基本观点。

从联系的观点看，发展和安全是相辅相成、辩证统一的。一方面，发展是安全的基础。发展是解决一切问题的基础和关键，是确保社会稳定、国家安全的强大支撑和后盾。没有经济社会一定程度的发展，安全就没有根基。防范化解各种可以预见和难以预见的风险挑战，归根到底要靠发展。只有经济社会有了一定程度的发展才能有实力、有家底、有能力维护社会稳定、国家安全。另一方面，安全是发展的条件。安全体现为稳定的社会环境、良好的社会秩序，而这些都是经济社会发展的必要前提和条件，没有这些前提和条件，发展就无从谈起，一个长期饱受战乱的国家很难实现持续健康发展，新冠疫情的全球大流行也给全球经济发展带来不良影响。

从发展的观点看，发展和安全的关系是动态演进的。在不同的历史时期

① 习近平：《决胜全面建成小康社会　夺取新时代中国特色社会主义伟大胜利——在中国共产党第十九次全国代表大会上的报告》，人民出版社，2017，第 11 页。

② 《习近平谈治国理政》（第二卷），外文出版社，2017，第 204 页。

和发展阶段，由于面临的国内外局势、社会的主要矛盾和担负的历史使命不同，党在处理二者关系时有不同的考量和侧重，并制定了不同的路线和方针，采取了不同的策略和措施。综观百年党史，在为“站起来”而奋斗的新民主主义革命时期和在为“站稳脚”而奋斗的社会主义革命和建设时期，党在发展和安全的策略安排上都是侧重于“安全”，只是在前一个历史阶段侧重的是政党安全，而在后一个历史阶段更侧重于政权安全；在为“富起来”而奋斗的改革开放和社会主义现代化建设新时期，党在发展和安全的策略安排上更侧重于“发展”尤其是经济发展；在为“强起来”而奋斗的中国特色社会主义新时代，尤其是在百年变局和世纪疫情相互交织的当下，中国共产党则必须“统筹发展和安全”，把“发展”和“安全”作为同等重要的两件大事来抓。

4. 坚持系统观念

系统是由相互联系、相互作用、相互依赖的要素按一定方式组成的具有特定结构和功能的统一整体。系统观念是从整体上揭示事物的整体与部分、内部与外部之间关系和运动发展规律的辩证思维与方法。自觉地以系统观念洞察问题、分析问题、解决问题是马克思主义的重要思维特征，自觉地以系统观念认识世界、改造世界是马克思主义的重要工作方法。

中国共产党是马克思主义政党，系统观念是中国共产党人重要的思维方式和工作方法，是中国共产党在领导中国革命、建设和改革实践中凝练出的优良传统、实践经验和智慧。在抗战初期，毛泽东提出：“如果我们党有一百个至二百个系统地而不是零碎地、实际地而不是空洞地学会了马克思列宁主义的同志，就会大大提高我们党的战斗力量。”① 基于系统观念，毛泽东客观地分析了抗日战争形势，科学回答了抗日战争是一场持久战而不是速胜战的问题，一方面组织抗日根据地军民开展以“发展经济，保障供给”为总方针的大生产运动，另一方面与日本帝国主义进行坚决彻底、英勇顽强的斗争，并以最大的自我牺牲换来抗日战争的完全胜利。党的十一届三中全会

① 中共中央文献研究室编《毛泽东著作专题摘编》（上），人民出版社，2003，第 158 页。

以来，邓小平坚持以系统观念谋划和推动改革开放大局，强调要服从大局，在中央统一领导下进行改革，“如果处理不当，就很容易动摇我们的方针，影响改革的全局”[①]。在习近平总书记的话语中，“系统性”“系统工程”“系统治理”“系统思维”是出现频率较高的词语。在关于“十四五”规划建议的说明中，习近平总书记强调：“党的十八大以来，党中央坚持系统谋划、统筹推进党和国家各项事业，根据新的实践需要，形成一系列新布局和新方略，带领全党全国各族人民取得了历史性成就。在这个过程中，系统观念是具有基础性的思想和工作方法。”[②] 在谈到全面深化改革时，习近平总书记强调要注重改革的系统性、整体性、协同性，加强改革的顶层设计和总体规划；在论及全面从严治党时，习近平总书记把它纳入“四个全面”战略布局作为治国理政总方略、总战略；在谈及安全问题时，习近平总书记提出“总体国家安全观”，“总体”二字凸显的正是系统观念和“大安全”理念，涵盖“政治、军事、国土、经济、文化、社会、科技、网络、生态、资源、核、海外利益、太空、深海、极地、生物等诸多领域”[③]。“统筹发展和安全”更是系统观念的集中体现，“统筹”的不仅是发展或者安全的各自领域，而是发展与安全各自以及彼此之间的关系和动态平衡，要通过顶层设计和系统营造，从整体上谋划发展和安全的有机统筹。

在“十四五”规划中，“坚持系统观念”被列为“十四五”时期经济社会发展必须遵循的五大原则之一，这在党的中央全会和党的重要文件中尚属第一次，明确提出：“全面建成小康社会后，我们将开启全面建设社会主义现代化国家新征程，我国发展环境面临深刻复杂变化，发展不平衡不充分问题仍然突出，经济社会发展中矛盾错综复杂，必须从系统观念出发加以谋划和解决，全面协调推动各领域工作和社会主义现代化建设。”[④] 在习近平

① 《邓小平文选》（第三卷），人民出版社，1993，第371页。

② 《关于〈中共中央关于制定国民经济和社会发展第十四个五年规划和二〇三五年远景目标的建议〉的说明》，《人民日报》2020年11月4日。

③ 《中共中央关于党的百年奋斗重大成就和历史经验的决议》，《人民日报》2021年11月17日。

④ 《中共中央关于制定国民经济和社会发展第十四个五年规划和二〇三五年远景目标的建议》，人民出版社，2020，第56页。

总书记看来，在世界百年未有之大变局中统筹国内国际两个大局要求坚持系统观念，在我国社会主要矛盾发生变化的新时代解决发展不平衡不充分问题要求坚持系统观念，在可以预见和不可预见的矛盾风险挑战面前统筹发展和安全要求坚持系统观念。

5. 坚持独立自主

“坚持独立自主”是党经过百年奋斗总结出的具有根本性、长远性的十条历史经验之一，深刻揭示了党始终掌握历史主动的根本原因。独立自主，意味着走自己的路，中国的事情中国人民说了算，不依赖外来力量，不受他国支配或控制。“独立自主是中华民族精神之魂，是我们立党立国的重要原则。走自己的路，是党百年奋斗得出的历史结论。”①

在新民主主义革命时期，我们党曾照搬俄国十月革命走“中心城市武装起义”的道路、曾照抄共产国际的教条，给中国革命带来惨重损失，在吸取教训的基础上，我们党独立自主地探索出“农村包围城市、武装夺取政权”的正确革命道路。在发展生产方面，毛泽东提出：“我们不能学国民党那样，自己不动手专靠外国人，连棉布这样的日用品也要依赖外国。我们是主张自力更生的。我们希望有外援，但是我们不能依赖它，我们依靠自己的努力，依靠全体军民的创造力。”② 社会主义革命和建设时期，在如何搞建设的问题上，我国曾向苏联“一边倒”，结果，苏联共产党以“老子党”自居加剧了中苏矛盾和冲突。毛泽东提出：“最重要的是要独立思考，把马列主义的基本原理同中国革命和建设的具体实际相结合。”③ 中国共产党自力更生、艰苦奋斗，坚决顶住苏联的压力，建立起独立的比较完整的工业体系和国民经济体系，勒紧裤腰带独立研制出“两弹一星”，粉碎了帝国主义、霸权主义“把新中国扼杀在摇篮中”的幻想。改革开放和社会主义现代化建设时期，邓小平明确提出“中国的事情要按照中国的情况来办，要

① 《中共中央关于党的百年奋斗重大成就和历史经验的决议》，《人民日报》2021年11月17日。

② 《毛泽东选集》（第三卷），人民出版社，1991，第1016页。

③ 中共中央文献研究室编《毛泽东年谱：一九四九——一九七六》（第二卷），中央文献出版社，2013，第557页。

依靠中国人自己的力量来办。独立自主，自力更生，无论过去、现在和将来，都是我们的立足点"[1]。"走自己的路，建设有中国特色的社会主义，中国才有希望。"[2] 正是依靠独立自主，中国成功开创了中国特色社会主义道路，创造性地提出"社会主义市场经济体制""一国两制"等富有中国特色的理论，坚持独立自主的和平外交政策，开创了改革开放新局面，中国大踏步地赶上了时代。党的十八大以来，以习近平同志为核心的党中央继续独立自主地思考和解决中国实际问题，牢牢把握发展和安全主导权，推动党和国家事业取得了历史性成就、发生历史性变革。我们党意识到："人类历史上没有一个民族、一个国家可以通过依赖外部力量、照搬外国模式、跟在他人后面亦步亦趋实现强大和振兴。那样做的结果，不是必然遭遇失败，就是必然成为他人的附庸。"[3] 特别是在核心技术、关键技术这些"国之重器"上，中国必须实现自立自强，实现核心技术自主可控，维护国家安全。"嫦娥"奔月、"蛟龙"入海、"北斗"组网、量子技术……这些领先全球的技术使我国的竞争力越来越强，国家安全和国家利益得到维护，民族自尊心和自信心更加坚定。

① 《邓小平文选》（第三卷），人民出版社，1993，第 3 页。

② 《邓小平文选》（第三卷），人民出版社，1993，第 197 页。

③ 《中共中央关于党的百年奋斗重大成就和历史经验的决议》，《人民日报》2021 年 11 月 17 日。

四　首都统筹发展和安全的理论逻辑

习近平总书记指出："首都安全稳定直接关系党和国家工作大局。"① 习近平总书记对首都安全稳定工作的高度重视和重要论述，为首都统筹发展和安全指明了基本方向，提供了根本遵循。从理论逻辑看，北京作为伟大社会主义祖国的首都、迈向中华民族伟大复兴的大国首都、国际一流的和谐宜居之都，加强统筹发展和安全具有重要意义、深刻含义、丰富内容和远景目标。北京率先构建新发展格局，首都统筹发展和安全，必须全面贯彻落实总体国家安全观，围绕"四个中心"功能建设和"四个服务"水平提升，加快推动首都高质量发展，筑牢首都安全稳定防线。

（一）首都统筹发展和安全的重要意义

1. 基于历史经验的深刻启示

统筹发展和安全，关系一个国家的兴衰及其历史走向。从世界大国兴衰史看，任何一个国家和地区都尤其关注发展和安全问题，如果处理不好则国家或政府难以繁荣发展、持久存在。只有不断重视并加快发展经济，努力维护国家安全与社会稳定，大国才能兴起、发展、繁荣；而长期以来，如果国家经济发展严重滞后、社会不稳、安全不固，则必然引发国家衰落乃至灭亡。从中国历代政治更替看，历代封建王朝的衰亡大多与发展和安全摆布失

① 习近平：《在统筹推进新冠肺炎疫情防控和经济社会发展工作部署会议上的讲话》，《人民日报》2020年2月24日。

据有关，发展良好、社会稳定，则国家得以昌盛。可以说，发展和安全的关系表现为合则兴、离则弱、悖则亡。基于历史经验与教训的深刻启示，一方面，国家或政府必须做到发展为要、发展为本。一个国家不发展或发展太慢，就会导致国家机器的停滞衰退，对外敌入侵缺乏抵御能力，国家安全难以保障。经济与社会的持续发展是国家或地区得以长期安全稳定的坚实基础。另一方面，国家和社会安全是经济发展的必备条件和基本保障。国家或政府必须做到以安全为基础条件，国家动荡、外敌入侵、社会动乱、民不聊生，发展缺乏稳定的环境，社会失去稳定的氛围，必然导致发展难以持续、政权难以为继。包括经济、社会在内的各方面的高质量发展是国家长期安全稳定的重要支撑。国家缺乏安全和稳定性的重要保障，经济社会发展就是一句空话，这都是历史留给我们的深刻教训与启示。当前，我国国家安全的内涵和外延比历史上任何时期都要丰富，面对的外部压力与风险挑战也比历史上任何时候都要复杂艰巨。对于首都北京而言，首都稳，国家稳。首都统筹发展和安全，事关党和国家工作大局，事关首都地区经济社会发展的各领域和全过程，事关首都地区人民群众的根本利益。

2. 解决现实问题的迫切要求

从首都城市自身现实问题来看，统筹发展和安全是确保超大城市经济持续稳定、高质量发展的重大课题，也是解决超大“城市病”的战略要求。当前，既要关注极其罕见的、出乎人们意料的“黑天鹅”风险，也要重视太过于常见以至于人们习以为常的大概率“灰犀牛”危机。习近平总书记指出，“安全是发展的保障，发展是安全的目的”。北京作为国际化大都市和超大型城市，处于改革开放前沿、意识形态斗争前沿、互联网发展“高地”，人口、交通、产业等各类要素高度集聚，传统安全和非传统安全风险相互交织，如果发展长期滞后、安全难以保障，特别是各种危机灾难应急处置不当可能催生系统性安全风险。比如，人口过度集聚，住房需求居高不下，生活成本持续攀升，外来常住人口融入难度加大，就业岗位竞争激烈，基础设施和基本公共服务运行压力过大，城市安全风险日益增加。又如，产业集中度高，城市运行成本升高，聚集效益相对下降，城市新陈代谢功能受阻，积累并形成经济过度集中、经济质量降低、经济效益缺失等风险。城市资源环境承载力不足，能源资源消耗量大，各种污染物集中排放，交通拥堵加剧，环境风险增加，资源环境容量有限与城市功能聚集之间存在较大的冲突。此外，城市不同收入群体之间、原住民和外来常住人口之间、城乡居民之间等利益诉求不同，各类群体性事件、恐怖活动等风险多发，必然会影响首都和国家安全，阻碍社会发展。新形势下统筹好首都发展和安全，解决首都发展面临的各种现实问题、风险挑战，一刻也不能懈怠，任务更加艰巨，意义更为重大。首都统筹发展和安全，是解决城市发展现实问题的迫切要求，必须树立底线思维，增强机遇意识和风险意识，采取有效措施加快经济发展，加强安全稳定的环境建设，切实防范和化解影响北京超大城市治理体系和治理能力现代化进程的各种风险。

3. 落实首都功能定位的必然要求

从首都城市战略定位来看，首都统筹发展和安全是加强“四个中心”功能定位和提升“四个服务”水平的前提和基础。首都北京是全国经济社会发展的领头羊、航向标，首都北京的经济发展、社会稳定、安全保障影响着全国的安全稳定大局。党的十八大以来，以习近平同志为核心的党中央从治国理政的新高度，明确定位北京为国家的“四个中心”，建设国际一流的和谐宜居之都。在总体国家安全观指导下，以习近平总书记关于统筹发展和安全的重要论述为根本遵循，首都统筹发展和安全，就是要深入贯彻落实首都功能定位，加强“四个中心”功能建设，不断提升“四个服务”水平，不断夯实安全稳定的良好发展环境。落实首都功能定位，必然要求以“首都稳、全国稳”“看北京首先从政治上看”的高度政治自觉和责任担当，在新时代保持发展和安全稳定同步，警惕和防范各种敌对势力的危害和冲击，维护国家总体安全，实现“首都稳天下稳”的战略目标。

4. 北京率先构建新发展格局的现实要求

立足新发展阶段，构建新发展格局，首都北京必须正视国内外经济社会发展的环境变化，这些变化既可能带来诸多挑战与压力，也迎来不少发展机遇和机会，统筹发展和安全就是有效应对挑战、抓住机遇、加快构建新发展格局的现实要求。从国际来看，全球化进程不断加快加深，逆全球化运动带来诸多挑战，各国主动调整战略，更加重视发展和安全问题，提升科技竞争力与经济发展水平，努力为国家经济社会可持续发展营造良好的安全环境。从国内来看，我国从粗放发展转向高质量发展，总体发展态势向善向好，但也存在许多历史性发展障碍和转型难题，部分地区的发展不平衡不充分等现实难题迫切需要解决。北京作为大国首都，加快破解发展难题，统筹发展和安全是关键战略，以习近平总书记关于统筹发展和安全的重要论述为指引，为加快构建国际一流的和谐宜居之都提供基本遵循，为率先构建新发展格局提供坚实保障。北京率先构建新发展格局，统筹发展和安全，必须深刻认识各种新变化新要求，加快建设更高水平的平安首都，筑牢首都安全稳定的坚固防线。

（二）首都统筹发展和安全的基本内涵

首都发展和安全是国家总体安全观的重要组成部分，是国家安全治理观在首都场域下的深入实践与具体拓展。习近平总书记多次视察北京并作出重要论述，高度重视首都发展和安全问题，并赋予首都发展和安全的丰富内涵。2014 年 2 月，习近平总书记视察北京时指出，建设和管理好首都，是国家治理体系和治理能力现代化的重要内容。2017 年 2 月，习近平总书记再次视察北京，强调北京城市规划要深入思考“建设一个什么样的首都，怎样建设首都”这个问题，把握好战略定位、空间格局、要素配置，着力提升首都核心功能，做到服务保障能力同城市战略定位相适应。2019 年 1 月，习近平总书记强调紧紧抓住“牛鼻子”不放松，积极稳妥有序疏解北京非首都功能。2020 年 2 月，习近平总书记在统筹推进新冠肺炎疫情防控和经济社会发展工作部署会议上指出：“首都安全稳定直接关系党和国家工作大局。”习近平总书记的指示和要求为首都统筹发展和安全提供了方向与指南。《北京城市总体规划（2016 年—2035 年）》提出“要健全公共安全体系，提升城市安全保障能力，牢固树立和贯彻落实总体国家安全观”。

2020年11月，中共北京市委十二届十五次会议指出，牢固树立首都意识，坚持以首都发展为统领，更加突出安全发展，切实防范化解各类重大风险。

首都发展和安全的基本内涵，彰显了深刻把握首都发展要义、贯彻首都城市战略定位、事关党和国家工作大局等丰富内涵。首都发展的全部要义，就是牢固确立首都城市战略定位，加强“四个中心”功能建设，提高“四个服务”水平，这也是首都职责所在。[①] 首都发展和安全问题不仅关系到首都北京自身的发展，更直接关系到党和国家工作大局。加强“四个中心”功能建设，即加快建设“全国政治中心、文化中心、国际交往中心、科技创新中心”。提升“四个服务”水平，即为中央党政军领导机关服务，为日益扩大的国际交往服务，为国家教育、科技、文化和卫生事业的发展服务，为市民的工作和生活服务。作为国家首都的基本职能，为中央党政军领导机关服务是北京的首要职能，也是“四个服务”中最重要、最关键的一环。为国家国际交往服务是北京作为首都的所在地，成为全球各国人民争相趋至的目的地，北京的形象和服务作为国家的窗户，代表着国家的形象。为科技和教育等发展服务是国家的进步和城市的发展反过来回馈人民的服务。为改善人民群众生活服务，能够给市民提供充分的获得感与归属感。[②] 首都统筹发展和安全，就是要深刻把握首都发展核心要义，围绕“四个中心”功能建设和“四个服务”水平提升，努力做到发展和安全两手都要抓、两手都要硬。首都统筹发展和安全，就是在把握首都发展核心要义、贯彻落实首都城市战略定位、事关党和国家工作大局中不断实践与深刻彰显的。

“四个中心”功能建设中，全国政治中心的功能建设是首都发展核心要义的核心。看北京首先要从政治上看，要以构建优良政务环境为第一要义，这在“四个中心”功能建设中处于首位和核心地位。首都北京要统筹发展和安全，就要确保中央政务安全，确保国家政治安全，这是最核心的职能与职责，也是维护首都政治安全的根本任务。北京作为中央党政军领导机构集

---

① 蔡奇：《奋力开创首都发展更加美好的明天》，《人民日报》2018年5月14日。

② 《切实提高“四个服务”水平》，http：//blog. sina. com. cn/s/blog_ 6fc3c0190102xc11. html，2018年8月13日。

中所在地，提升政治站位，保障中央政务安全、保障中央精神在北京的政令畅通是首都发展的第一职责。要坚持把政治中心的安全保障放在突出位置，治理安全隐患，确保中央政务环境安全优良。

首都统筹发展和安全，就是要围绕“四个中心”功能建设和“四个服务”水平提升，加快推动首都高质量发展，筑牢首都安全稳定防线。推动首都高质量发展，应体现为政治、经济、社会、文化、生态等“五位一体”的发展。经济建设上要以深化供给侧结构性改革为主线，大力发展高精尖产业，加快传统产业转型升级，实现经济高质量发展。政治建设上就是要坚持党对一切工作的领导，全力服务保障首都功能，坚持以人民为中心的发展理念，将人民对美好生活的向往设为奋斗目标，依靠首都广大干部群众齐心协力推动首都发展。文化建设上凸显文化自信和价值，传承古都文脉、加强文化复兴与发展现代文化产业紧密结合，重视保护原有的城市肌理、风貌和优秀建筑遗存，增强文化认同感和归属感。社会建设上要让人民有更多获得感，织牢做强社会保护网，强化公共空间和公共服务设施的营造与建设，提升首都城市的开放、包容、文明程度。生态文明建设上要充分认识到经济发展和生态文明建设的辩证关系，下大力气解决一些生态环境矛盾，提升绿色发展水平。

首都统筹发展和安全，不是孤立片面的，而是发展和安全两个方面的辩证统一。以首都发展为统领，统筹发展和安全，必须持续推动首都高质量发展，不断解放生产力和发展生产力，把发展作为第一要务，以发展不断改善民生，以发展不断保障社会稳定和安全，同时也要重视首都安全发展，要以安全生产、社会稳定为首都发展提供重要保障，以首都安全稳定、健康发展更加有效抵御重大风险、应对重大挑战，进一步推动首都高质量发展。首都统筹发展和安全，就是要采取马克思主义的研究方法，正确认识和科学处理发展和安全两者之间的辩证关系，抓好统筹发展和安全两件大事，做到“两手抓、两手都要硬”，夯实首都发展与安全的基础和环境，全力推进首都高质量发展。一方面，首都发展是首都安全的基础和目的。没有首都发展就没有真正的首都安全。加强首都发展，就是坚持解放和发展社会生产力，加快构建高精尖经济结构，推动经济发展实现量的合理增长和质的稳步提升，不断改善民生福祉，不断提高人民生活水平，为首都社会安全稳定提供良好的经济基础。另一方面，首都安全稳定是首都经济持续发展的基本前提。习近平总书记强调，“人民安全是国家安全的基石”。首都统筹发展和安全，就是要求在首都北京的所有国民经济和区域经济、各个行业和部门、各类生产经营单位的经济活动，以及社会的进步和发展，必须以人民安全为基础、前提和保障，为首都发展营造安全稳定的内外部环境。

（三）首都统筹发展和安全的主要内容

习近平总书记提出了“以人民安全为宗旨”，以“政治安全为根本”，以“经济安全为基础”，以文化安全、国土安全、科技安全、社会安全、信息安全、生态安全、资源安全、核安全等为条件的“总体国家安全观”，推出一系列重大战略举措，出台一系列重大方针政策，不断开拓新时代中国特色社会主义国家发展和安全新局面。作为大国首都、世界一流和谐宜居之都，北京统筹发展和安全的内容非常丰富，贯穿在首都工作的方方面面和全过程。一方面，从发展看，首都统筹发展和安全，是坚持以首都发展为统领，应当是创新、绿色、共享、开放的协调发展，既要以资源、环境能够承载为前提，也要建立在人力资源合理利用、安全状况不断改善的基础上，绝不能以损害人的生命和健康为代价，来换取短期的、局部的经济发展。[①] 另一方面，从安全看，针对首都北京的实际情况，首都安全涉及众多领域。首都安全发展既不能以浪费资源、破坏环境为代价，更不能以牺牲人民的生命和健康为代价。具体而言，首都安全发展包括生产安全、交通安全、公共安全、食品卫生安全、社会安全以及减灾防灾等各领域经济社会的安全发展，体现的是本质安全、全员安全和全过程安全。如果说“发展是硬道理”，发展是“第一要务”，那安全就是“第一要务”的题中应有之义。

① 姜秀慧、邢娟娟：《安全发展的内涵与途径》，《前线》2007年第10期。

（四）首都统筹发展和安全的远景目标

立足新发展阶段，首都统筹发展和安全的远景目标，就是要以发展促安全，始终坚持以习近平新时代中国特色社会主义思想为指引，紧紧围绕“四个中心”定位和“四个服务”职责，增强机遇意识和风险意识，树立底线思维，注重堵漏洞、强弱项，防范和化解影响首都超大城市治理能力和治理体系现代化进程的各种风险；就是要以安全保发展，高水平建设平安北京，筑牢首都繁荣稳定、高质量发展的安全屏障，确保党中央政务安全，确保首都安全稳定、首都人民安居乐业；就是要率先实现现代化，加快建设世界一流和谐宜居之都。

1. 以发展促安全，防范化解各种风险

首都北京要坚持“统筹发展和安全是治国理政的一个重大原则”，把发展这个“第一要务”与安全这个“头等大事”统筹起来，贯彻新发展理念，构建新发展格局，有效防范化解各类风险挑战，以高质量发展筑牢首都安全屏障，确保首都社会主义现代化事业顺利推进。高质量发展是覆盖经济增长、环境保护、资源利用、社会事业等各个方面，贯穿生产流通、分配和销售等全过程的复杂系统工程。首都北京以高质量发展促进安全建设，充分发挥北京科技、人才资源优势，坚持质量第一、效率优先，以调结构、促转型、强创新为动力，大力推动经济发展质量变革、效率变革、动力变革，不断增强首都北京经济高质量发展的创新动力与增长活力。以发展促安全，坚持党的全面领导，坚持以人民为中心，提升首都发展质量，切实保障和改善民生福祉。

2. 以安全保发展，加快建设平安北京

平安中国是统筹发展和安全的基本目标。《中共中央关于制定国民经济和社会发展第十四个五年规划和二〇三五年远景目标的建议》指出：统筹发展和安全，建设更高水平的平安中国。这为首都统筹发展和安全指明了目标和方向。首都统筹发展和安全两件大事，要从国家首都的发展大局出发，防范和化解影响首都发展与建设过程中的各种不确定性因素与风险隐患，筑牢首都安全屏障。以安全保发展是首都统筹发展和安全的远景目标之一，就

是要贯彻落实习近平总书记对平安中国建设作出的重要指示精神，要贯彻落实国家总体安全观的基本要求，对标中央、北京市委对平安北京建设的重大部署，提升平安北京建设科学化、社会化、法治化、智能化水平，为新时代首都发展保驾护航，努力建设更高水平的平安北京。

3. 率先实现现代化，建设国际一流和谐宜居之都

在全面建设社会主义现代化国家的新征程上，发展和安全任何一方面出现短板，都会影响中华民族伟大复兴进程。习近平总书记明确提出要把北京建设成国际一流的和谐宜居之都。因此，首都统筹发展和安全，在远景目标与规划上，要加快建设国际一流的和谐宜居之都，处理好发展和安全的辩证统一关系，以首善标准提升城市质量、彰显文化内涵、重塑绿色空间。首都统筹发展和安全，要以首都发展为统领，以推动高质量发展为主题，加快建设平安北京，推进首都治理体系和治理能力现代化，实现经济行稳致远、社会安定和谐，率先基本实现社会主义现代化，加快构建国际一流的和谐宜居之都。

五　首都统筹发展和安全面临的新形势

当今世界，百年未有之大变局正向纵深发展，发展的不稳定性、不确定性趋势明显增强，新冠疫情影响广泛而深远，经济全球化遭遇逆流，世界秩序深刻调整，“东升西降”态势进一步凸显，新一轮科技革命和产业革命深入发展，世界进入动荡变革期，单边主义、保护主义、霸权主义对世界和平发展构成严重威胁。当今中国，正处于中华民族伟大复兴的关键时期，制度优势显著、治理效能提升，经济长期向好，文化繁荣发展，社会大局稳定，生态文明建设取得显著成效，继续高质量发展具有多方面优势和条件，但面对的机遇和挑战都有新的变化，发展不平衡不充分问题依然突出，创新能力还不能适应经济社会高质量发展要求，人的全面发展以及全体人民共同富裕取得更为明显的实质性进展任务繁重，特别是在构建新发展格局中，北京作为迈向中华民族伟大复兴的大国首都面临着国家赋予的更大使命、更大责任，抓好新形势下新机遇具有比以往更好的条件。新的征程上，准确把握国际国内发展大势，清醒地认识“当前和今后一个时期，我国发展仍然处于重要战略机遇期，但机遇和挑战都有新的发展变化”[①] 的科学判断，客观分析新发展阶段首都统筹发展和安全面临的内部机遇和挑战，对于首都更好开展工作，率先基本实现社会主义现代化开好局、起好步，具有重要意义。紧扣“两个大局”，结合首都统筹发展和安全实际，本书研究认为首都统筹发展和安全面临新机遇、新挑战，同时也面临新要求。

① 习近平：《新发展阶段贯彻新发展理念必然要求构建新发展格局》，《求是》2022 年第 17 期。

（一）首都统筹发展和安全面临的新机遇

1.“东升西降”态势将进一步凸显

百年变局和百年疫情叠加，世界进入动荡变革期，发展中国家和新兴经济体综合实力上升，受新冠疫情影响国际力量对比加速变化，“东升西降”大势越趋明朗。中国的国际影响力日益扩大，在全球影响力角色塑造中主动性加强，北京作为首都对外开放优势明显，引领效能突出。一是北京作为中国首都在全球治理中的作用进一步凸显。北京作为全球最重要的国际大都市，多项指标在全球城市中具有较强竞争力：2020 年全球权威城市评级显示，北京在 8 个世界城市指标体系中表现卓越，多项晋级全球城市排行榜前列，在国际交往、对外贸易、科技创新、城市竞争力、“一带一路”潜力城市等领域处于世界领先位置。二是在塑造中国话语权中贡献北京思想、北京价值和北京方案。北京迎来以冬奥会、冬残奥会为代表的“十四五”期间重大标志性活动，以及深化“一带一路”建设、京津冀协同发展等重大战略活动，有助于提升北京国际化程度和中国舆论宣传效应，也是打造北京城市形象的“扬声器”和讲好“中国故事”的重要平台。作为首都，北京的城市形象与中国形象高度重合，借助重大国际活动和主场外交活动，主动塑造中国话语权无疑是一次良机，需要充分利用主场外交优势、发挥主场外交施动者和塑造者作用、主动回应国际关切等，有效影响国际舆论。三是深度融入国际市场体制机制，塑造新一轮发展重要契机。北京将全面建成与首都功能发展需要相一致的国际一流营商环境高地，打造“北京效率”“北京服务”“北京标准”“北京诚信”四大品牌，实施五大环境领跑行动。随着北京优化营商环境改革进入“深水区”，营造公平竞争的市场环境、营造自由便利的投资贸易环境等深度融入国际市场体制机制的措施持续深化，新引擎带动效应持续突出，在数字经济、碳中和碳达峰、金融服务、文化旅游、专业服务等领域将塑造引领优势，将整体提升国际市场竞争力。

2. 新一轮科技革命和产业变革将向纵深推进

新一轮科技革命和产业变革逐渐向纵深推进，呈现以下新特征：不再以单一技术为主导，呈现多点、群发性突破态势；科学研究日益深入和研究技术手段革新，正在引发科研范式的转变；科技与产业联系和互动愈发密切，技术变革正加速转变为现实生产力；以“互联网+”“智能+”等新技术为代表的数字经济蓬勃发展，驱动经济社会加速向数字化转型。这将为北京发展注入新的动力：一是代表先进生产力发展方向的颠覆性技术将引领和带动北京新科技产业革命逐渐走向高潮。北京“高精尖”产业体系基本形成、科技自立自强基础不断夯实、“三城一区”主平台作用凸显、科研机构数量国内领先，在加快科技创新中心建设、推进“三城一区”融合发展、深化科技体制改革、强化企业创新主体地位等过程中，北京将重点聚焦国家战略科技力量、构筑“高精尖”产业以及形成国际竞争力、加强核心技术攻关和关键基础领域研发突破与迭代应用。二是新科技产业革命持续催生新的生产方式、组织形态和商业模式。北京是科技创新和数字经济等新产业、新业态全国示范领先的城市，龙头企业、高端人才集聚，云计算、大数据、电子商务、人工智能等产业入选“互联网百强”，“软件百强”等国内重要榜单企业数量全国排名第一。以实现完善数字经济基础设施和支撑体系、基本建立数据驱动的高质量发展模式和进入国际先进数字经济城市行列的目标为契机，新一代信息技术与经济社会发展深度融合，必将推动产业模式的深刻调整，科技创新、技术革新衍生周边产业，整体产业链中生产、组织、销售、供应等诸多环节的联动效应，都将为北京的发展注入新的活力。三是新科技产业革命推动制造业与服务业深度融合更进一步。北京在先进制造业和现代服务业融合方面，为增强制造业核心竞争力、培育现代产业体系、实现高质量发展推出了系列举措。在助推科技成果转化和科技人才国际交流、扩大开放综合示范区和自由贸易试验区建设深入推进、发展高效协同的融合基础设施和建设高水平产业服务平台等方面，不断锻长板、补短板，“四个中心”建设进一步促进了北京制造业和服务业的蓬勃发展，也为其深度融合提供了更高的起点。

3.“四个中心”“四个服务”能量释放将进一步显著

新时代首都发展的核心要义是加强“四个中心”功能建设、提高“四个服务”水平，这是引领新时代首都发展的基本坐标。一是全国政治中心功能建设能量将进一步释放。中央政务空间优化升级，长安街国家礼仪形象塑造成形、中轴线古都风貌底蕴彰显、二环路沿线空间品质显著提升，市属行政事业单位搬迁腾退进入关键阶段，首都功能核心区“四个密度”持续降低，重大政治活动保障功能效果凸显。二是全国文化中心功能建设能量将进一步释放。弘扬中华文化与引领时代潮流的文化名城、中国特色社会主义先进文化之都将建成，立法保护中轴线文化遗产将树立文化保护法治化典范，精神文明与物质文明协调发展格局渐成，市民素质和社会文明程度显著提升，文化软实力将进一步助力高质量发展。三是国际交往中心功能建设能量将进一步释放。国际交往进一步活跃，国际化服务水平将不断提升，国际交往之都将初步建成，国际影响力凸显，具有国际最高标准、最高水平的“国际”性元素将更加聚集，首都成为国家国际交往主战场的服务环境更加友善，服贸会的溢出效应凸显，成为对外开放窗口的重要功能更加凸显。四是国际科技创新中心功能建设能量将进一步释放。国际科技创新中心基本建成，科技创新平台建设基本成形，基础研究进一步得到夯实，形成一批具有世界性、原创性的关键技术突破，人均占有发明专利数量显著增长，科技成果转化效率显著提高，中关村论坛成为全球性、综合性、开放性的科技创新高端国际论坛以更好地服务国家战略，科技创新成为提高劳动生产率、促进高质量发展的第一动力。

4.“五子”联动融入新发展格局成局成势将进一步显现

北京立足新发展阶段，贯彻新发展理念，融入新发展格局，立足自身资源禀赋，紧要处谋盘落“子”，将逐步成局成势。一是国际科技创新中心建设将深入推进。新型举国科技创新体制将更加成熟定型，“三城一区”主平台各自的作用更加鲜明互补，产学研用融合创新氛围浓郁，头部企业带动作用明显，创新创业服务体系不断完善，“从 0 到 1”的基础研究取得一定进展，关键核心技术取得一定突破，“卡脖子”技术态势得到一定扭转。二是“两区”建设成为北京改革开放新高地。“两区”建设制度和政策创新持续跟进，自贸区“三片区七组团”建设深入推进，251 项任务将有序落地，聚焦重点领域开放，一批先行先试政策滚动推出，政策红利叠加效应将越加明显，中国国际服务贸易交易会、中关村论坛和金融街论坛三块金字招牌助力国家开放作用更加突出。三是全球数字经济标杆城市将基本成形。北京发展数字经济有良好基础，在筑牢数字安全屏障基础上，未来将实现5G基站率先全城覆盖，完成国家工业互联网大数据中心建设，应用场景“十百千”工程持续推进，聚焦重点领域、重点行业，数字产业化、产业数字化一体推进，北京智造品牌多元多样，支持性政策将使“数字+”服务水平显著提升，“互联网+政务服务”继续深化，智慧城市、数字孪生城市建设有序推进。四是以供给侧结构性改革创造新需求作用更加明显。以“环球影城”为代表的具有全球影响力的地标经济带动消费升级溢出效应显著，国际消费中心城市走在前列；“双枢纽”优势进一步得到释放，文化、健康、体育、教育、旅游等方面优质产品和服务供给更加多层多样，适应国际化现代化大都市的新型现代农业农村生态有所进展。五是京津冀协同发展再上新台阶。疏解非首都功能进入深化期，协同效应、协同动能、协同红利越加明显，京津冀区域资源配置更加优化，城市副中心成为京津冀协同发展桥头堡和国家绿色发展示范区基本框架愈加成形，持续支持河北雄安新区建设，区域联防联控联治联动机制更加成熟，轨道上的京津冀、临空经济区建设等重点项目高水平推进，现代化首都都市圈形态呈现，城市群效应显著。

5. 共同富裕取得更为明显的实质性进展将迈出关键一步

新的征程上，首都发展已经到了扎实推动共同富裕的历史阶段。一是率先全面建成小康社会为促进共同富裕创造良好条件。改革开放以来，特别是党的十八大以来，北京见证全面建成小康社会的伟大成就，2018年北京率先全面建成小康社会，2020年GDP达到3.6万亿元，人均GDP达到2.4万美元，达到发达经济体中等水平，小康社会建成为促进共同富裕奠定雄厚物质基础。二是高质量发展为推进共同富裕提供基本前提。2021年上半年北京实现GDP 1.9万亿元，同比增长13.4%，经济稳中向好，逐步回归“主赛道”，随着统筹疫情防控和经济社会发展有力，构建新发展格局步伐加快，“四个中心”“四个服务”能量释放，高质量发展基础进一步夯实，推进共同富裕动力更有保障。三是“提高人民收入水平”举措让人民群众有更多获得感。党的十九届五中全会首次提出“提高人民收入水平”，这是决定富裕程度的重要变量，北京正积极贯彻落实部署要求，经过10年左右时间，若使北京人均GDP从2.4万美元实现翻一番，可与发达国家相当，而且差距缩小，可以极大改善人民生活品质，满足人民对美好生活的新期待。四是扩大中等收入群体比重将进一步优化社会结构。“扩大中等收入群体”是扎实推进共同富裕的核心要义，符合社会主义“消除两极分化”的本质要求。北京中等收入群体规模占全市总户数的68.5%，随着共同富裕取得更为明显的实质性进展，“橄榄型”社会结构将得到进一步优化。五是扎实推进共同富裕整体改革体系红利将进一步释放。随着促进共同富裕行动纲要出台，整体改革体系将会着力解决不平衡不充分等发展问题，政府、市场、社会等领域内及领域间改革将更加深刻，必将逐步打破原有体制壁垒，激发各领域及要素活力，改革红利共享普惠将更加广泛。

（二）首都统筹发展和安全面临的新挑战

1. 霸权主义对世界和平发展构成严重威胁

一是国际层面来看，国际政治秩序加速分化调整，外部环境复杂态势加剧。随着美国全球战略调整和对华施压态势收紧，西方国家会持续性加大对中国的制衡力度，国际政治力量有“集团化”发展倾向，相对实力衰落使以美国为首的联盟国家试图通过“抱团取暖”“极端施压”“海陆复合”“民间渗透”等多种方式对华进行战略牵制，世界政治格局将进一步呈现多极力量分化组合态势。受多因素掣肘，西方国家更加注重国家实力的国内基础，对华遏制趋于强调“效费比”，通过系列“以乱制华”方案达到“巧实力”牵制目的，构成了北京整体的外部环境复杂性升级。二是国家层面来看，西方遏华态势严峻，将加剧关键领域竞争。具体体现在军事领域竞争、经济领域“脱钩”、科技领域竞争、未来国际秩序领域竞争、信息领域竞争五大方面，同时争端可能面临多重演化可能、波及多边关系，造成国际组织施压、地区多边竞合等情况露头，对首都北京参与“一带一路”建设、“四个中心”建设等产生长期影响，也会直接波及吸纳国际组织等高端要素落户、国际人才社区建设、重大涉外活动安全等诸多方面。三是社会层面来看，反华倾向呈现“泛民众化”新态势，诱发安全和海外利益重大关切。反华群体规模增大、年轻化趋势明显，受到以美国为首国家政治裹挟民意的影响，民间反华排华情绪可能进一步上升，中国海外利益维护面临诸多风险；舆论抹黑、首都安全等都可能引发新时期首都涉外安全风险隐患。这些对北京强化重大国事活动服务保障能力、优化国际交往空间布局、提升国际公共服务水平、打造涉外安全防范机制等提出了新要求。四是美帝重构世界霸权秩序危害世界和平。俄罗斯对乌克兰发生“特别军事行动”至今仍未平息，俄乌冲突的本质是俄美矛盾，实质是美帝“西局”“东引”，“搞垮”中国才是其“主线剧情”，以重塑世界秩序的霸权局，假如此局再次形成，世界秩序将再次以美帝为核心建构，其欧洲盟友将再次成为依附论者，权利、资本、经济利益等将再次输入美帝这个核心。例如，在过去这些年，美国一直试图构建一个针对中国的“亚洲小北约”，从小布什时期的“新保守主义”，到奥巴马时期的“重返亚太”，再到特朗普和拜登时期的“印太战略”，美国的战略重点日益从欧洲、中东转移到亚太地区，“围堵中国”。又如，近年美帝发起“贸易战”“科技战”“人权战”“台湾牌”等，从经济、科技、政治、主权多方面“打压中国”。

2. 经济平稳健康发展压力依然较大

2021 年北京地区生产总值超过 4 万亿元，按不变价格计算，比上年增长 8.5%，“十四五”期间开了好局，但经济平稳健康发展仍然面临诸多现实挑战。一是发展的不确定性增加。受疫情反复多发突发影响，第三产业占比高达 81.7%，敏感性和脆弱性凸显，产业链供应链稳定安全存在较大隐患，金融风险、房地产风险、政府债务风险等依然存在，能源对外依存度高，战略储备不足，壮大实体经济根基，保持制造业一定比例仍有困难，都市型现代农业在重要农产品稳产保供、基地建设等方面仍有短板。二是减量发展条件下向更高质量发展难度加大。在人口、建设用地、建筑规模三个“减量”基础上的发展对原有经济生态影响巨大，而与之相衔接的经济生态尚处扶持、培育中，新旧经济生态处于换挡期，加之“十四五”时期“疏整促”进入深化期、央属企业搬迁等政策影响，首都面临在减量基础上更好谋划高质量发展的挑战。同时，北京土地、房价、房租等经济运行成本过高，市场主体数量减少，微观市场主体的积极性、活跃程度不高，经济复苏的微观基础尚不稳固。三是科技创新发展动能仍然不足。具有全球影响力的创新成果缺乏，自主创新能力不足导致“卡脖子”风险依然存在；“三城一区”建设正在进行中，各方科技力量需要优化配置和资源共享，基础研究和战略前沿高技术研发能力需要提升，融合发展还需要下更大力气推动；虽然新型举国科技创新体制正在构建中，但科技创新成果扶持、培育及产业化需要一定周期，短期内难以形成经济效益；建设国际一流人才高地的各项配套政策和体制机制迫切需要完善。四是数字经济规范发展影响深远。数字经济是经济复苏的新增长点，但存在平台无序扩张和“赢者通吃”行为，监管层面将出台一系列反垄断和反不正当竞争法律法规以及政策举措，作为平台经济聚集地的首都将受到较大影响，打造全球数字标杆城市需提早预判。

3. 主动应对发展不平衡不充分的问题依然突出

一是发展不平衡问题依然存在。城乡区域不平衡：2021 年北京城乡居民收入比为 2.45，同期，全国城乡居民收入比为 2.51，全国省级排名靠后。也要看到，在城乡收入相对差距缩小的同时，城乡居民人均可支配收入绝对差扩大，从 2015 年的 3.2 万元扩大到 2021 年的 4.5 万元；16 个区经济总量和人均指标差距较大，主城区、平原新城和生态涵养区的地区生产总值分别占全市地区生产总值的 70.08%、18.99% 和 4.18%，人均 GDP 最高区是最低区的近 9 倍。经济与社会发展不平衡：全面建成小康社会向共同富裕社会转型过程中，在扩大中等收入群体、缩小三大差距、提高公共服务均等性、应对“老龄少子化社会”提早到来等方面面临巨大挑战。物质文明建设与精神文明建设不平衡：共同富裕道路上既要有雄厚的物质基础，又要促进人民精神生活共同富裕，特别是对于全国文化中心功能建设，提高市民素质、提高全社会文明程度需要作出更大努力。人口资源环境矛盾依然突出：大气、水、垃圾等问题还需下大力气治理，生态涵养区的生态价值未真正实现，绿色低碳循环的生产生活方式需要转型，碳排放率先达峰后持续下降给经济社会带来的新一轮变革需要研判。二是发展不充分依然有短板。“七有”“五性”要求还不能够有效满足人民对美好生活的需要，解决民生问题的理念从“为民做主”向“由民做主”转变还有差距；“吹哨报到”“接诉即办”成为城市治理首创典范，但两项机制还未完全实现有效衔接，“接诉即办”向未诉先办、主动治理转变还需深入推进；基本公共服务体系的质量与人民获得感、幸福感、安全感还不能完全匹配。三是政府深化改革还不充分。“放管服”改革需要继续深化，在打造国际一流营商环境方面还有差距，特别是对市场规制、资本无序发展方面缺乏有效制度设计，市场在资源配置中发挥的决定性作用不充分，政府发挥的作用也不充分。

4. 首都城市安全韧性发展任务依然艰巨

一是规划顶层设计到落实层面仍有距离。城市发展要坚持人民至上原则，统筹发展和安全，亟须将韧性城市、健康城市建设贯穿城市规划、管理和建设始终。二是城市安全运行风险叠加。随着人口、资源要素的高度聚集，城市治理中的显性风险和隐性风险、传统自然风险和现代社会风险交织累积叠加，加之各种风险的不确定性、关联性、放大性，超大城市已成为全局性、系统性风险的汇集地和高发地，对有效防范和化解城市治理中重大风险提出严峻挑战。三是“大城市病”治理任重道远。以疏解北京非首都功能“牛鼻子”，构建京津冀联动一体治理新格局仍需深入推进，“一核两翼”的功能定位、发展图景还需在实践中不断具象化；精细化治理思路在实践中并未完全实现精细化，“一刀切”政策产生的负面影响深远，“提升”工作任务繁重。四是区域化的外安内稳格局尚未形成，京津冀安全联动体系建设亟待加强。特大城市的安全风险具有“蝴蝶效应”，而应对公共安全的服务供给水平由城市中心向周边地区依次降低，圈层化特征明显，行政区域间条块管理严重，京津冀安全联动的共建共治共享格局尚未形成。

（三）首都统筹发展和安全面临的新要求

1. 基础要件：发展仍是执政兴国第一要务

一是发展是解决中国一切问题的基础和关键，也是维护国家安全的保障。世界百年未有之大变局与全球性疫情叠加，加之我国正处于经济发展的战略转型期，从以前追求经济高速增长向追求经济高质量发展升级。这意味着做大“蛋糕”的可持续动力将会暂时受到一定影响。没有经济平稳健康发展，要确保国家长治久安、社会安定有序、人民安居乐业都是不可能的。新发展阶段、新发展理念、新发展格局以及高质量发展，关键是“发展”。只有推动经济健康发展，才可能筑牢国家繁荣富强、人民幸福安康、社会和谐稳定的物质基础和安全保障。二是发展是安全的基础，不发展是最大的不安全。没有发展的安全是短暂的、不可持续的。新中国成立 70 多年，尤其是改革开放 40 多年来，正是因为牢牢抓住发展不放松，我国综合国力才得以大幅提升，为维护国家安全奠定了坚实物质基础，实现了以发展求安全。进入新时代，只有经济社会实现更加平衡充分的发展，才能为国家安全提供更加坚实的保障。三是首都必须抓牢发展主线，统筹抓好“五位一体”安全发展主题。在国家总体安全观指导下，首都必须牢牢抓住发展主线，以首都发展为统领，以首善标准统筹首都政治、经济、文化、社会、生态以及科技、国际交往、城市、网络等方面的发展和安全，在发展中为安全提供基础条件，在安全中保障更好发展。

2. 规划落地：实施北京新版城市总规

一是推动“四个中心”功能建设需取得新的标志性成果。持续推动中央政务功能重组和集中布局，积极对接中央需求，优化政务服务区环境，强化中央政务服务保障；扎实推进全国文化中心建设，全力做好首都文化这篇大文章，推动首都中国特色社会主义思想理论高地建设，建设社会主义核心价值观首善之区，传承和发扬首都四个文化，不断满足人民群众日益增长的精神文化需要。优化“一核、两轴、多板块”的国际交往空间布局，精心塑造代表国家形象的重要窗口，持续强化国际交往中心功能，推动更高水平、更深层次、更高质量的开放合作。加紧实施国际科技创新中心建设战略行动计划，打造全球数字经济标杆城市，积极融入全球科技创新网络，提升国际科技创新中心服务国家创新驱动发展战略需求。二是推动“四个服务”需取得新的成就。为中央党政军领导机关工作服务、为国家国际交往服务、为科技和教育发展服务、为改善人民群众生活服务构成“四个服务”完整结构，其实质是“四个中心”城市功能的外溢，与“四个中心”城市功能具有叠加性，两者既有联系又有区别，在“四个中心”精准画像基础上，构建“四个服务”的科学体系对首都统筹发展和安全具有重要意义。因此，要以“四个服务”的系统集成为牵引，形成“四个服务”的数字化界面；以“首善标准”为基础，提供“四个服务”的系列标准指引；以激励不同层级和不同类型的治理主体为重点，培育“四个服务”的内生动力；以创新服务方式为根本，形成“四个服务”的多样性制度安排；以效果评估为手段，进一步提升“四个服务”的水平和质量；以首都功能核心区控规实施为契机，做好为中央党政军领导机关工作服务；以政务服务、公共服务和硬件服务“三位一体”，做好为国家国际交往服务、科技和教育发展服务；以“接诉即办”为抓手，做好为改善人民群众生活服务。三是韧性城市建设需取得新突破。切实增强城市韧性，打好城市安全韧性发展攻坚战，是贯彻落实习近平总书记“必须坚持统筹发展和安全两件大事”重要指示精神的重要体现，是贯彻落实国家“十四五”规划建设“韧性城市”目标要求的重大行动，是深入推进以人为核心的新型城镇化战略，提高新型城镇化建设质量，促进新一轮新型城镇化工作开好局、起好步的重要实践。全方位增强城市韧性，打好城市安全韧性发展攻坚战，全面提升城市应对各类风险挑战的预防能力、抵御能力、适应能力、恢复能力，确保大灾面前无大难，努力建设彰显中国特色社会主义制度优势、体现城市治理体系和治理能力现代化水平的“韧性北京”。

3. 格局成势：率先构建新发展格局

构建新发展格局是中央把握未来发展主动权的战略先手棋。[①] 一是率先

① 赵雪松：《“五子”联动推进北京融入新发展格局》，《前线》2021 年第 7 期。

建设国际科技创新中心。北京“十四五”开局如何？国际科技创新中心建设是最重要标志，一定要发挥制度优势，汇聚最重要的任务是打造国家战略科技力量，要全力办好国家实验室，加快怀柔综合性国家科学中心建设，推进在京国家重点实验室体系重组，推动一批新型研发机构加入国家实验室网络，更加重视“从0到1”的基础研究。二是把“两区”建设成为首都改革开放新高地。2020年，中国国际服务贸易交易会全球峰会上，习近平总书记宣布支持北京建设国家服务业扩大开放综合示范区和设立以科技创新、服务业开放、数字经济为主要特征的自由贸易试验区，应坚持一盘棋统筹、清单化管理、项目化推进，全力打造北京改革开放新高地。三是打造全球数字经济标杆城市。发展数字经济是大势所趋，也是构筑未来竞争新优势的战略先手棋。北京数字经济竞争力位列全球第八，涌现一大批数字经济标杆企业，人工智能、区块链企业数全球第一，发展数字经济有良好基础，应走在前列。四是以供给侧结构性改革创造新需求。构建新发展格局关键在经济循环畅通无阻。有效供给能力强，可以穿透循环堵点、创造就业和增加收入，从而形成新需求，打通双循环任督二脉。因此，应以供给侧结构性改革创造新需求，形成更高水平供需动态平衡。五是推动京津冀协同发展迈上新台阶。京津冀协同发展是习近平总书记亲自部署、亲自推动的重大国家战略，北京各项工作都要在这个大战略下谋划和推动，发挥“一核两翼”带动作用，推动协同发展迈出新步伐。

4. 外安内稳：纵深推动京津冀协同发展

首都统筹发展和安全很大程度上是外部问题的内部化，有必要形成“外安内稳”的发展和安全格局，保障首都发展和安全。一是牵住牛鼻子疏解整治促提升。持续深入疏解北京非首都功能，在交通、产业、生态环境保护上率先实现一体化格局，以建设现代化首都都市圈为重点，纵深推动京津冀协同发展，形成世界级城市群主干架构。二是建立健全京津冀一体化应急协同联动机制，充分吸收“护城河计划”“疫情防控”经验，完善高层磋商协调、人口流动防控联动、事件诊断会商、物资储备联动、信息实时共享等机制，做好复杂灾情情境下协同化救援工作。三是培育扶持社会化应急力量，强化三地高校、科研院所合作，强化应急管理人才培养，注重提升重要基础设施、能源、生态等区域性信息化、网络化、数字化、智能化水平。

5. 平安北京：扎实推进平安北京建设

首都安全在国家大局中具有举足轻重的作用，事关“两个大局”。一是认真贯彻总体国家安全观，依法打击惩治危害国家安全的违法犯罪行为，常态化推进扫黑除恶制度机制，完善社会治安防控体系，依法打击惩治电信网络诈骗、侵犯公民个人信息等新型违法犯罪。二是践行新时代枫桥经验，完善“多元调解+速裁”工作机制，做实街乡镇、村居人民调解，借鉴酒仙桥法院参与社区物业纠纷调解经验，积极推进诉源治理，促进矛盾纠纷源头预防化解。三是专群结合、依靠群众是我们党的群众工作优势在社会治安领域的充分体现，继续发挥“朝阳群众”“西城大妈”等社会动员作用，深化从传统政治动员到平安志愿服务、从单纯治安巡逻到广泛参与平安建设、从粗放型“人海战术”到精细化防控模式转变，积极创新新时期首都群防群治工作，深入推进平安北京建设。

六　国内外代表性城市应对发展中长期风险的经验与启示

他山之石，可以攻玉。纵览各国现代化发展进程，统筹发展和安全作为国家治理的重要方式，在不同国家面临不同形势、有着不同使命，维系着国家安全、经济行稳致远、社会和谐稳定。城市是国家和地区的重要组成部分，是人口和经济社会活动相对集中的场所。安全是城市发展的前提和保障，发展是城市安全的目标。城市发展与城市风险相伴而生，城市安全成为重要的公共产品。随着城市化进程的加快，城市人口、功能高度集聚，城市的发展方式、产业结构和区域布局发生了深刻变化，城市风险种类更加繁多而复杂，城市安全风险形势严峻，给城市发展带来新的挑战。[①] 基于地缘特征、气候、人文等方面因素，国内外代表性城市应对发展中长期风险各有优势，梳理、总结其特色经验，为首都统筹发展和安全实践路径的探索、切实防范和化解各类风险提供可借鉴的做法。

（一）伦敦：以人为本的城市韧性工程

英国伦敦是一座历史悠久、开放和包容的城市，拥有 800 多万人口，在

① 孙金阳、龚维斌：《城市公共安全风险治理的现实困境及其破解路径》，《中共中央党校（国家行政学院）学报》2020 年第 4 期。

未来10年内预计将增长到1000万人。[①] 作为全球的金融中心，伦敦是英国的经济引擎，但城市内部的贫困和种族隔离问题非常突出，伦敦的收入不平等现象比英国其他城市更为明显。收入差距日益扩大和缺乏可负担住房能力的长期压力使城市更易受到突发性事件的冲击影响。伦敦在发展过程中还面临气候变化、宗教冲突、交通拥堵、脱欧的不确定性等一系列问题。城市的韧性是指无论承受何种类型的长期压力和急性冲击，城市中的个人、社区、机构和系统都能展示出较强的生存、适应和发展的能力。为提升伦敦有效应对未来的冲击或风险的能力，建设韧性城市成为伦敦统筹城市发展与安全的重要路径。2020年，伦敦市政厅颁布了《伦敦城市韧性战略2020》，这项规划重点关注2020~2050年伦敦城市面临的长期韧性挑战，提出了系统、全面的解决方案，以应对各种预期的风险和潜在的紧急情况。同时，基于城市韧性战略，伦敦坚持"以人为本"，从社区韧性、地区基础设施韧性以及制度体系韧性三个密切联系的维度出发针对城市面临的不同风险采取了有效举措。

1. 提升城市社区的韧性

为更有效地提升城市抗干扰能力，伦敦"以人为本"韧性工程的首要内容是增强社区韧性。以食品安全行动为例，2018年12月，英格兰银行行长马克·卡尼（Mark Carney）表示，硬脱欧或无协议退欧，可能导致食品成本增加6%~10%。其他因素可能同样导致供应链中断，从而加剧食物不安全问题，使更多的伦敦居民受到食品安全的危害，也可能对伦敦弱势居民依赖的食品供给项目造成不良影响。伦敦的城市韧性战略从更全面、长期的层面分析食品供应的潜在风险，建立食品供应中断对食品系统不同部分产生影响的时间表。这些数据不仅提供了相关食品系统存在风险以及首都食品供给需要增加的证据，为建设具有韧性的食品系统提供支撑基础，而且用于针对伦敦弱势群体食品安全面临的风险，制定了增强社区韧性的系列对策。伦敦通过拓展周边农场向伦敦弱势居民群体出售农产品的渠道，包括社区交易

① 单菁菁、李红玉、武占云主编《中国城市发展报告 No. 13——大国治理之城市安全》，社会科学文献出版社，2020，第323页。

模式等，保障城市食品供给链条，以促进城市的安全发展。

2. 关注城市环境和基础设施韧性

伦敦通过一系列措施增强气候环境和基础设施韧性来推进资源的长期可持续利用，以打造可持续发展的国际宜居城市。近年来，伦敦气候不断变化，面临越来越严重的干旱和热浪风险，同时还可能遭受更多的降雨、风暴和局部洪水等极端天气事件。伦敦在宣布气候紧急情况时，充分关注到伦敦的零碳排放目标和提升环境韧性对减缓气候变化至关重要。基础设施韧性建设是这一转变的关键内容，依靠环境和基础设施的韧性，伦敦有效维持了城市运行。主要创新做法涵盖伦敦水循环系统改善、共享空间构建、公民数据安全保障、互联网危机应对、采用大数据改善基础设施、零排放基础设施建设等。伦敦将气候可持续性和韧性目标纳入伦敦的基础设施协调计划，推动跨部门合作制定气候解决方案，适当增加韧性投资，在韧性目标不变的同时，确保城市居民可以负担得起这些新的服务。除此之外，伦敦强有力的韧性措施还通过不同政策领域的协作及其产生的附加值，例如使用新技术、数字化转型和规划来改善城市环境，寻找创新机遇来应对危机和风险。

3. 增强城市制度体系韧性

伦敦不仅在城市安全发展中坚持系统思维，而且通过政策和战略手段提升应对突发破坏性事件的监测能力和风险管理能力。伦敦在关注本地、国家和国际挑战的同时，从长远角度为伦敦城市和居民制定促进未来安全发展的政策制度体系。通过与世界各地的城市合作、与全球战略伙伴协作的方式来提升城市韧性。在城市反恐方面，伦敦采用扩大区域或城市间在反恐准备领域的协作网络，从而为城市安全提供保障。伦敦、巴黎、斯德哥尔摩以及巴塞罗那等城市合作建立开展反恐合作、战略准备和响应安排的反恐准备网络。这种创新的合作方式尊重城市安全发展的实践，通过提供知识共享和信息交换平台，开展信息传播和优先事项影响。2019 年 11 月，伦敦出版战略报告正式启动反恐准备网络，开发和利用合作伙伴城市之间的关系，影响城市在安全发展方面的战略性政策和机构协作，以解决伦敦本地、国家和国际上出现的危机及潜在风险。

伦敦的城市韧性工程对我国城市统筹发展和安全具有重要的借鉴意义。第一，坚持以人为本的理念，聚焦城市中的不平等问题，保障弱势群体的基本生活。例如，食品安全、水资源可持续发展、社区融合等。第二，加强国际合作，建立全球化协作网络。城市与城市之间、城市与外部区域之间不断相互作用，突如其来的危机可能会产生大范围的影响，例如全球气候变化、全球恐怖主义、互联网黑客等，这就需要城市融入大系统中提升整体韧性能力，加强城市之间的合作和国际协作。第三，引用大数据等新技术，提升城市安全治理的智能化水平，如保障公民数据安全、基础设施的数字联通等。

（二）墨尔本：以经济转型应对城市制造业危机

随着全球经济一体化的深入推进，面对日益激烈的国际竞争，墨尔本的制造业竞争力不断衰落，同时人口快速增长带来住房成本上涨、公共服务短缺等一系列问题，如何推动城市经济转型、重塑全球竞争力成为墨尔本面临的重要任务。为推动城市经济转型、重塑全球竞争力，墨尔本从昔日的淘金城到制造业中心，再到全澳科技中心、最受尊重的知识城市，为全球城市的经济转型树立了典范。

1. 以多元化产业体系增强经济韧性

为促进科技创新领域的发展，墨尔本着力打造全澳科技中心，包括推动科研及成果转化、降低创业者成本、培育创新文化、注重以创新为导向培养人才，进一步推动墨尔本创新经济发展。系列创新举措的实施，促进墨尔本创新氛围逐渐改善，全球众多高科技企业均将总部设立在墨尔本，这些总部企业涉及新能源、电子信息、生命科学等领域。墨尔本积极发展专业服务、金融和保险业，打造知识服务型城市。另外，澳大利亚在澳元汇率浮动制、政府监管机制以及消费者保护等方面采取一系列金融市场改革举措，墨尔本借力国家金融市场的改革着力发展金融服务业，吸引澳大利亚乃至全球的金融机构总部及其分支机构落户，与悉尼构成了澳洲双轴金融中心。

2. 发挥智力资本对城市发展的带动作用

近年来，墨尔本强化知识城市的关键基础设施和组织建设，政府全力支持墨尔本大学、莫纳什大学、墨尔本皇家理工大学等高等学府的人才引进和培养。将知识置于城市经济社会发展的核心地位，推行“企业墨尔本”和“城市 LAB”计划。“企业墨尔本”计划为中小型企业提供技术支持、授权赞助、规章指南和其他资源信息，鼓励技术创新和科学研究。[①] 加深公众对于“知识墨尔本”的了解，举办“墨尔本知识周”活动，政府和活动合作伙伴举办“知识墨尔本”相关活动，包括博览会、巡回展示、嘉宾座谈、“编程马拉松”等，最大限度地加强政府部门、研究机构和企业的协作。

3. 优化产业布局协同就业创新发展

聚焦创造更多就业、培育新经济增长点，墨尔本规划建设多个国家级就业与创新聚集区。立足自身产业定位和基础，聚集区围绕新一代信息技术、专业服务等优势产业领域，打造了充满活力的创业就业平台。此外，为推动聚集区的区域发展，政府通过建立高校、科研机构以及配套相应医疗设施等不断健全公共服务，并建设火车站点紧密连接中心城区与聚集区，在空间上推动形成特色各异、分工明确、产业联系密切的功能性地域单元，通过优化产业空间布局提升经济效益。

4. 集约化政策提高住房的可负担能力

为缓解住房紧张和提升中低收入群体的住房可支付能力，墨尔本近 20 年来推行集约化政策，加强城市住房的可负担能力。推动多户式住宅建设，鼓励中高密度城市形态的发展，最大限度地为中低收入家庭提供适当通勤距离范围内的可负担住房，不断缓解低收入群体的住房压力，满足不同收入群体对住房的需求。《墨尔本 2050 规划》特别提出要持续提高居民住房的可支付能力，政府计划进一步增加靠近服务设施和公共交通设施的住房供应，同时增加保障性住房的供应。

墨尔本城市经济转型过程中强调经济韧性、社会包容性和文化自信，并行推进经济转型、空间转型和社会转型，从而谋求在全球城市体系中差异化

---

① Howe R., “New Residents-New City, The Role of Urban Activists in the Transformation of Inner City Melbourne,” *Urban Policy & Research*, 2009 (3): 243-251.

崛起的新路径，为众多城市的转型发展提供了可借鉴的经验。

第一，重视经济转型过程中的空间和社会结构调整。墨尔本的经济转型不是单一的产业转型，而是多维度融合发展的结构性转型，聚焦发展新技术、专业服务、金融服务等领域，通过加强创新和改革金融市场等手段促进经济结构优化调整。在空间结构方面，特别注重在空间上引导区域优势产业布局与集聚，尤其侧重公共服务的配套建设，推进中心城区与郊区在城市功能和产业规划等方面的分工协同。[①] 第二，立足提升经济韧性构建多元产业体系。墨尔本重塑全球竞争力的关键在于以提升经济韧性为切入点构建支撑高质量发展的多元产业体系。我国城市处在转型发展进程中，既要防范转型发展过程中的各类风险，又要面对国际经济形势变化的外部冲击，构建多元高质的产业体系、提升经济韧性成为顺利实现转型发展、步入高质量发展的关键所在。第三，培育创新创业活力提升经济发展潜能。尽管我国北京、深圳、青岛等城市近年来在创新创业活力培育方面取得显著成效，但对标全球创新型城市，在创新创业发展方面仍存在较大差距。确切地说，就实现城市经济转型发展而言，打造有助于创新资源要素集聚和有序流动的便利环境是有效路径。第四，针对高端人才提升吸引力。包括墨尔本在内的各国城市在转型中都面临知识流和人才流主导的时代背景，针对高层次人才的引进和培养尤其是高科技移民，如何保障其生活需求是全球城市转型共同关注的内容，实施可负担住房政策、创建健康并充满活力的居住区等措施不断提升城市品质。

（三）东京：以积极老龄化应对老龄社会风险

当前，东京处于快速的少子老龄化进程之中，其老龄化速度超过世界其他国家和地区。东京及日本未来的人口变化既面临人口总数减少的趋势，也面临人口结构彻底改变的特征，这已成为东京及整个日本考虑城市发展和规划问题的主要出发点。东京大学的学者认为日本已进入“缩退时代”，其主

① 武占云、吴昊：《全球产业格局调整下墨尔本经济转型路径及其经验借鉴》，《财经智库》2021 年第 5 期。

要原因是人口老龄化、出生率降低和人口总量减少。

1. 以规划为先导创造老年人友好环境

为应对日益激烈的国际竞争以及日本少子老龄化现象，东京通过制定一系列规划促进城市可持续发展。东京都实施《创造未来——东京都长期展望》，规划强调到2030年建设成为“世界第一城市，即能为居民提供最大幸福的城市”。2017年9月，东京发布《都市营造的宏伟设计——东京2040》，最新版规划提出要实现“安全城市、多彩城市和智慧城市”发展愿景。① 在该规划中高度关注东京严峻的高龄化现象。针对这一问题，东京认为随着医疗技术的发展，寿命不断提高的“超龄化社会”将会出现，平均预期寿命和健康预期寿命均超过90岁。为此，东京提出打造老年人友好环境，使活跃的老年人按自己的意愿生活。采用护理假等有效措施，让更多家人能平衡护理与工作，旨在实现人们寿命长达100岁的“健康长寿社会·东京模式”，推动东京成为21世纪城市发展的范例。

2. 构建老年人长期看护照料体系

东京相关政府部门鼓励灵活利用社区的力量，构筑起长期看护照料体系，除增加关注老年人的地区活动之外，在各级政府部门配置针对失能症和失智症老人的协调员，并与社区门诊医生合作，由医生、护士等组成医疗小组，通过实行拜访有失智症倾向的老年人、发放在家庭中辨别病情的调查表等措施，及早发现病情开展治疗。在东京，一些商场和百货公司搬迁到郊区，城市中心有许多空置的建筑物，东京将被遗弃在城市中心的旧百货和商场作为个案研究，转换为服务老年人的公用设施，不仅增加城市居民人数，而且为行动不便人士提供生活日用品。此外，东京还通过增加NPO等民间的组织机构，丰富志愿活动，形成老年人可以参与多样化地域活动的环境，支持老年人的地域活动和社会交流，形成多层级、多样化的地域守护网络，支持老年人安心的家庭疗养生活，加强对独居老年人的支援。

---

① 李国平、杨艺：《“套路深”的大城市走向何方——国外大城市远景规划及启示》，《决策探索》2021年第9期。

3. 发展“银发经济”鼓励老年人再就业

东京为老年人创建独特的就业中心，通过“东京都版老年人职业介绍”，扩大东京劳动中心工作范围，这些激励措施确定了地方政府承担就业中心角色的优势，在挖掘老年人招聘需求的同时，开展深入细致的咨询、能力开发和职业介绍等活动，帮助老年人体现和发挥生存价值。为了推动老年人退休后继续就业，改善少子化带来的人手不足问题，东京出台相关措施，鼓励企业继续雇用有工作意愿的员工直到 70 岁。政府还将老年人最晚领取养老金的起始年龄从原来的 70 岁调高到 75 岁，每推迟 1 个月，每月的养老金发放金额可增加 0.7%，如果从 75 岁才开始领取，金额将比 65 岁开始领取的人增加 84%。

东京通过积极老龄化措施，在应对人口老龄化危机方面取得了显著成绩：第一，科学编制养老产业和服务设施发展规划。制定养老产业和服务设施发展规划，在第三产业的整体规划中纳入养老服务业，引导养老服务向社会化和产业化发展。依托高新技术产业开发区，建立“养老服务产业园”，吸引企业入驻，扶持中小企业连锁经营。重点扶持老年人生活照料、医疗护理、康复保健和文化教育等服务项目，以及为养老市场服务的产品研发、生产和展销等项目。第二，建立多样化、多层次的老年人看护照料体系，强调社区的养老服务功能。进一步加强社区养老公共服务设施建设，增强各级社区服务中心养老服务功能。不断完善社区托老所注册登记管理办法，借助行业协会的力量，健全社会化监督机制。第三，营造整个城市作为健康福利城市的良好空间环境。完善城市在公共环境的畅通、可达和无障碍通行等方面的便利性，推行绿色城市、宜居城市建设，提升整个城市为老年人群提供便捷、安全和安心服务的水平。

（四）深圳：以系统思维构建城市金融安全新格局

改革开放以来，深圳经济社会发展取得的成就有目共睹。当下，深圳提出经济发展由“速度深圳”转变为“效益深圳”，从单纯地追求增长速度转向有效益的增长。面向 2035 年远景目标，深圳提出建成具有全球影响力的创新创业创意之都，成为我国建设社会主义现代化国家的城市范例，率先实现社会主义现代化。近年来，深圳金融产业发展迅猛，在内地城市金融竞争力 50 强中名列第三，但受到新冠疫情和国内外经济形势影响，局部地区和个别行业金融风险有所显露，且逐渐呈现新的趋势。[①] 在新发展格局下，准确判断风险隐患、防范化解金融风险既是粤港澳大湾区应对严峻复杂国际经济金融形势，保障国内金融安全的前提，也是助力经济高质量发展的重要支撑。

1. 坚持党对金融工作集中统一领导

深圳切实发挥党组织“把方向、管大局、保落实”的领导核心作用，从健全治理结构、完善内控制度、注重人才培养和源头防腐层面，完善“制度+科技”金融防腐体系，以全面从严治党的疾风厉势为防范化解金融风险提供坚强组织保障。深圳市金融监管局成立“党组书记+局长‘双牵头’、分管副局长抓落实”的领导小组，专项攻坚处置重点房企金融债务风险。同时，推动网贷风险应对工作领导小组升级为市涉众金融风险应对工作领导小组，进一步加强统筹领导，纵深推进网贷风险整治收官。精准拆弹，推动一批高风险机构立案，实现网贷机构接入央行征信零的突破。此外，根据深圳金融监管局发布的数据，2021 年为全力破解涉众金融信访难题，处理信访件 6.1 万件，实地接访近 2000 人次，搭建重点房企涉金融信访网上平台，有力维护社会稳定，未发生极端事件。

2. 构建精准化金融监管系统

深圳市对标党中央对深圳发展的新要求、新指引，围绕深圳金融“十四五”规划，引导金融资源配置更加精准支持科技创新、先进制造、民营企业、小微企业、乡村振兴、绿色发展等重点领域，并在遵从审慎监管的前提下守正创新，严控“脱实向虚”的行为，严防金融脱离实体经济自我循环。为有序促进商业保理、融资租赁清理规范，深圳持续压降 P2P 网贷、私募基金存量风险。此外，不断升级金融监管科技系统，探索跨境“监管

① 冯亮：《深圳金融风险防控对无锡的启示》，《江南论坛》2021 年第 4 期。

沙盒”等创新试点，进一步健全跨境资金流动等风险监测、预警机制。[①] 根据中央经济工作会议精神，深圳进一步加强金融法治建设，完善地方金融监管政策体系，探索构建基层金融执法队伍，健全市区联动执法机制，推动地方金融行业“合规年”建设。此外，深圳基于金融规模较大、主体多元、跨境交易活跃、风险因素叠加复杂的特点，提升掌握风险演变和传导规律的准确性[②]，对局部性或重点领域的金融风险早识别、早预警、早发现、早处置，防止风险扩散演变，为全国防范化解金融风险作出战略预判、战略预警，打好准备之战。搭建多层次、系统化、与金融创新发展相配套的数字监管体系，形成深圳风险数据仓库，提升自动化智能化风险捕捉能力。

3. 做好重点领域金融风险管控

大数据、云计算、人工智能等高新技术广泛应用，使得传统金融风险的表现形式、传导路径发生深刻改变，数据流通引发的新型金融风险日益突出。深圳紧盯房地产行业、过剩产能行业、下行趋势行业，谨防银行不良资产反弹、流动性过热导致的资金空转和非法金融活动风险。同时，妥善处理好金融创新与审慎监管的关系，合理把握新兴领域金融创新的节奏和步伐，将创新纳入金融稳定发展的轨道上来。围绕提升违法违规成本、加强交易全程监管、加大资管业务和场外配资等重点领域风险监控，优化监管标准，完善信用环境，平衡资金供求结构，畅通实体经济的金融血脉。继续推进商业保理、融资租赁减量增效，合计超 4000 家企业退出市场，压降率分别达 34%和 17%；实现全市 4320 家私募管理人差异化分类监管，提前完成 1178 家潜在风险及僵尸私募机构摸排，进度居全国首位，获国务院清整联办认可推广。

深圳市统筹发展和安全主要措施的启示体现在以下方面：一是坚持系统思维，从大局角度谋划和推进工作。提升金融风险管理指标在考评体系中的比重和分值，将金融风险管理纳入基本工作中。这不仅有利于国家战略目标

---

① 李霞、刘佳宁：《粤港澳大湾区金融高质量发展：历史沿革、理论逻辑和实践路径》，《南方金融》2022 年第 5 期。

② 谢惠茜：《深圳加快完善金融业高质量发展体系》，《深圳商报》2022 年 2 月 25 日。

的达成，推动建设高质量、高效率的金融系统，而且关注企业长期发展，从经济整体及相应的体制机制视角，全面考虑金融风险问题，从金融体系与实体经济互动机制出发，重点防控金融脱实向虚。二是加强统筹协调，全面把握全口径金融业运行现状。定期总结分析金融形势和运行情况，落实政府关于金融业发展的各项政策和工作部署。立足强化顶层设计，建立科学高效的监管协调工作机制，针对市场主要的金融风险，在更高更深层次上形成监管合力。三是提升微观审慎监管效能，促进业务和机构监管转为功能监管。在“一行两会”的监管框架下，深圳通过多元主体参与延伸监督触角，不断拓展监管网络，形成拉网式金融风险监测预警体系。

（五）青岛：以智慧手段赋能城市安全发展

青岛城市经济层面对外开放水平较高，产业功能布局集中，社会层面社会治安形势复杂，地理上濒临黄海，土地利用类型复杂，人口分布不均，此外还常面临台风、火灾等气象灾害的影响，公共安全风险显著。近年来，青岛加强智慧城市建设，在推进城市安全发展方面探索出一条新道路。

1. 提高城市数据聚合能力

青岛高度重视城市数字化基础设施的建设和发展，采用数字化手段支撑城市安全发展。青岛市通过互联网、光纤改造、移动基站建设、5G 网络应用等方式，为城市公共安全治理构建了数据获取、数据聚合和数据分析等各流程的数据管理模式，将数据应用到治安防控、安全生产、环境保护等各个领域。青岛市遵循“数据打通”和“制度调整”两项工作相互推动的思路，通过研究数据打通需求，识别组织架构调整方向，通过调整组织架构，提升数据融合效果，目前已通过数据整合建成“一张网”的城乡综合治理网格化体系，搭建城市安全应急管理基础支撑平台，构建环境大数据综合管理云平台，社会治安“天网”工程已与市级应急平台实现联通。①

---

① 单菁菁、李红玉、武占云主编《中国城市发展报告 No. 13——大国治理之城市安全》，社会科学文献出版社，2020，第 311 页。

2. 不断提升信息化治理水平

以人工智能技术为抓手，青岛不断强化统筹安全和发展的事前、事中和事后管理，提升城市公共安全事件的处置水平。以公安系统为例，青岛市采用高新技术，汇聚多维感知信息数据，以视频深度应用为切入点，针对业务特点深化功能设计，建设“基础能力+实战应用+保障体系”的智能架构，推动公安警务工作向智慧化发展。基于先进的技术能力支撑，城市公安部门有效整合各业务部门的数据信息，实现横向联动，并对视频数据进行高效分析。智能系统将公安业务与人工智能技术深度融合，集人工智能、大数据、云计算于一体，依托云平台架构，建设一体化、全方位、服务型公安大数据中心以及多算法融合、智能调度的算法仓库，为公安核心业务应用提供保障，提升城市安全发展的智慧化水平。

3. 推动城市“智能系统”发展

青岛打通城市治理各模块，有效支持城市管理者实现事件态势的多维度全面快速感知。遇到突发事件时，城市智慧管理系统能在城市三维场景中迅速定位事发位置，并自动调取事发地周边监控及物联感知数据；处置过程中实时更新救援人员部署及应急物资调度情况，并支持无人机拍摄视频与三维场景的深度融合，辅助城市决策者全面了解事件态势。应急系统设置了多种互相备份的应急通信保障方式。构建涉及卫星通信、短波通信、超短波通信等的多样化通信手段，实现多元化通信方式的整合与互联互通，使各种应急通信方式可互相备份，提高城市通信保障能力。在感知信息的同时，针对城市火灾、防汛等不同突发事故场景，定制了解决特定问题的“一张图”模式，将突发事件处置所需要的联动机构、应急物资、预警预测信息等集中在一张图上显示，支撑城市突发事件的快速指挥与处置。

青岛运用智慧管理手段统筹城市发展和安全的丰富经验，产生诸多积极启示。第一，系统谋划数字基础设施建设。随着数字经济快速发展和各地政府政务数字化水平不断提升，持续推进数字基础设施建设已成为必然趋势。应坚持“分级分类”的原则，根据城市实际需求推进相关建设，对城市数字基础设施作出适当规划，不断提高数字基础设施建设水平，为城市统筹发展和安全工作的数字化升级创造基础条件。第二，积极稳妥推进城市发展和安全管理技术能力建设。牢牢把握技术能力建设的主导权，力求每项技术能力都有实效作支撑。既避免具有重要价值的项目因费用投入不足而半途而废，也要避免价值尚不清楚的项目盲目建设，过于关注建设技术能力而实际效果不佳。第三，结合业务流程需求建设城市安全治理应用。城市安全管理人员不仅要具备业务知识、行业知识，还需主动与科技机构对接，协同科技公司识别关键需求、突破关键技术，带动城市安全产业的智能化转型升级。

下　篇

七　统筹首都政治发展和安全

习近平总书记指出："坚持总体国家安全观，必须坚持国家利益至上，以人民安全为宗旨，以政治安全为根本，以经济安全为基础，以军事科技文化社会安全为保障，以促进国际安全为依托，维护各领域国家安全，推进国家安全体系和能力现代化，走中国特色国家安全道路。"① 习近平总书记关于政治发展和安全的系列重要论述，深刻阐明了维护国家政治安全的极端重要性，明确提出了中国特色社会主义进入新时代维护国家安全的新要求。政治安全的前提条件是国家政治稳定，而政治安全是政治发展的重要保障，政治发展则是政治安全的内在动力。在新发展阶段，必须高度重视统筹首都政治发展和安全，才能有力维护国家政治发展和安全，推动"十四五"时期首都高质量发展。

（一）政治发展和安全的基本内涵

统筹政治发展和安全不仅有利于稳固党和政府对国家的领导与治理，同时也有助于推动国家秩序向更好的方向演进。政治是国家和社会发展之根本，保护政治安全，也是保护国家和社会的安全，促进政治发展，亦是推动国家和社会的发展。所以对于政治发展和安全的基本内涵要予以明确，才能为国家未来的繁荣建设指明方向。有鉴于此，本部分将就政治发展和安全的

① 《习近平新时代中国特色社会主义思想学习纲要（2023 年版）》，学习出版社、人民出版社，2023，第 234 页。

基本内涵加以分析和阐述，并提出具有参考价值的相关研究。

1. 政治发展的基本内涵

政治发展一般是指为促进政治对抗，让政治性可以从上层阶级辐射到不同群体身上，保证所有阶级和群体都能进入政治领域，谋求自己的政治利益。同时，政治发展也是为了避免极端自由的现象发生，让社会秩序得以继续维持，让民众在进入公域时不会因为缺乏引导和管理而陷入不可知的状态。西方政治学家墨菲认为，在自由主义民主政治大力盛行的当下，民众已经开始偏离社会本身的稳定秩序，“在设想这种经过彻底改造的亚政治将要解决的问题的时候，贝克再强调它有别于简单现代性的那种将公共领域与私人领域完全分开的‘左/右政治’类型。按照传统观念为了具有政治性就必须离开私人领域，亦即只有在公共领域（通过政党）政治才能达成”。[①] 在专制体制下，霸权是社会秩序的主要维护者和管理者，这种权力性建立在一种不平等的政治结构上，也正因为如此，人类需要推翻“独裁”“专制”“等级制”，建立民主式政治。

当前，关于政治发展内涵的概述相对宽泛，学术界没有完全统一的界定。国外学者关于政治发展内涵的概述大致分为三类，其中包括描述性的概念归纳、目的性的概念归纳以及将政治发展看作一个综合变化的过程。美国政治学家派伊对关于政治发展内涵的观点进行了评述，指出：“对于政治发展还可以进行其他形式的表述——例如那种在许多殖民地国家常见的观点，发展意味着一个国家在国际事务中自重和尊严；或者是那种在发达国家更常见的观点，政治发展应该是指一种后民族主义时代，那时民族国家将不再是政治生活的基本单位。”[②] 阿尔蒙德等认为，政治发展是在社会经济发展较好的情况下产生的与之相关的政治体系和政策变化，主要体现在角色分化、

① 〔英〕尚塔尔·墨菲：《论政治的本性》，周凡译，江苏人民出版社，2016，第 33 页。

② 〔美〕鲁恂·W. 派伊：《政治发展面面观》，任晓、王元译，天津人民出版社，2009，第 62 页。

政治体系的自主性等方面。[①] 美国政治学家亨廷顿认为："政治发展是现代化的政治性后果，即是指在现代化过程中逐步实现政治制度化，以满足更广大的政治参与和需求。"[②] 但是随着民主政治的蔓延，政治主体在治理国家和维护社会秩序上一味追求妥协和共识，就会导致政治活动失去抗争性及内在张力，这样一来社会的稳定性即无法维持，人类未来命运就会陷入不可知。

中国革命家毛泽东也持相同的观点。在 1921 年的新民学会新年大会上，他对社会改良、社会民主、激烈共产、温和共产以及无政府五种主义进行了比较，指出国家的和谐运转需要秩序，因此不能否认权力，而国家在运作中必然会产生阶级划分，阶级与阶级之间又会有天然的对抗性及矛盾性，所以也不能追求极端自由或者只为特定的阶级利益服务。[③] 因此，最理想的政治形态便是布尔什维主义，即以无产阶级为主体进行国家管理的政体模式。

马克思虽未明确阐述"政治发展"的内涵，但通过其相关著作不难发现，马克思主义政治发展理论主要包括以下几点：第一，经济社会发展决定政治发展，政治发展服务于经济社会发展；第二，政治发展的核心是国家权力问题，阶级斗争对政治发展有根本影响；第三，民主建设是政治现代化发展的必然要求，社会、历史、文化等条件影响着政治发展的方式和手段。

吴晓林指出，"马克思主义超越西方政治发展观的一个重要贡献在于追溯了政治发展的根源性基础，揭示了西方政治发展观对自由的羁绊"[④]。马克思还认为，无产阶级的政治发展是实现"人的自由全面发展"的理想社会的一个过渡阶段和必经之路。[⑤] 在马克思主义的观点中，政治的发展会推动政治权力关系的变化，这是由政治发展的实质及不同利益主体间的关系态

---

① 〔美〕加布里埃尔·A. 阿尔蒙德等：《比较政治学：体系、过程和政策》，曹沛霖等译，上海译文出版社，1987，第 24 页。

② 〔美〕塞缪尔·P. 亨廷顿：《变化社会中的政治秩序》，王冠华等译，生活·读书·新知三联书店，1989，第 51 页。

③ 赵志峰：《毛泽东民主思想研究》，吉林人民出版社，2016，第 29 页。

④ 吴晓林：《走向共同体：马克思主义政治发展观的"条件论"》，《政治学研究》2019 年第 4 期。

⑤ 吴苗：《马克思的政治发展观论析》，《社会主义研究》2012 年第 1 期。

势决定的，而权力所代表的利益也会由此改变。这表明，要推动政治发展，就需要发展社会生产力，社会生产力的发展和进步会引起利益关系的变化，而由此产生的结果便是政治的形态改变。

综上所述，结合墨菲等人的政治对抗性观念，可以将政治发展描述为社会利益关系矛盾和重构过程。政治发展是社会进步、政坛完善的驱动力，是推动人类文明从低级走向高级的原动力，是解决各种社会问题、刺激利益经济的必要因素。因此，要推动社会进步，就要推动政治进步，要促进国家发展，就要促进政治发展。政治是建设国家、发展社会的前提，政治发展的核心内涵就是通过对政治的良好建设与发展，实现国家与社会的良好建设与发展。

2. 政治安全的内涵

政治安全一般是指国家主权、政权、政治制度、政治秩序以及意识形态等方面免受威胁、侵犯、颠覆、破坏的客观状态。政治安全作为国家安全最根本的组成部分，学者们分别以“国家主权”“政治制度”“意识形态”“政党执政”等为核心作出阐释，但总体来说，它是国家民众对政府、政党及行政理念认同度的体现，也是政府对国家和民众管理水平的彰显。政治安全举足轻重，如果不加重视，就会出现政局不稳，进而引发民众对政治主体的反感和敌视，采取激进或者暴力手段终结执政者对国家的管理。例如“阿拉伯之春”事件，由于政府无力解决突尼斯人口大量失业以及物价疯狂上涨的问题，一名26岁的年轻人在绝望中以自焚形式在政府大楼前自杀身亡，由此引起广大民众对政府的愤怒，最终爆发了全国性的反政府示威，并在民众和国民卫队的冲突中演变成社会暴乱，中东和北非地区10余个国家陷入政治危机，多国政权因此垮台。

从“阿拉伯之春”事件可见，政治安全是国家安全及社会稳定的根本，涉及国家主权稳定、政权稳定、制度稳定和意识形态稳定等多个方面。亚里士多德就曾指出，“我们如果对任何事物，对政治或其他各问题，追溯其原始而明白其发生的端绪，我们就能获得最明朗的认识”①。政治安全既是国

① 〔古希腊〕亚里士多德：《政治学》，吴寿彭译，商务印书馆，1965，第4页。

家生存和发展的基础条件，也是广大民众维护自身利益的必要一环。“阿拉伯之春”后，原政权被推翻，社会秩序也遭受极大破坏，国家 GDP 不升反降，民众生活愈加困苦，这亦说明在缺乏政治安全的环境下，社会利益很难实现自然增长，民众的利益也无法在缺乏政治安全的社会环境中得到保护。

因此，重视政治安全，是实现国家长远发展的必经之路。政治安全的内涵是政权自身的安全保护和国家制度的安全保护，国家领导者只有维护自身的领导地位和执政地位，维护国家制度，坚定不移地保护政治安全，才能让国家利益和社会利益得到保障。只有政体稳固、政局稳定，政府或政党才能实现对国家的长期执政，才能让民众安居乐业、社会长治久安。

政治安全的维护还要兼顾人民利益以及人民安全，人民是推动政治发展的主要动力，也是实现社会进步的基础。政治安全的维护不仅是让政府对国家的执政权力更加稳固，还是让民众对行政者的执政方针有更高的认同度，更愿意在日常生活和工作中遵从和践行国家方针政策，为国家发展贡献自己的能量。

3. 政治发展和政治安全优化意见

政治发展和政治安全密切相关，政治发展是政治安全的内在动力，政治安全是政治稳定发展的根本保障。为了实现二者的协调发展，需要进一步优化政治结构，扩大民众的政治认同，提升政府的执政威信，赋予政治更加稳定和牢固的运作形态，才能保国家之基、护社会之稳，助力政治长远发展。

（1）政治发展是政治安全的内在动力

稳定的政治发展是政治安全的内在动力，没有稳定的政治发展，政治安全亦无法发挥最大保障效用。政治发展与政治安全是矛盾统一体，二者的良性互动，将推动政治最大化稳定发展，达到一种动态平衡的良性状态。然而，稳定的政治安全不是凭空而来的，而是需要在实践中不断努力，以寻求良性的政治稳定。其一，要加强政治体系运行中的制度创新。政治制度的创新与发展是社会变革中政治稳定的体制保障，是政治权力结构变动和市民政治活动方式的坚实基础。其二，要注重政治文化在政治发展中的重要效用。政治文化既能够制约政治发展，亦能够推动政治发展，政治文化观念的转变与发展对于国家政治安全稳定尤为重要，因此，要注重对民众的政治教育，强化民众的政治意识、守法观念和政治责任心，进而推动社会政治秩序良性稳定运行。

（2）政治安全是政治发展的根本保障

政治安全是中国国家安全的战略核心，维护国家安全的首要条件即维护好政治安全。我国维护国家政治安全集中表现在对外维护国家主权独立、领土完整，对内坚持党的领导、人民民主专政、社会主义政治制度和马克思主义意识形态的主导地位。政治安全是维护国家安全的核心，是社会稳定发展和政治发展的根本保障。然而，新时代下维护国家政治安全面临着各种新挑战与新问题。因此，要坚持从现实矛盾和重点方向出发，毫不动摇坚持党的领导，始终坚持马克思主义在意识形态领域的主导地位，以意识形态安全保证政治安全；积极推动全面深化改革，坚持依法治国、依法执政、依法行政共同推进；坚持走合作共赢和平发展的道路，积极参与全球治理体系改革与建设，进一步加强维护国家政治秩序稳定和主流意识形态的巩固，促使政治制度不受干扰破坏，保持基本的安全状态，为政治稳定发展提供安定有序的政治环境。

综上所述，政治发展和政治安全对于国家建设发展而言十分重要，政治发展决定了国家和社会发展，政治安全决定了社会环境的稳定。为此，政府要不断提高对政治发展和政治安全的重视程度，增强政治的民主性、法治性和协商性，让政治多元化、人性化、规律化，从而实现国家的繁荣进步。

（二）首都政治发展和安全的阶段性特征

北京市历来高度重视统筹首都政治发展和安全工作，特别是党的十八大以来，市委、市政府坚决贯彻落实党的十八大精神、十九大精神和习近平总书记一系列重要讲话精神，以“首都稳、全国稳”的高度政治自觉和责任担当，及时分析研判形势，坚决采取有效措施，积极探索经验规律，不断明确思路方向，保持了政治发展和安全总体平稳向好的态势。但是，当前首都在发展和安全领域形势依然复杂，仍处于问题易发多发期。未来几年是首都疏解非首都功能、治理“大城市病”的关键之年，也是首都率先基本实现社会主义现代化的攻坚期，统筹首都政治发展和安全工作需要认真分析可能面临的新情况和新任务以谋划应对。

1. 首都政治发展和安全的成就

新中国成立以来，北京作为新中国首都，在统筹政治发展和安全方面发挥了重要职能作用。

（1）新时期统筹首都政治发展和安全总体思路变化

随着城市建设经验的不断积累，北京统筹政治发展和安全的指导思路也发展变化。转变过去的“摊大饼”模式，开始疏解非首都功能，采取可持续发展模式。

一是北京提出必须纠正传统的单中心、“摊大饼”式的规划格局，治理种种“大城市病”。为适应首都的发展要求，必须从更大空间层面建构城市发展格局，全面提升首都城市功能发挥的品质。长期以来，北京首都的迅猛发展多得益于周边地区在资源、人才等方面的输送，一些被淘汰的产业也会转移至周边落后地区，这样的发展结构并不利于带动周边地区发展。目前，北京实施京津冀协同发展的重大战略，这是探索首都都市圈布局和发展模式的举措，它还意味着首都建设思维的重大转向，从单一服务北京向服务整个地区的思维转变。

二是北京提出中心城区调整优化的原则，提出建设城市职能中心以强化核心功能。首都中心城区是首都功能集中显现的地区，同时也是中华传统文化和城市现代化的集中体现。北京中心城区应该优化建设路径，摆脱过去不断扩大规模、增加城市负担的发展模式。目前，北京中心城区功能聚集还不够集中，要加快形成核心功能的聚集，适当推动首都边缘城区功能发挥，形成分工明确、职能突出、发展协调的良好格局。针对这一目标，政府采取了多种措施，以求加快完成首都中心城区的功能疏散。其一，重视顶层设计，重视国家战略规划和首都发展规划的紧密衔接，积极争取国家政策、资金、人才等有利条件的支持。其二，合理推动首都行政副中心建设，通州地区的开发将推动部分北京行政单位有序撤出北京核心地区，缓解北京非首都功能的压力。从国家战略的角度来看，雄安新区的开发也是破解首都“大城市病”之举。

三是北京在统筹发展和安全过程中提出建设可持续生态系统，完善综合交通体系。历史上，一些国家在经济发展和生态环境之间采用不平衡发展的模式，带来了严重的后果，同时影响国内统治秩序和经济可持续发展。因此，首都统筹发展和安全必须关注可持续发展模式的探索。近年来，北京坚持生态保育、生态恢复与生态建设并重的原则，努力将首都建设成人与自然和谐相处的可持续发展的城市。为此，首都建设过程中更重视对环境污染指数不达标企业的关停、整治、搬迁工作。另外，北京还加大对公众的宣传和教育力度，提出交通领域不仅要优化完善路网体系，还要全面落实公共交通优先政策，大幅度提升公共交通的便捷度、接受度，引导私人交通工具的合理使用。

（2）新时期统筹首都政治发展和安全取得的成就

党的十八大之后，首都民众在以习近平同志为核心的党中央坚强领导下，坚持以习近平新时代中国特色社会主义思想为指导，深入贯彻习近平总书记对北京重要讲话精神，紧紧围绕“建设一个什么样的首都，怎样建设首都”这一重大时代课题，团结奋斗、砥砺前行，各项事业都取得了新的重大成就，北京这座伟大城市的发展正在发生深刻转型。北京市委、市政府树牢“四个意识”、坚决做到“两个维护”，以“首都稳、全国稳”的高度政治自觉和责任担当，及时分析研判形势，坚决采取有效措施，积极探索经验规律，不断明确思路方向，保持了新时代首善之区各领域总体平稳向好的态势。深入落实首都城市战略定位，大力加强“四个中心”功能建设，提高“四个服务”水平，圆满完成新中国成立70周年庆祝活动、“一带一路”国际合作高峰论坛、中非合作论坛北京峰会、世界园艺博览会、中国共产党成立100周年等重大活动服务保障任务，首都功能持续优化提升。全面从严治党取得重大成果，民主法治建设扎实推进，社会大局保持和谐稳定。新冠肺炎疫情防控取得重大战略成果，首都治理体系和治理能力现代化迈出新步伐。

2. 首都政治发展和安全面临的新情况新任务

当前，我国在全面建成小康社会、实现第一个百年奋斗目标之后，正乘势而上开启全面建设社会主义现代化国家新征程、向第二个百年奋斗目标奋进。在新的时代条件下，首都发展已处于新的历史方位，展现出新的阶段性特征和要求，统筹首都发展和安全将呈现许多新特点，出现不少新情况。首都北京作为全国“四个中心”，统筹好发展和安全问题在全国具有“定盘星”和“压舱石”的作用。科学预判北京在未来一段时间面临的风险挑战，有针对性地制定应对策略，对于维护首都政治发展和政治安全、推动“十四五”时期首都高质量发展意义重大而深远。

（1）疫情防控常态化给首都经济社会发展带来严重负面影响

当前全国和北京已经进入疫情防控新阶段，在全球经济形势不容乐观、消费需求减缓的大背景下，社会经济受到冲击，社会发展面临负面影响，成为引发舆情风险的隐患所在。一是社会矛盾存量和增量叠加，依法防控工作面临新难题。当前，全市疫情防控措施有力有效，但因疫情防控引发的社会矛盾因素不可忽视。疫情影响下，社会新旧矛盾因素可能被激活、叠加甚至反弹，成为影响首都安全稳定的复杂因素，给“十四五”规划路线图的实施和率先基本实现社会主义现代化新征程带来安全影响。二是部分重点行业面临许多不确定性滋生舆情隐患。受疫情影响，很多制造类企业的海外产业链供应链稳定面临困难，金融行业的监管环境更趋严格，地产建筑行业不同程度存在政策调控、市场饱和、业务转型突破等发展难题，不少行业面临统筹生产经营和劳动用工问题的挑战，如果应对处理失当，便有极大概率成为舆情风险点。三是民生工作落实不到位将引发负面舆情。与市民生活息息相关的食品医药、公共交通、住宅开发等领域，涉及广、影响大，相关工作措施落实不到位或市民反馈处理不当极易引发关注，“接诉即办”风险加码、压力大。

（2）社会思潮多元激荡使得政治安全与社会稳定风险挑战凸显

当下社会思潮多元激荡对首都经济社会发展产生重要影响，特别是“十四五”时期涉及意识形态的节点多，需要时刻警惕敏感事件发生，须从整体上把握研究各种社会思潮的动态演变，深入分析、正确认识，以便在面对纷繁、变幻、复杂的各种社会事件时，牢牢掌握意识形态工作领导权。一是改革开放中形成多元化利益格局，带来的各种社会思潮需要审慎辨别。在社会经济发展过程中，不同利益主体和政治追求滋生了一些庸俗思想文化，如拜金主义、享乐主义、利己主义、历史虚无主义、新自由主义等不良思潮，这些具有腐蚀性的思潮影响群众的价值判断，给主流意识形态的地位带来严重挑战和冲击。二是重大活动、敏感时期和关键节点的意识形态隐患风险增大。在喜迎党的二十大召开等重大活动和时间节点上，需要警惕一些别有用心的人伺机歪曲炒作，企图制造悲观消极情绪、恶意质疑全面小康、扰乱社会正常秩序的险恶用心和行径。三是受经济下行影响，社会敏感事件隐患增多。疫情对首都经济发展造成重创，各类合同违约、劳动争议等矛盾明显增多，新发地疫情发生后，相关商户利益受损，涉及矛盾数量多、关系庞杂，化解难度大，已有涉访群体抱团取暖、聚集滋事苗头显现，须发扬斗争精神坚决防止“十四五”时期社会稳定风险以及个别极端事件蔓延至政治安全领域。四是社会建设和民政领域潜存舆情斗争风险。社会建设和民政工作关系民生、连着民心，如果政策制定不科学、民生服务不到位、群众诉求得不到满足，单纯民生服务保障领域的舆情可能发酵引向意识形态领域。尤其是疫情对经济社会发展造成强烈冲击，老年人、孤残儿童、残疾人等是社会上的困难群体，如果政策举措保障不及时，可能引发负面社会舆情。

(3) 西方对我国宣传思想文化领域的渗透破坏进一步加剧

随着中国在国际舞台上的影响力越来越大，某些西方势力视此为其攫取利益的最大“威胁”，目前来看，以美国为首的西方国家在国际话语权上的垄断地位没有改变，国内外敌对势力加紧推进西化分化。在国际舆论场上对我国进行持续打压。西方国家致力于培植不同群体“势力”和“代言人”诋毁中国共产党的领导、污染党内政治生态。部分网络民粹主义者通过微信、微博、贴吧等媒介形式大肆传播负面消息混淆视听，利用热点敏感事件、轻微矛盾问题创造社会舆论，恶意激化、扩大社会矛盾，进而彻底西化分化中国。此外，在重大节日节点伺机干扰破坏，在网络意识形态领域兴风作浪。西方敌对势力以各种舆论事件为由头臆测我国未来发展进程，对党的政策理论加以曲解恶评，严重威胁党和国家的根本制度。在一些敏感、关键节点，西方敌对势力或将伺机作乱，以人权、民主、自治为幌子，吸引和争取海外舆论与政治势力的关注同情，企图施压大陆，影响海外舆论。

（4）5G 等互联网新技术应用给政治安全带来新挑战

以信息技术为核心的新一轮科技革命孕育兴起，给意识形态管理带来极大的难度。互联网新技术新应用发展所带来的革命性变化，从网络传播、内容生产、社会动员等各方面给意识形态安全带来新的风险和挑战。网络作为虚拟社会，表征为即时、自由、开放、隐秘等特性。意识形态领域不可避免地成为各种利益诉求的集散地，成为国家之间、群体之间相互渗透攻击的关键领域。因此，合理有效地应对网络时代意识形态安全的挑战、做好网络意识形态引导是首都北京面临的新课题。与此同时，5G 网络技术的普及应用，将加剧网络意识形态斗争的艰巨性和复杂性。网络空间已经成为防范重大风险特别是意识形态风险的重点领域，多样多变的社会思潮和全球多元文化，通过互联网新技术新应用传播扩散，在更广范围推动着思想、文化、信息的传播和共享。开放、隐匿的网络虚拟世界充斥着大量真伪难辨的传言和各种非马克思主义、反马克思主义思潮的言论，极易让人们陷入理论认识误区，消解主流意识形态价值。一些境外资本利用网络平台的舆论动员功能干扰主流意识形态，容易带来资本操控舆论的风险。各种错误观点和不良思潮借助网络“登台亮相”，各种噪声杂音和虚假信息借助网络传播扩散，容易造成网民思想混乱，侵蚀社会思想根基，消解党执政的群众基础。人工智能、用户画像、算法推荐等新技术渗透意识形态领域，增加了政治安全风险。个人和非政府组织在网络阵地的影响力扩大，传统媒体新闻报道的传播力、引导力、影响力、公信力以及政府对信息的掌控力面临考验。网络平台化社交化使得敌对势力的社会动员极易扩大蔓延。随着网络社交新应用层出不穷，网上聊天、网络交友、网络分享等成为人们日常交流交往的重要途径。由于各种力量、各类群体在网上竞相发声，网上网下问题相互交织，网络舆情燃点多、爆点低，网络负面内容和不满情绪很可能被恶意推动为网络舆论风暴，舆情风险极易扩大蔓延。由于跨平台全网传播的社会动员效率高，敌对势力利用社交媒体组织网络签名、上访、跨地域串联，而且网络动员行为比较隐蔽，发现和应对难度增大。网络主流意识形态话语空间遭遇外部网络挤压。网络社会虚拟化无界性特征，会造成不同价值观念的社会思潮与主流意识形态话语权之争更加尖锐。“人人皆媒体”的话语场域孕育无数大小不一的“价值共识圈”，将挤占主流意识形态的话语空间，有造成人民大众思想混乱的隐患。

（5）首都高校成为宣传思想领域斗争的重要阵地

随着国家改革开放的不断深入和市场经济的快速发展，北京教育系统所处的社会思想文化环境更加复杂，对照中央要求、人民期待、师生需求，当前北京教育系统宣传思想工作还存在不少薄弱环节。一是错误思潮以学术为形态、以知识为载体作出别样的解读和评说，并竭力同我们党争夺话语权和影响力。青年思想活跃、思维敏捷、个性化特点比较鲜明，对各种新的思想观念、社会思潮敏感性较强，是西方敌对势力进行意识形态渗透的重点对象。特别是美国以“明打压”的方式阻挠留学生赴美留学，以“暗渗透”的方式传播新自由主义、历史虚无主义、三权分立等西方思想，其根本目的就是要制造青年的思想混乱，妄图割裂与挑拨党和青年的血肉联系，进而实现搞乱中国的险恶企图。“十四五”时期，不排除敌对势力会变换花样、改头换面，采取更加激进、更加隐蔽、更具迷惑性的手段对青年学生进行意识形态渗透，形成风险。二是网络信息多元化和网络舆论多样化深刻影响高校大学生的思想观念与价值取向。微博、微信、抖音、快手等社交工具成为青年学生获取信息和交流的方式。一些大学生喜欢浏览那些庸俗、虚假、刺激性信息，导致“三观”跑偏，对主流思想的传播提出了新的挑战。三是中外合作办学项目增多、来华留学生人数激增，带来东西方制度、文化和观念的融合与冲击。当前，在华留学生“超国民待遇”话题仍然在网络空间长期积压，如何推动“趋同化管理”是留学生教育的敏感问题，如果处理不当可能会引发舆情。四是教育公平性、教育经费分配和学生就业等，都可能成为引发意识形态风险的“导火索”。党的十八大以来，北京市内教育资源分配、学校教育方式、大学生就业等问题，长期成为网络舆论的讨论热点。

（三）新发展阶段统筹首都政治发展和安全的路径

面对世界之巨变、时代之巨变、历史之巨变，我国发展的内部条件和外部环境正在发生深刻复杂的变化，统筹好发展和安全，关乎国家命运，关乎人民幸福。首都作为我国的政治中心，其政治发展和安全对于我国的社会安全大局影响重大。新时代首都发展，要坚持以习近平新时代中国特色社会主义思想为指导，坚定不移把维护政治安全作为首要政治任务，筑牢首都政治“护城河”，建设人民群众安居乐业的首都政治环境。因此，应进一步把握新发展阶段首都政治发展和安全管理的重点，既要善于运用发展成果夯实国家安全的实力基础，又要善于塑造有利于经济社会发展的安全环境，实现发展和安全互为条件、彼此支撑，促进首都政治发展和安全协同管理目标实现。

1. 牢固坚守首都城市战略定位，确保中央政务环境安全

党的十八大以来，习近平总书记心系首都建设和发展，多次考察北京，明确提出了首都城市战略定位，为首都发展谋篇布局。2017 年 6 月，习近平总书记主持中央政治局常委会会议，专题听取北京城市总体规划编制工作的汇报，并发表重要讲话指出，“政治中心方面，要做好中央政务功能服务和安全保障”。[①] 首都发展的全部要义，就是加强“四个中心”功能建设、提高“四个服务”水平。北京各项工作始终立足于此，坚持把政治中心安全保障放在突出位置，不断优化提升首都功能，治理安全隐患，确保中央政务环境安全优良，更好担负起首都职责使命。

开展“四个中心”功能建设要统筹好发展和安全的关系，深刻把握好“都”与“城”、“舍”与“得”、疏解与提升、“一核”与“两翼”的关系，履行好为中央党政军领导机关工作服务，为国家国际交往服务，为科技和教育发展服务，为改善人民群众生活服务的基本职责，确保中央政务环境安全。一是要始终牢记“看北京首先要从政治上看”，在政治立场、政治方

① 《市委常委会召开扩大会议　传达学习贯彻习近平总书记对北京城市总体规划重要讲话精神》，《北京日报》2017 年 7 月 3 日。

向、政治原则、政治道路上同以习近平同志为核心的党中央保持高度一致，坚持把习近平总书记对北京一系列重要讲话精神作为根本遵循，一切工作都从政治上考量、在大局下行事。二是要牢固树立总体国家安全观，必须始终把首都稳定作为第一位的政治任务，坚持妥善处理好改革、发展、稳定之间的关系，全力做好维护公共安全、城市安全工作，统筹首都发展和安全。三是要严格落实首都功能核心区控制性详细规划，推进核心区功能重组和“人口、建筑、商业、旅游四个密度”下降，确保国家政务活动安全高效有序运行。为中央政务功能和重大国事活动，提供更优越空间、更优良环境、更优质服务，圆满完成一系列重大活动服务保障任务。四是要始终将党的政治建设放在第一位，积极探索政治监督的措施，提升重大工作任务中监督干部的政治担当，在党组织生活中要提升党员干部的政治自觉性，对党员干部的政治行为进行监督，确保党员干部能够保持思想意识形态端正，不偏斜。正如习近平总书记指出的：“要完善从严管理监督干部制度体系，解决‘重选轻管’问题。同时，要抓紧健全容错纠错机制，加大正向激励力度，引导广大干部保持良好精神状态，奋发有为、敢于担当。”①

2. 做好重点舆情监测，筑牢首都意识形态阵地

意识形态工作是党的一项极端重要的工作，在统筹首都政治发展和安全的过程中，需要切实将意识形态的安全放在重要位置。新时期做好意识形态工作非常重要，“意识形态安全具体体现在国家占统治地位的思想观念、价值体系等能够适应国内外政治环境的变化，并能从容应对其他社会思潮的挑战，它意味着全体社会成员拥有共同的价值观念和价值取向，而这对于维护国家根本利益、整合社会资源、完善国家能力建构都至关重要”②。

随着当前我国改革步入深水区，首都发展进入新时代，社会结构的变化和利益格局的调整不可避免，社会观念多元化情况将长期存在，在重大的思想理论问题上及时反映，对苗头性的错误思潮进行有效的亮剑批驳，有赖于

① 《习近平谈治国理政》（第二卷），外文出版社，2017，第 182 页。

② 舒刚：《基于政治安全的网络舆情治理创新研究》，武汉大学出版社，2018，第 58 页。

相关舆情监测体系的不断完善。近几年，首都各级政府的舆情监测和应对能力一直稳步提升，但是，不时面对敏感热点舆情事件还是给政府带来难以想象的压力。为此，做好首都意识形态工作必须在以下几个方面继续加强。一是“早发现”，做好敏感热点问题的相应预案。敏感热点舆情事件具有发生机制上的突发性、传播途径上的扩散性、后果控制上的难控性等特点。一些敏感度较高的政策领域，如民生问题、公共安全、价格政策等，更易受到社会舆论的关注，因而在制定这些公共政策时，应当按照其脆弱性和敏感度，做好相关政策领域受社会舆论冲击的相应预案，以免造成事后的被动反应。二是“早预判”，提前预设相关议题。要关注社会错误思潮，加强对意识形态领域重大问题的研究，组织首都重点高校的马克思主义理论专家，围绕通报提出的十个方面值得注意的问题，特别是对西方宪政民主、普世价值、新自由主义、历史虚无主义、质疑改革开放等错误思潮、错误观点及其变种，科学辨析、据理批驳。相关政府部门在一些公共政策调整上，可以提前预设一些议题，引导民众多从需求角度认识问题，进而缓冲因对现实不满产生的社会舆论压力。三是“早处置”，缓冲社会舆论压力。要关注人们日益多元的思想观念、更加多样的利益诉求，积极创新方式方法，采取面对面、互动式、分众化等方式，引导人们正确处理社会关系、表达利益诉求、维护合法权益。建议成立由市委宣传部、市网管办、新闻出版局、公安局等相关部门组成的网络舆情协调小组，形成常态化、长效化的管理机制，对社会群体性事件、网络危机事件实施严格的问责制。

3. 全过程多环节发力，确保首都民生安全

习近平总书记强调，“要坚持问题导向，把专项治理和系统治理、综合治理、依法治理、源头治理结合起来”。确保首都民生安全要坚持系统思维和问题导向，用“治理”解决普遍性问题，用“整治”解决突出问题，用“改革”破解民生难题，以点带面、标本兼治。为此，首都要践行以人民为中心的思想，不断提升首都安全管理水平，为政治发展创造良好的社会和生态环境。

北京要全过程多环节发力确保首都民生安全，必须积极构建有效的超大

城市治理体系，聚焦市民“七有”“五性”补齐民生短板，着力把为人民造福的事情办好办实，努力让发展成果更多更公平惠及全体人民。一是强化队伍建设，培养优质社会治理人才。要紧扣工作目标，强化党建引领，规范队伍运行，切实打造一支“愿治理、善治理、能治理、治理好”的社会治理现代化队伍。要提高政治站位，扎实把工作做起来、把队伍沉下去，真正打通服务群众的痛点、堵点和难点。二是强化法治思想应用，促进部门协同，推动公安、城管、交通等部门并肩作战保民生安全，综合运用科技信息化手段，上溯下追、链条打击，提升破案效率和水平。三是搭起便民利企“连心桥”，升级“网上公安局”，汇聚高频电子证照，推出电子居住证（卡），创新设立“公共户”，加速推动更多便民事项“全程网办”，让首都的社会治理和治安工作都能够有条不紊地进行，为政治生态创造良好外部环境，加速实现首都政治发展和安全统筹目标。

4. 加强和改进思想政治工作，以正面宣传应对境外敌对势力渗透

面对当前国内外复杂局势，有效应对境外敌对势力渗透必须重视加强和改进思想政治工作，重视我国主流媒体传播内容和形式的结合。主流意识形态宣传内容和方式在很大程度上决定其未来发展的生命力。一方面，主流意识形态在传播内容上要以社会主义核心价值观为引导，重视意识形态内容的生活化。另一方面，从传播形式上看，主流意识形态要努力创造大众适应的工作方式和手段，重视利用新媒体手段，采用人们喜闻乐见的形式。

首都深入推进社会主义核心价值体系建设，重在凝魂聚气、强基固本。一是坚持党管媒体原则。牢牢把握党性和人民性相统一，坚持政治家办报、办刊、办台、办新闻网站，做到讲导向不含糊、抓导向不放松。新闻媒体的舆论监督，要注重建设性，引导广大群众多看主流、发展和本质，对那些把个别问题扩大化、简单问题复杂化、一般问题政治化的苗头和倾向，媒体一定要高度警惕、坚决抵制、把好关口。二是加大正面宣传力度。坚持团结稳定鼓劲、正面宣传为主的方针，统筹理论宣传、社会宣传、新闻宣传、网络宣传等多种形式，用共产党人的正气，用改革开放的成就，用党和政府为人民谋福祉的实事，激发全社会团结奋进的强大力量。三是加强和改进基层思想政治工作。针对当前国内外经济发展的新形势，要围绕下岗职工、离退休人员、大学毕业生、农民工等重点人群，大力开展形势政策教育和科技文化知识培训，开展有针对性的教育工作。继续实施现代农民、现代市民教育工程，开展“市民日”、邻里节、社区文化节、校园文化节、乡镇文化节等活动，丰富人们的精神文化生活。四是继续探索宣传方式创新转变。坚持“讲好故事”与做好“看不见的宣传”的双向双效互动。做好精心重点文艺创作、主题图书出版等组织活动。对优秀主流宣传的作品要给平台、上评论，利用各种媒体广泛宣传、扩大影响。坚持把“群众主体”作为动力源，让群众以自己亲力亲为亲闻，讲述心中的追梦故事，使中国梦教育热在基层、热在群众，让党的声音真正成为群众的心声。

5. 坚持法治思维，及时处理突发事件保障首都安全

在统筹首都政治发展和安全工作中，要坚持法治思维，及时处理突发事件保障首都安全。亚里士多德很早就指出：“让一个个人来统治，这就在政治中混入了兽性的因素，常人既不能完全消除兽欲，虽最好的人们（贤良）也未免有热忱，这就往往在执政的时候引起偏向，而能避免兽性因素进入的统治方式就是法律的统治，法律恰恰正是免除一切情欲影响的神和理智的体现。”① 为此，北京要重视社会稳定，深化平安北京建设，切实维护人民群众生命财产安全，为政治发展创造良好的社会和生态环境。

首都要从立法、执法、司法、守法各环节发力，全面提高依法防控、依法治理能力，及时处理突发事件保障首都安全。一是完善重大突发事故的相关法律法规。要完善重大突发事故政策背后的法律支撑，明确重大突发事故实施主体、权力边界、主要内容、方式方法等，在2016年版《北京市安全生产条例》的基础上，增加文明生活、安全消费、食品安全、生物安全、传染病防治、实验室安全、网络安全等内容，以首善标准尽快制定“北京安全保障管理办法”等法规，确保重大突发事故处理依法依规、有力有序

① 〔古希腊〕亚里士多德：《政治学》，吴寿彭译，商务印书馆，1965，第184页。

推进。二是加强重大突发事故管理相关的法制宣传。要强化领导干部法治思维和法律素养，提高全民法律意识，做到公平公正、一视同仁，既引导市民支持政府对重大突发事故的安全防控，又坚持依法保障相关主体的合法权益。三是加大重大突发事故相关人员违法行为的执法司法力度，加强专项督查。强化重大突发事故执法工作，各级司法机关依法严惩妨害预防、控制突发事故等各类犯罪，依法严惩突发事故中存在的各种犯罪行为。加强突发事故中各种重点事项监督检查，组织多个检查组深入重点行业、重点场所、重点领域开展安全检查，对首都交通运输、娱乐场所、餐饮住宿、旅游景点等可能存在的各种风险隐患，加快开展安全生产、防火防灾等专项督查。

八　统筹首都文化发展和安全

首都统筹发展和安全是一项庞大的系统性工程，其中文化发展和安全是不可忽视的重要领域。习近平总书记强调，“文化兴则国家兴，文化强则民族强”。只有国家文化安全有保障，发展有前景，中华民族伟大复兴才有希望。就首都文化发展和安全来说，如何进行统筹，在文化发展中实现安全，在保障文化安全基础上推进发展，是新时代面临的重要课题，需要结合文化发展理念、既定政策以及北京文化各领域的发展实际，进行破题、解题，从而做好首都文化发展这篇大文章。

（一）文化发展和安全的基本内涵

文化发展和安全是指一个文化体在一个独立自主、安全可控的环境下发展演进，文化发展和安全是一体的，其彼此成就，无法脱离发展来谈安全，也无法无视安全来讲发展，其目标即维护自身文化资源不受掠夺，保持文化特性不被替代，坚持文化发展方向不被控制，与外部文化自由沟通而不被限制，跟得上时代发展潮流而免于衰退等。为更深入地理解文化发展和安全问题的基本内涵，我们可以从不同视角来加以审视和分析。

1. 从文化的含义中理解文化发展和安全

探讨文化发展和安全，首先要考虑文化是什么的问题，也就是理解文化的含义究竟是什么。在中国古代，先哲最早赋予文化以教化的意义，并且将人文与天文相对，《周易》有言：“观乎天文，以观时变，观乎人文，以化成天下。”而在当下，文化则更多地指向人类精神世界和制度成果，被引用最多的是英国人类学家泰勒给文化下的定义：文化“是包括全部的知识、信仰、艺术、道德、法律、风俗以及作为社会成员的人所掌握和接受的任何其他的才能和习惯的复合体”。[①] 文化的概念如果简单地理解，就是人类精神形态、精神生产能力以及创造的精神财富总和，然而文化源流体系绵长悠远，在每个时代断面又延伸到无限广阔的空间，因此很难将文化的内涵与外延准确地描述进去，我们只能从不同的角度来观察其面貌、探究其意义。

文化与社会其他领域不同，文化通过精神的作用潜移默化地影响人，面对现实实践是非直接的，但通过对人精神理念和价值观念等的影响，在人的实践活动中发挥巨大的作用，而且具有持久性和惯性，一旦文化安全无法保证，文化的崩塌就对一个民族、一个国家的发展意志、发展理念、社会道德等产生崩溃性后果，社会公众将不知自身从何处来，向何处去，产生信念崩塌，精神文化的崩塌不仅迟早反馈到物质财富的生产上，也使物质的消费变得畸形，社会经济就会从内部糜烂崩坏，陷入低效、内耗的泥潭。因此，文化发展和安全是社会发展的润滑剂，是社会安全的稳定器，对社会维持稳定、持续、高效的运转至关重要。

当我们将文化与社会发展和安全、人民福祉联系起来时，文化就成为社会发展的精神动力、民众生活安全幸福的精神支撑。文化学者胡惠林在《国家文化安全学》中从文化生存与发展的角度定义国家文化安全的概念，即“国家文化生存与发展免于威胁或危险的状态”[②]。其中文化的生存与发展同等重要，从某种意义上说，文化发展是内含在文化安全之中的，发展是更高意义上的生存需要，只有不断发展才能延续生存，因此文化发展也是文化安全的题中应有之义，这构成文化发展和安全一个相对统一的意义系统。有学者从利益角度对安全进行解读，认为“一切的安全都是利益安全”，而

① 〔英〕爱德华·泰勒：《原始文化：神话、哲学、宗教、语言、艺术和习俗发展之研究》，连树声译，广西师范大学出版社，2005，第1页。

② 胡惠林：《国家文化安全学》，清华大学出版社，2016，第27页。

文化利益是国家利益在文化领域的体现。[①] 从这个意义上看，社会主义社会中的文化发展和安全就是要充分体现人民的文化利益，具体来说，就是要让文化发展为人民所享，使人民群众文化生活有获得感、满足感，让不利于人民稳定获得文化产品、享有文化财富的风险因素消之无形。

2. 从历史经验中理解文化发展和安全

从历史经验来看，安全是相对的，安全状态时时刻刻都面临被颠覆和打破的风险。在全球化和信息化的时代，文化安全对社会的影响范围大大扩展，力度大大提升，文化的接触和交流也带来文化被压制、侵袭甚至被吞噬的风险，然而，文化的封闭和保守并不能带来文化发展和安全，反而会造成文化内部孱弱，而被外部强势文化攻破堡垒。这就需要我们以一种开放的、辩证的态度来看待文化安全与文化接触、交流的问题，我们可以从历史的经验中找寻这个问题的答案。近代以来文化的兴衰史就是从国家封闭走向开放的历史，尽管其中经历许多风雨曲折，但文化就在风雨的洗礼中浴火重生，走出了中国特色社会主义文化繁荣发展的正途。

文化安全从来都与国家和社会的命运息息相关，随着时代发展而不断显现其重要性，在没有外部文化霸权压迫的情况下，文化安全仅仅是文化发展内部的健康问题和自洽问题。1840 年鸦片战争之前，中国在漫长的历史发展进程中，已经形成了华夏文化儒道佛三家交融的自封闭的演化体系，封建统治者所关注的文化安全最多是所谓“文化正统地位”的争夺，但整个秩序没有彻底崩塌的风险，虽然不断有游牧民族侵袭甚至形成元清两朝少数民族主政的局面，但文化上并没有脱离华夏文明的体系，周边文化自动融入，最终形成费孝通所说的“中华民族多元一体的格局”，这种格局是经过几千年自然演化而形成的超稳定结构。然而当西方列强用枪炮打开国门，又用文化霸权压制本土中华文化时，文化安全问题就变得复杂且紧迫，乃至上升到亡国灭种的危机。

近代以来，中华文化的存续危机就与救亡图存这一大主题密切关联，面

---

① 韩源：《中国文化安全评论》（第一卷），金城出版社、社会科学文献出版社，2016，第 13 页。

对我们这个时代谈文化安全时，就不得不回溯曾经经历的历史。我们有文化光辉灿烂的汉唐时代，也有近代以来国家处于覆亡边缘，万马齐喑，从而对民族文化产生全面质疑的时代，中华文化劣势论以及全盘西化的论调也甚嚣尘上，中华民族前所未有地对几千年来这片土地上自然生长而来的文化产生动摇和怀疑，国家被殖民、被瓜分，文化也逐渐被抽掉了魂，精神文化话语权被剥夺或者自动放弃，民族文化随着国家衰弱而失去了精气神，反过来，文化的羸弱也使国家振兴前路茫茫。“五四”以来，许多有识之士已经认识到文化关系到国家危亡，坚决守护中华文化的根脉，并以开放的心态对待西方外来文化，期待中西文化共通交融，促使文化输入新鲜血液，同时不丢弃自身的根魂，带着这片土地生长演变几千年的固有基因，在中华大地健康生长。中国共产党领导全国人民经过艰苦卓绝的斗争，推翻了三座大山，文化振衰起弊、气象一新。中国共产党所引领的是社会主义先进文化，很好地将外来文化与中华民族优秀传统文化融合起来，共同发展，找到了健康和谐的发展之路，国家文化安全自此牢牢掌握在自己手中，真正实现了基本的文化安全，即优秀文化的延续和发展没有危险，文化主权不受威胁，民众文化生活需求得到保障。

近代以来，北京这座历史古都经历了政局动荡的冲击、战争烟尘的洗礼和文化变革的影响，见证了近现代社会的风雨变迁和国家的盛衰荣辱，承受着城市本身近（现）代转型的种种阵痛和创伤。在100多年的历史进程中，北京古都的历史文物遭受一次次洗劫，古迹建筑被肆意损毁，传统风貌遭到破坏，这是民族和国家文化的重大损失，也是北京这座城市永久的遗憾。同时，北京也经历光荣而伟大的革命运动，成为新中国的首都，在艰苦卓绝地为民族求解放的历史进程中，北京引领着民族和国家一次次文化革新的浪潮，广大市民和知识分子秉持救亡信念，从“五四”新文化运动到抗战文艺，在抗日烽火下坚持为民族鼓与呼，一直到新中国成立投入火热的社会主义文化建设中，北京在国家危难、民族危亡之际，一直挺立风暴中央，不惧艰难困苦，尽最大努力保护了北京的古都文化，发展了具有特色的城市文化，在文化发展和安全上形成了独特的经验。

3. 从文化发展主客观因素中理解文化发展和安全

推动文化在安全中发展，某种程度上是由维护文化安全、促进发展的能力和决心所决定的，从能力上说，即是否有维护文化安全、促进发展的足够能力，这必须是客观上的能力，通过外在的实力来保证，就是我们常说的文化软实力；从决心上说，即是否有维护文化在安全环境中发展的坚定决心，这种决心以内在的自信心为基础，这是主观的精神认知，即对文化发展状况的认知以及对世界其他文化体的理解，基于此产生的文化自信，只有信心足、胆气壮，才能使全民族同心一体，守护我们的文化安全。如果将文化自信和文化软实力看作主客观两方面因素，两者相辅相成，彼此互为因果，构筑文化安全真正牢固的防线。文化软实力强大，犹如一棵健康强壮、生长良好的参天大树，不惧任何风雨，而文化自信使人精力弥满，如碧波万顷的浩瀚海洋，能掀滔天巨浪，能够海纳百川，而不担心被吞噬。文化自信需要文化软实力作支撑，没有软实力的基础，文化自信就是一个笑话，是井底之蛙，就像清末沉浸“天朝上国”迷梦的昏庸朝臣，最终被列强的坚船利炮轻易击碎迷梦；文化软实力也需要通过传播、教育等途径传达给国人，这样才能将软实力的提升成果转化为文化自信，两者的良性互动，最终形成的结果就是文化蓬勃发展，文化安全得到充分保障。

从发展文化、维护文化安全的主客观因素来看，文化认同是确保文化发展和安全最重要的黏合剂，也是文化共同体存在的根本前提，只有这个文化共同体内部保证足够的文化认同，才能够形成牢固的文化防线，抵御外部的风浪侵袭。美国城市学家乔尔·科特金认为要维持城市的繁荣，不能仅仅依赖城市的地理位置、建筑、道路等物理属性，城市的文化认同和信仰体系至关重要，他说：“一个伟大的城市所依靠的是城市居民对他们的城市所产生的那份特殊的深深眷恋，一份让这个地方有别于其他地方的独特感情。最终必须通过一种共同享有的认同意识将全体城市居民凝聚在一起。”[①] 学者赵

① 〔美〕乔尔·科特金：《全球城市史》，王旭等译，社会科学文献出版社，2010，第242～243页。

园曾将北京胡同文化生态与传统村落进行对比，指出北京胡同居民的生存环境选择具有古旧城市的特征，他们没有传统村落宗法制关系的直接背景和利益相关性，“联结其感情的，不是同一‘父母之邦’，共有的祖宗坟茔，亲情或乡土情结，而是更抽象的文化认同感”[①]。文化认同曾是城市维系文化生态最重要的纽结，不只是北京胡同，上海弄堂等地的文化生态也是如此，但随着胡同、弄堂的居民流动乃至街区本身的消失，这种文化认同的内核也不断发生变化。尤其是近一二十年来，大规模城市化带来的城市文化结构、风貌、要素等变迁，使原先的文化认同受到极大的冲击，要维护城市作为一个文化体的稳定发展，需要建立在新的城市文化生态基础上的文化认同，包容城市新移民、城市各种亚文化群体等的文化诉求，这样才能重构城市文化体对城市人群的安全感，铸牢城市文化安全的防线。

4. 从国内、国际文化关系来看文化发展和安全

中国是一个东西南北区域文化特色鲜明、56 个民族文化色彩丰富的多元文化国家，文化强国建设中既要保持各地、各民族文化特色，又要树立中华民族文化的共同体认知，这是一个巨大的挑战，如果不能正确处理好各种文化的交流、融合问题，妥善解决好文化和而不同的问题，就会使国家和人民内部出现族群撕裂、认同危机，因此从这个角度来看，文化发展和安全不仅仅是文化问题，更是一个严肃而极其重要的政治问题。北京作为首都，是全国文化中心，在国家文化发展建设版图中发挥着重要的引领作用，是文化发展和安全的护旗手与引航员，北京广大市民和文化界人士以首善标准建设全国文化中心，在价值观念、意识形态、民族精神、文化趣味等方面都努力体现大国首都的气质与风采，为文化强国建设树立北京样板，在文化发展和安全上形成可推广的北京经验与北京模式。

在政治合作的大环境下以及经济全球化趋势下，国际文化交往也越来越频繁，尤其是受文化消费大潮的裹挟，美国好莱坞电影以及快餐文化席卷世界，然而包括中国、法国等国在内的文化界人士普遍担忧文化全球化问题，

---

① 赵园：《北京：城与人》，北京大学出版社，2002，第 190 页。

认为经济全球化是一种大趋势，然而文化全球化则是人为制造出来的文化霸权，其实质就是文化美国化、“麦当劳化”，有美国学者反思美国文化给全球文化多元性带来的冲击：“美国化对世界文化带来了全面均质化的影响，它或是强行排挤地方产品，或是鼓励效法竞争。从长远看，围绕美国品味、行事方式的文化同构和融合，将对文化传统带来负面冲击。”① 实际上，“文化全球化”历来就是一个非常可疑的提法，不少理论家质疑“文化全球化”实质上是变相的美国化，因此遭到法国、德国等西方国家学者的激烈反对，不少理论家由此倾向于用“文化多样化”来取代“文化全球化”这一说法。② 文化全球化带来的文化安全的忧虑，说到底是美国文化霸权会导致本民族文化的消亡，丛林里一棵树的野蛮生长会导致整片区域寸草不生，美国的生活方式产生的“麦当劳文化”“爆米花文化”跟随商业消费热潮，看起来热闹，却使全球文化变得窄化，各国各民族多姿多彩的文化逐渐被同化替代，这是非常可怕的景象，事关民族文化发展的未来前景，关乎国家的文化安全，因此不可自由放任，文化必须走自己的路、走安全发展的路。国际文化交流最终并非要达到同质化乃至同一化，而是互为参照系，将不同文化形态中优秀的精髓保存下来，同时相互吸收借鉴，实现和而不同的良性互动与健康发展。北京作为大国首都，同时具有全国文化中心和国际交往中心的定位，是我们国家对外文化交流最重要的窗口，也是应对外来强势文化侵袭、吸收借鉴外来优秀文化精华、维护国家文化安全的主阵地。因此，维护北京的文化发展和安全，不仅是北京这座城市文化建设的任务，也是为国家参与国际文化交流、实现中华民族与世界各民族文明互鉴提供切实的保障。

5. 走出认识误区，正确理解文化发展和安全

统筹文化发展和安全，需要防止步入几个认识误区，首先是防止脱离社会系统孤立地谈文化发展和安全。党的十八大以来，习近平总书记在治国理

① 〔美〕乔治·里泽、托德·斯蒂尔曼：《评估麦当劳化、美国化、全球化》，载《全球的美国？——全球化的文化后果》，刘倩、杨子彦译，河南大学出版社，2012，第 69 页。

② 高建平：《全球与地方：比较视野下的美学与艺术》，北京大学出版社，2009，第 4 页。

政方面多次强调系统思维方法，他曾指出："创新是一个复杂的社会系统工程，涉及经济社会各个领域。"因此，不能将文化发展和安全与社会整体孤立、割裂开来，而应当放在统一的社会系统中去理解，也就是要防止无视文化生态单独谈某一文化单元的发展与安全。我们很难想象一个文化设施落后的城市能够发展出好的文化创意产业，一个不注重文化遗产资源保护的城市在文化旅游领域也不可能有出色的发展。在城市文化生态系统内部，各文化体、文化业态、文化群体既相互合作又相互竞争，既彼此促进又彼此博弈。文化自身是一套复杂的系统，而且这一系统处于生长演化中，因此不少文化理论学者以自然生态概念来对照这一系统，形成文化生态系统的概念。从文化生态系统的角度来看文化发展和安全问题，要保证文化生态的健康生长，需要照料与呵护这一生态系统，维持生态平衡，这就需要在面对文化生态发展问题时，保持足够的耐心和包容，正如有学者所说："健全的文化生态应是由各种文化因素有机生成的文化网络，其中必然要包容那些相生相克的不同文化'物种'。"[①] 文化发展和安全关乎社会这一大的系统的活性程度以及可再生程度，城市的变迁带来城市文化的转型，当前城市文化发展受城市基础设施、街区格局等硬件变化的深刻影响，还受到市场的强烈冲击，城市文化生态往往无法维持原有的样貌。文化生态的更新变化有积极的一面，随着文化设施的建设，居民文化生活条件得到前所未有的改善，现代化街区的改造使城市居民生活更深入地对接现代文化。然而，我们也应该警惕过快的现代化、过浓的商业化和过多的功利化所带来的文化断裂、失血等问题，城市整体的文化生态因此出现失衡、失序、失范、失色、失真，给居民文化生活带来极大的困扰。因此，城市文化生态要保持健康的活力，需要结合发展步骤和发展阶段的实际进行科学布局。

其次，防止泛化地理解文化发展和安全。即将一切社会问题都视为文化的发展和安全问题，文化的概念虽然宽泛，但不是没有边界，如果无限泛化到社会各领域，文化问题的提出也就失去了自身的意义。社会发展包含政

① 鲁枢元：《生态时代的文化反思》，东方出版社，2020，第105页。

治、经济、文化等方方面面，当前谈文化发展常常会引入“文化+”的理念，关注文化与其他领域的融合，但这种融合不能失去文化的内核，否则就造成文化无法享有发展的红利，背上发展的风险。比如前些年各地发展文化旅游，总是强调“文化搭台，经济唱戏”，但最后就变成了经济唱独角戏，文化被迫为经济站台，这样就伤害了文化的尊严，而非文化和旅游经济的共赢共生。我们应该继续深入推进“文化+”融合业态发展，这是文化发展的未来趋势，但应该在文化发展和安全的前提下，保持文化的本色和内核，强调文化的精神属性，而不应一味地以经济利益为考量标准。

最后，防止脱离文化主体谈文化发展和安全。最广大意义上的人民群众永远是文化发展的主体，也是文化安全的保障对象。中国共产党一直坚持文化为民的宗旨，投入文化建设也是为保证人民这一文化主体的福祉，满足人民群众日益增长的文化需求，如果脱离了这一主体而机械地谈文化发展数据，孤立地理解文化安全，则失去了文化发展和安全的价值与意义。

（二）首都文化发展和安全的阶段性特征

首都文化发展和安全，关系到国家发展大局。进入新时代以来，在习近平新时代中国特色社会主义思想指引下，首都各界严格贯彻新发展理念，在安全中促发展，在发展中保安全，不断推动首都文化发展和安全工作开创新局面。

1. 首都文化发展和安全取得了一系列新成就

（1）历史文化名城保护体系日渐清晰，文化空间安全日益完备

我国经历了快速城镇化的过程后，进入了全新的转型发展阶段，从追求“量”的增长到提倡高质量、高品质的发展，对历史文化保护的关注度前所未有，历史文化保护已经上升成为国家战略。[①] 北京是中国历代都城中历史格局保存最完整的城市之一，北京的历史文化名城保护工作不仅对于首都文

① 许龙、苏原：《新时期历史文化名城保护规划的实践及思考——以柳州为例》，《城市发展研究》2021年第9期。

化发展有重要意义，对于全国人民坚定文化自信，传承中国精神，从空间载体上保障文化安全都有十分重要的意义。近年来，在习近平新时代中国特色社会主义思想的指引下，北京历史文化名城保护取得了长足的进步，突出表现在以下几个方面。

一是北京历史文化名城的保护范围和重点保护对象得到明确。2021 年 1 月，北京市人大审议通过新修订的《北京历史文化名城保护条例》（以下简称《条例》），北京历史文化名城保护工作获得了更加坚实有力的法治保障。《条例》从保护对象、重点保护区域和保护名录三个方面概括了北京历史文化名城保护的内容。一方面，老城整体保护成为重中之重。2020 年 8 月 21 日获得党中央、国务院批复的《首都功能核心区控制性详细规划（街区层面）（2018 年—2035 年）》，就曾明确提出老城是北京建设世界文化名城、全国文化中心最重要的载体和根基。《条例》在法律上又对此进行了明确，强调要严格落实老城不能再拆的要求，坚持“保”字当头，将精心保护好这张中华文明的金名片视作北京历史文化名城保护的首要任务。另一方面，“三山五园”“三条文化带”“中轴线”等古都文脉被确立为重点保护区域。至此，首都历史文化名城保护的空间范围、重点保护对象已经非常清晰。相关规划目标一直延续到 2035 年，为首都历史文化遗产的保护和利用提供了清晰和富于远见的蓝图。

二是北京中轴线申遗工作有序推进。北京中轴线申遗工作目前确定了永定门、先农坛、天坛等 14 处遗产点，正向着 2035 年内实现申遗目标的方向迈进。目前，北京中轴线的文物保护和环境整治已全面展开。天桥、正阳桥等重要地点的考古工作仍在进行。“十四五”时期，北京将完成中轴线申遗文本、保护管理规划的编制，实施一批重点文物保护修缮工程，力争到 2025 年中轴线申遗取得重大进展。

三是长城和大运河国家文化公园建设取得初步成效。2019 年 7 月中央深改委审议并且通过了《长城、大运河、长征国家文化公园建设方案》。北京市相关部门对此高度重视，一方面，积极推进长城和大运河文化设施的建设；另一方面，整合智力资源，制定了切实可行的保护规划。

2021年8月，北京市推进全国文化中心建设领导小组审议通过了北京市文物局组织编制的《长城国家文化公园（北京段）建设保护规划》。规划中提出了以“中国长城国家文化公园建设保护的先行区”和“服务首都及国家对外开放的文化金名片”为形象定位，明确了“一线、五区、多点”的整体空间布局，涵盖4类主体功能区，即管控保护、主题展示、文旅融合、传统利用，力争通过多种举措全面展现北京长城历史文化景观。2021年10月，北京市印发实施《北京市大运河国家文化公园建设保护规划》，提出了打造具有首都标准、北京特色、时代气象的北京市大运河国家文化公园的发展目标。

（2）文化创意产业发展质量有效提升，文化经济安全逐渐巩固

21世纪初期，随着以798艺术区为代表的一批文化创意产业集聚区的兴起，北京市自2006年开始从政策层面支持和鼓励文化创意产业的发展，逐步将其看作城市经济发展的支柱产业之一。主要支持政策涵盖产业空间、财税支持、文化金融、知识产权保护等。近年来，随着我国经济由高速增长转向高质量发展阶段，北京文化创意产业在提质增效方面持续发力，不断加强顶层谋划，完善规划和政策体系，持续优化营商环境。发布实施《北京市文化产业发展引领区建设中长期规划（2019年—2035年）》《北京市文化产业高质量发展三年行动计划（2020—2022年）》等一系列政策。针对企业发展中的关键难题，分行业分领域强化管理和扶持。文化金融服务体系更加完善，知识产权保护数字化进程加快，知识产权监管与执法机制进一步完善。在政策支持下，北京文化创意产业发展质量显著提升。

一是文化核心领域收入占比不断提高，产业结构持续优化。2019年，从文化产业内部构成看，新闻信息服务、文化传播渠道、创意设计服务、内容创作生产这四个领域是创收最高的领域，分别占文化产业收入的28.7%、22.4%、22.2%、14.8%，四个领域累计占比88.1%。[①] 2020年，全市规模

① 张京成、沈晓平：《北京文化产业迈向高质量发展》，载《北京文化创意产业发展报告（2020）》，社会科学文献出版社，2020，第1~20页。

以上文化核心领域收入合计 13955.9 亿元，同比增长 16.6%，占规模以上文化产业总收入的 90.5%。[①] 北京文化产业日益朝着高端化、精品化、信息化方向发展。特别是新闻信息服务业，受到文化科技融合发展的影响，传统的新闻出版单位开始向游戏、网络广告等领域发展，整体收入水平实现了较大幅度提升。

二是新科技、新模式带动文化新业态发展。在 5G、云计算等数字技术的推动下，文化产业的组织结构和群众的文化消费习惯都发生了一定程度的变化，顺应新消费需求的新业态与新模式蓬勃兴起。进入移动互联网时代，网上支付、网上交易、网上营销等电子商务日益完善，人们可以在家里、办公室或者其他场所随心所欲地观看和消费各种文化产品。网络媒体、网络动漫、网络视频、网络文学、网络影视、网络音乐、网络游戏、网络广告等新型文化产业形式不断涌现，并呈现勃勃生机。作为全国文化中心和互联网中心，北京以网络技术为平台传播网络文化产品的新形态产业，即网络文化产业实现了飞速发展。即使在新冠疫情时期，也保持了强劲增长态势。“云演艺”“云视听”“云旅游”等文化类直播成长为增长最快的一类新型文化业态。2020 年，全市规模以上“文化+互联网”企业实现营业收入 8952.1 亿元，占全市规模以上文化企业营业收入的 59.9%。[②]

三是文化品牌和文化消费场景建设成效显著。首先，围绕建国建党、改革开放、抗美援朝、抗击疫情等题材，北京文化企业出品了《革命者》《什刹海》《长津湖》《战疫情》等一大批优秀的影视以及京剧作品。其次，在市、区两级政府支持下，创造了一大批标志性的文化节庆活动。北京惠民文化消费季、北京国际电影节、北京国际音乐节等品牌活动，点亮群众精神文化生活。最后，以建设国际消费中心城市为目标，新建改建了一大批文化消费场景。朝阳区打造“文化三里屯”，形成了由 Page One、言几又、三联韬奋书

① 北京市国有文化资产管理中心、中国传媒大学文化产业管理学院：《北京文化产业发展白皮书 2021》，2021 年 11 月，第 7 页。

② 北京市国有文化资产管理中心、中国传媒大学文化产业管理学院：《北京文化产业发展白皮书 2021》，2021 年 11 月，第 8 页。

店、朝阳城市书屋·春风习习馆组成的“阅读生活圈”。城市副中心建设了本市最大的外商投资项目——环球影城，预计每年吸引上千万人次旅游。

四是文化产业园区建设实现迭代升级。北京市文化创意产业园区建设经历了文化创意产业集聚区、文化创意产业功能区和文化产业园区等不同的发展阶段，2018 年 6 月，北京市印发《北京市文化创意产业园区认定及规范管理办法（试行）》以及《关于加快市级文化创意产业示范园区建设发展的意见》。2020 年共认定 10 家市级文化产业示范园区、10 家市级文化产业示范园区（提名）、78 家市级文化产业园区。这些园区除了向企业提供办公场所外，往往还提供版权服务、技术支持、投融资、政策咨询等各类增值服务，对于文化产业集群化发展具有重要意义。

（3）公共文化服务设施供给更为充分，文化设施安全获得有效保障

进入新时代以来，北京以建设全国文化中心为目标，大力推进公共文化服务事业的发展，不断丰富文化内容、提升服务质量。目前，全市已经建有四级公共文化设施 6844 个，覆盖率达 99%，基本形成“15 分钟公共文化服务圈”。[①] 在文化活动中心、博物馆、图书馆、艺术馆等公共文化设施建设方面取得了积极成效，突出表现在以下几个方面。

一是文化活动中心建设日益完善。近年来，立足于全面建成小康社会，各区为满足人民群众美好生活的需要陆续建设和开放了一批新的文化活动中心，向市民综合提供演出、讲座、阅读等各种文化服务。比如，石景山区文化中心汇集文化馆、博物馆、美术馆、放映厅、报告厅等多种功能，举办系列文化活动，受到了群众高度认可。东城区新建美后肆时·景山街道市民文化中心，结合北京传统的四合院建筑，精心设计 20 多处活动空间，为市民提供各类公共文化服务。

二是博物馆之城建设成效显著。《北京市推进全国文化中心建设中长期规划（2019 年—2035 年）》提出“打造汇聚老城文化精髓的博物馆群”。

① 张凯：《2020 年北京公共文化服务发展报告》，载《北京文化发展报告（2020～2021）》，社会科学文献出版社，2021，第 116～128 页。

2020年5月，官方进一步提出了“打造博物馆之城”的发展目标。目前，北京地区拥有197家注册备案博物馆，博物馆的数量、规模、等级、影响力在国际大都市中都位居前列。[①] 北京已建成的主题和特色博物馆涵盖历史、科技、艺术、文化、军事、生态等多个文化领域，对于丰富北京市民的文化生活发挥着日益重要的作用。在区级层面，各区也根据自身定位，为“博物馆之城”建设做出贡献。朝阳区主打文化特色，形成双奥、三里屯、高碑店、崔各庄四大文博集聚区。东城区建设了史家胡同博物馆、东四胡同博物馆等极富历史保护区特色的博物馆。西城区充分发挥了首都博物馆、北京天文馆、李大钊故居、历代帝王庙等高品质博物馆的带动作用，以及区域内博物馆数量众多的优势，打造什刹海地区名人故居主题等一批“博物馆集聚区”。

（4）媒体融合实现快速发展，文化传播安全得到持续强化

全媒体时代，媒体融合成为发展方向。近年来，北京出台多种举措推进报纸、广播电视、网络媒体融合发展，有力提升了舆论引导能力。在媒体融合的时代背景下，为推动新时代社会主义先进文化的高效传播提供了重要保障。

一是推动市属主流媒体的融合发展，舆论引导能力日益增强。2018年8月，《新京报》与《北京晨报》、千龙网整合，充分发挥传统纸媒从业人员专业素养优势，比如《新京报》在专业内容生产方面的优势，以及千龙网在互联网传播技术方面的特长。力争通过整合优化，保持和增强市属主流媒体的影响力。

二是倡导传统媒体打造网络客户端，媒体深度融合持续推进。比如，《北京青年报》于2018年12月正式推出新媒体平台——“北京头条”App，通过资讯视频、文艺活动直播等更生动的传播方式拓展新闻资讯的传播力。

三是在区级层面全面推进融媒体中心建设，媒体融合覆盖面更为广泛。截至2018年9月，北京16个区都已经建成融媒体中心，整合运行电视、广

① 李韵：《北京为什么要打造博物馆之城》，《光明日报》2020年5月15日。

播、纸媒、网络等平台资源，力争实现传统媒体与新媒体融合发展，实现一次采集、多种生成、多元传播。

（5）文化贸易发展迎来新机遇，文化开放发展和文化安全保障高度融合

扩大文化贸易，推动文化“走出去”是首都文化发展的重要目标。近年来，国家和北京市出台一系列政策大力推动文化贸易发展。与此同时，文化领域扩大开放的过程中，文化安全的标准没有降低。相反，伴随着文化产品进出口规模的增加，文化活力更为显著，文化企业的生命力更加顽强。

一是“两区”建设为文化产品进出口提供便利，文化贸易日益活跃。近年来，北京确立了包括国家服务业扩大开放综合示范区和以科技创新、服务业开放、数字经济为主要特征的自由贸易试验区在内的“两区”建设目标。配合“两区”建设出台的大量配套政策有效激发了文化贸易活力。比如，自贸区挂牌之后，文物在综合保税区内存储期限延长至两年，为文物进出口提供了更强的灵活性。

二是文化出口基地建设初见成效，文化企业营商环境得到有效改善。近年来，北京天竺综合保税区、东城区、朝阳区先后被认定为国家文化出口基地，对于北京文化出口发挥引领和带动作用。一方面，基地建设了涵盖高端商务、综合保税、金融支持、人才培育、宣传推广、信息对接等在内的一站式服务平台。另一方面，国家部门和北京市相继出台一系列政策，为文化企业提供了土地、财政、税收、金融、检验检疫、报关等多方面的便利，特别是北京天竺综保区基地立足“保税、免税、免证”优势，有效促进了基地对外贸易和招商引资，先后引入中国文物交流中心等60余家优秀文化企业。

2. 首都文化发展和安全面临新挑战

面对百年未有之大变局，中国文化和西方文化、传统文化和现代文化、文化发展和经济建设之间的矛盾冲突弥散在首都文化发展中的方方面面，使得首都文化安全面临一系列新挑战。

（1）西方思潮影响下的价值混乱和信仰危机

随着网络媒体的迅速发展，西方文化传播范围不断扩大、速度日益加

快，从而加剧了其对首都文化领域的影响。新自由主义、女权主义、历史虚无主义、消费主义、享乐主义等一系列西方思潮通过大众媒介，对当代中国人特别是年轻人的思想产生了深刻冲击，造成包括一些党员同志在内的人立场不够坚定，价值观念混乱，甚至共产主义信仰产生了危机。

西方国家通过新闻报道、影视作品、时尚消费品、文化节庆活动等手段进行文化的渗透传播，竭力宣扬其本国的政治目的，试图让我国群众接受西方价值观和文化理念。近年来，一些年轻人沉浸于情人节、万圣节、圣诞节等西方节日，一些“粉丝”痴迷于日韩和欧美的偶像剧、肥皂剧，疯狂追逐国外所谓时尚潮流。这些人往往潜移默化中接受了西方的文化观、人生观和价值观，甚至在政治立场上不够坚定，对中国特色的社会主义道路持怀疑态度，在生活作风上推崇个人享乐。炫富拜金、文化恶俗、道德冷漠等社会文化乱象此起彼伏，给首都文化安全带来了较大的威胁。

（2）文化传承和文化个性的丧失

当前，传统文化与现代文化互相交织、互相博弈。只有协调处理好两者之间关系的国家和民族才能富有生命力地屹立于当今世界。进入新时代以来，北京高度重视传统文化的传承。但是，在现代观念的冲击下，传统文化的保护面临日益严峻的局面。首都北京和其他城市一样，面临“千城一面”的风险，首都文化遗产的保护和传承面临新的复杂局面。

一是物质文化遗产保护和传承面临新情况。首都北京是国内历史空间格局保护最好的城市。近年来，随着中轴线申遗、城市更新等重大项目的推进，地安门、正阳桥等重要文物建筑有很大可能复建。但是，这些复建的建筑能否真正恢复历史原貌，同时能否与周边的景观协调融合是值得重视的问题。

二是非物质文化遗产保护和传承需要解决可持续问题。自 2006 年北京市公布首批市级非物质文化遗产名录以来，北京日益注重对非物质文化遗产的保护。特别是 2019 年，市人大审议通过了《北京市非物质文化遗产条例》，在立法上对非物质文化遗产的保护给予了重要的支持。然而，非物质文化遗产技艺传承主要依靠民间群体代际传播，具有很强的脆弱性。因此，非遗保护工作注定是长期持续的工作。同时，非物质文化遗产的活化利用日益成为迫切需要解决的问题，只有切实将非遗融入群众的文化生活，才能从根源上确保非遗持续传承。

（3）文化发展与经济建设之间的冲突

当前我国社会转型的一个突出特征是利益主体的多元化，以及由此导致的价值观多元化。一定意义上，市场化带来经济发展的同时，也引发了一些群众的道德滑坡以及理想信念的缺失。这包含至少两个主要影响因素。

一是互联网快速发展背景下自媒体野蛮生长。伴随移动互联网时代的到来，微信、短视频等各种自媒体在网络上“泛滥成灾”。为了博眼球、搏出位，一些自媒体创作者频频将庸俗、低级趣味的内容向网络传播，引导大众文化向低俗滑坡。

二是外资跨国公司对中国文化的渗透和颠覆。经济全球化背景下，北京涌入了大量外资企业，这也为一些国外势力打着文化和经济交流的旗号在我国大肆进行文化渗透提供了便利。在北京的一些艺术区，个别所谓的当代艺术有沦为外国势力丑化中国工具的风险。

3. 统筹首都文化发展和安全面临新任务

2020 年 4 月发布的《中共北京市委关于新时代繁荣兴盛首都文化的意见》指出，要传承源远流长的古都文化，弘扬丰富厚重的红色文化，发掘特色鲜明的京味文化，繁荣蓬勃兴起的创新文化。这四个方面概括了新发展阶段首都文化发展的新目标。据此目标，我们认为新发展阶段统筹首都文化发展和安全有以下新任务。

（1）传承彰显古都文化，保护和复现首都历史空间

以“一城三带”为核心，以中轴线申遗为重要着力点，大力推进北京历史文化名城建设。确保老城不能再拆的基础上，复建重点文物建筑，推动北京历史空间格局更加完整、文脉更为清晰。

一是推进北京中轴线成功申遗。世界文化遗产是全人类公认的具有突出价值的文物古迹。北京中轴线成功申遗，对于北京中轴线文物保护、北京全国文化中心建设以及中国文化在全球的传播都具有十分重要的意义。随着申

遗进入攻坚期，在环境整治等工作全面展开的基础上，需要围绕中轴线上的关键节点考古和复建，不断完善申遗文本，集合国内外专家力量，全力推进申遗工作稳步前进。

二是加强国家文化公园建设。围绕长城和大运河两个国家文化公园，对重要文物实施保护性修复，推进资源档案更新以及数字化，整合有关重大主题的文物资源，统筹保护和利用，集中打造汇集文化教育、旅游观光、科学研究等多种功能于一体的标志性园区。

（2）不断弘扬红色文化，提升舆论宣传引导能力

维护国家文化安全的核心，是维护我们的传统文化、价值信仰和生活方式，维护国家主流意识形态和社会主义核心价值观。① 就首都北京的文化安全而言，最重要的就是要持续加强爱国主义教育，弘扬红色文化，在社会、校园、网络等不同场域全面树立社会主义核心价值观。

一是加强革命纪念馆基础设施建设。实施红色文化基础设施改建工程，完善革命历史教育基地，发展红色文化旅游，实现经济效益和社会效益的有机统一。

二是在校园文化建设中传播主流意识形态。加强高校思想政治教育，坚决抵制西方错误思潮的侵蚀。倡导学生组织发挥积极作用，开展具有教育意义的实践活动，弘扬社会主义核心价值观。

三是在网络空间弘扬主旋律文化。加强互联网内容建设，传播红色主题影视剧、短视频，营造清朗的网络空间。

（3）传承创新京味文化，保护和发掘特色文化遗产

广义上理解，京味文化涵盖北京特色文化的方方面面，但其中涉及较多的往往是京味小说、北京民俗、京味语言等。② 可见，传承和创新京味文化，关键是要充分发掘京味小说等文化遗产。

---

① 涂成林：《网络化时代城市文化安全机制的建构》，《广州大学学报》（社会科学版）2014年第8期。

② 刘勇、姚舒扬：《谱系学视野下京味文化的内涵与变迁》，载《2013-2014年北京文化发展报告》，文化艺术出版社，2014，第344~350页。

一是统筹非物质文化遗产的保护和利用。实施文化科技、文化旅游融合发展战略，重点推进非物质文化遗产的数字化和活化利用，促使京味文化与经济社会同步发展。

二是加快具有文化遗产属性的文化消费场景建设。结合国际消费中心城市建设，将京味小说、老北京民俗融入文化旅游景区建设，打造一系列新国潮文化消费场景。

（4）繁荣发展创新文化，坚持培育创新创业氛围

立足于建设国际科技创新中心的目标，积极推动学习型社会建设，打造创新创业环境。

一是推进北京公共文化服务均衡充分发展，建设学习型社会。按照《北京市推进全国文化中心建设中长期规划（2019 年—2035 年）》的要求，丰富公共文化服务供给，推进图书馆、博物馆、文化中心等设施空间布局更加均衡，力争涌现出一批文艺精品和爆款文创产品。鼓励学校、社区、企业等各类主体开展读书和学习活动，激发群众学习热情。

二是总结中关村建设发展经验，弘扬新时代中关村精神。中关村精神是敢为人先、勇于开拓的代表，是北京创新文化的重要体现，与首都的创新发展相伴而生。在新发展阶段，我们需要不断丰富、厚植和发扬中关村的创新创业精神，凝聚奋进新时代的精神力量。

（三）新发展阶段统筹首都文化发展和安全的路径与机制

根据《国家安全法》第 23 条规定：国家坚持社会主义先进文化前进方向，继承和弘扬中华民族优秀传统文化，培育和践行社会主义核心价值观，防范和抵御不良文化的影响，掌握意识形态领域主导权，增强文化整体实力和竞争力。首都发展和安全不应局限在经济发展与社会安全上，而是需要从全方位、多层面进行战略思考与谋划，使其成为一项既联系全局又深入各领域的系统性工程。其中，文化发展和安全对于首都发展和繁荣稳定具有极其重要的意义，新时代赋予文化发展以新的功能和使命，进入新发展阶段，面对新形势和新要求，统筹首都文化发展和安全需要在思路上突破、在实践中

探索，找寻合适的路径，建立有效的机制。

1. 统筹首都文化发展和安全应处理好几种关系

统筹首都发展和安全，需要从文化建设的特性入手，从首都文化发展的特殊环境着眼，处理好几种关系，理顺文化生态的运作机制，有针对性地解决存在的问题，推动文化发展，实现文化安全。

（1）文化发展和安全的“大”与“微”

文化发展和安全需从大处着眼、从微细处入手，首都文化发展和安全是关系首都安全稳定的大事，也是事关首都长期稳定发展、建立和谐宜居之都的关键环节。一方面，从首都安全发展宏大格局中看文化发展和安全问题，从构建和谐宜居之都的宏伟蓝图看文化发展和安全问题，理解文化的广度、深度与意识形态安全的高度。在总体方向上，要以首善标准，建设社会主义先进文化，提升文化先进性水平，展示大国首都的文化形象。另一方面，要将首都文化发展和安全建设深入城市生活每一个毛细血管，使首都文化发展和安全建设成果惠泽于民。风起于浮萍之末，统筹文化发展和安全，需要从问题源头着眼，未雨绸缪，解决小问题，释放压力。在具体实践中，需要从一点一滴做起，从文化建设的基础做起，做好文化惠民等小事，深入文化产业一线，从微细之处做起，关注每一处可能损害文化安全的小问题、小事故、小缺陷，防止其酿成阻碍文化发展、威胁文化安全的大祸端。

（2）文化发展和安全的“内”与“外”

一个国家、一个民族、一个城市作为一个文化体，在文化发展和安全方面都要做好“内功”和“外功”，这样才能做到肌体强健、形象美好。新世纪以来，随着中国城市化步伐加速，城市文化自身的机制受到前所未有的冲击，不仅有来自城市文化体系外部如乡村文化、西方文化、其他地域文化等横向的影响，也有跟随时代变化而从文化生态自身产生的纵向变迁因素，这给城市文化带来极大的消化与整合压力，如何在保护和传承城市文脉的基础上融合现代文化与外来文化，成为城市文化发展的关键问题。

因此，统筹首都文化发展和安全，需要从“内”与“外”两方面入手进行优化调整，一方面要做好“内功”，筑牢文化安全屏障，从文化自信中寻求文化安全的内生动力，需理顺各方面的关系，减少内耗，使各种力量汇聚起来，在系统框架下承担应有的功能；另一方面对外要争夺文化话语权，同时兼收并蓄，提高文化韧性和包容性，处理好西方文化借鉴与中国传统文化继承的关系。

（3）文化发展和安全的“禁”与“放”

文化发展和安全是首都社会发展与安全的一个子系统，决定社会发展整体的水平和大的安全环境，同时又体现文化发展和安全自身的特点与规定性。文化安全与其他领域的安全不同，文化要注重弹性，在文化发展中设定意识形态红线是必要的，但不应设有形无形的栅栏，否则就陷于自我封闭，文化的一脉活水就会断绝，无法维系持久的活力，反而堆积矛盾、增加风险，与维护文化安全的宗旨背道而驰。

文化的安与危是相对的状态与趋势，统筹文化发展和安全不是要绝对将文化管死，而是讲求一种科学的平衡，文化在宽松的空间内才能真正繁荣发展，从而使文化在发展中求安全。在推动文化产业发展方面，要积极推动“放管服”改革，将该由市场决定的交给市场；在法律的严格规范下，倡导和鼓励各类促进文化发展的基金会、智库、社团等非政府组织有序发展；保护文化知识产权，提高文化开放水平；拥有充分的文化自信，积极推动国际文化交流，显现大国首都充满自信与活力的文化面貌。

（4）文化发展和安全的“同”与“异”

首都文化发展和安全建设会遇到与国际国内其他大城市、超大城市同样的问题，如“城市病”对文化安全环境的挤压、城市规模扩大造成文化资源的紧张等；与国内其他城市相比，北京是文化发展和安全的引领者，但也面临和其他城市相同的文化发展难题，比如北京的京味文化、上海的海派文化、天津的津门文化，都是具有历史传承性的线性体系，这些大都市文化生态中的各种文化元素纷繁复杂，容易受外来力量的扰动，文化发展过程中出现的地区失衡、结构失调、管理失序等问题在国内都市不同程度地存在。此外，首都作为全国文化中心，在文化发展和安全方面有其独特性，与其他国际城市相比，北京文化具有中华传统文化的基因和典型特征，因此在统筹文化发展和安全进程中，应理解和借鉴城市文化发展的规律，同时聚焦首都文化的特质以及文化发展的特殊要求，有针对性地解决发展问题，守护首都文化安全。

2. 统筹首都文化发展和安全需探寻合适的文化发展路径

北京文化资源丰富，市场潜力巨大，产业前景广阔，毫无疑问，北京文化发展优势明显，在文化行业总体规模、文化企业综合实力、文化产业产值、居民文化消费水平、国际文化贸易额等多项指标上持续领先全国。但北京文化发展也存在许多短板与不足，与上海、广州、深圳等城市相比，各有优势，互有短长，因此发展中要有危机感，只有保持足够的清醒，维持持久发展动力，探寻适合首都文化发展的路径，才能维系目前的领先地位以及安全发展的趋势，为全国做出榜样和表率。

北京文化发展与城市定位密切相关，与首都乃至全国的发展建设大潮流同向同行。北京城市发展正在经历深刻转型，在发展思路与发展模式上积极探索，由集聚资源体现增长转变为疏解减量谋求发展，文化对于首都高质量发展、可持续发展的意义就更为突出，在城市未来谋篇布局过程中的价值就更为重要。按照《北京城市总体规划（2016 年—2035 年）》中为全国文化中心建设各领域定下的方向目标，北京需要在“十四五”时期实现跨越发展，任务艰巨，时间紧迫，党和全国人民都在看着北京，如何交出一份亮眼的答卷，这是时代赋予我们的使命。

从“十三五”一路走来，北京文化在发展方式的选择上逐渐明朗，在发展路径上逐渐成熟，文化发展模式的稳定性和安全性得到充分保障。

（1）坚持高端发展

扎根京华大地这块厚重坚实的土地，北京文化紧跟时代前行，既是文化发展的一块试验田，依托巨大的城市体量和丰富的发展资源，北京也势必成为一片充满生机的文化沃土，不仅为大国首都文化建设提交答卷，也为国家文化发展千年之计开创新篇。建设全国文化中心，要坚持首都站位，将文化繁荣作为建设社会主义和谐宜居之都的重要任务，以宏阔的目标图景为先导，将文化发展作为实现首都功能的基础性目标，在多个领域都坚持高标准推进、高质量发展，坚决抵制低水平竞争、重复性建设，使北京文化呈现大国气派和大国风范。在统筹文化发展和安全实践中，努力构建“高精尖”产业结构，提升北京文化发展的品质，将北京打造为演艺中心、影视高地、设计名城、网络游戏中心、旅游名城、艺术品交易中心、会展中心等。

（2）坚持创新发展

新时代对首都建设发展提出了新要求，全国文化中心建设也不例外。2021 年是“十四五”开局之年，需要北京文化发展建设全面呈现新面貌，不断涵养发展新业态，提出面向未来的新目标。全国文化中心建设需要总结过去经验，也要永远向前看，走创新之路而不是因循之路。只有在社会发展和时代变迁中不断增强文化的创造力和生命力，保持勃发向上的生机和活力，这种文化才能保持足够的竞争力，才能以动态的方式维护文化安全，适应不同时代文化发展的新趋势和新要求。克服发展中的惯性思维很难，在过去已经成熟的道路上再走出创新之路更难，但再难也要上，再难也要拿出蚂蚁啃骨头的精神去攻克难关，在前进的路上敢闯肯拼。设计路径时不能“旧瓶装新酒”，提目标不能简单地复制过去，讲成绩不能躺在历史功劳簿上，要有新思路、新方法和新模式，在文化产业发展和文化事业推进方面，要有新的增长点，要处处给人耳目一新的感觉。要激活文化创新创意氛围，迎合历史发展的新时代，契合社会发展的新形势，不断寻求行业发展的新动能，开拓文化新领域和新产业，使首都文化在创新发展中形成安全稳定的增长极。

（3）坚持融合发展

以“文化+”融合科技、金融、旅游、体育等业态，使文化深度融入社会各领域；此外，坚持科学发展，配合疏解非首都功能的政策，寻求文化发展的机遇，结合城市减量发展的思路，在努力做文化业态增量的同时，也要形成有序增减的思路，根据北京文化发展规划目标和资源情况，科学引导文化产业的发展方向，构建引入、退出机制，将有限的人才、资金、政策配套资源用于扶持市场竞争力强、创新驱动力足、文化辐射面广的文化企业和文化业态。

(4) 坚持有序发展

构建首都文化发展和安全环境，需要结合城市历史文化基础和现实文化条件制定明确的发展目标和规划，按照目标规划有序发展使城市文化的未来图景更为清晰，使文化发展更具方向性和持续性。这就需要系统梳理存在的风险与短板，明确改进目标和建设方向；需要营造社会整体的和谐氛围，形成安全环境的“联动效应”“共生效应”，必须结合战略构想，做好顶层设计，制订全面的计划与方案；加强首都文化安全体系构建与和谐宜居城市建设（文化获得感）及文化发展顶层设计，结合京津冀文化协同、全国文化中心建设等国家战略，考虑首都文化发展区域均衡、文化“放管服”改革等问题，成系统、有目标地解决文化发展征程上一个个难题。

3. 统筹首都文化发展和安全应把握几个关键着眼点

结合首都文化发展现状和趋势，统筹首都文化发展和安全，需要在具体实践中关注重点工作，把握几个关键的着眼点，就是占文化高地、守文化阵地、育文化人才等。

(1) 占文化高地就是首都文化发展应坚持首都站位，占据马克思主义精神高地，在文化建设中坚持社会主义核心价值观，努力发展社会主义先进文化

文化的特性是“水往高处流”，只有掌握意识形态高地，才能真正守住文化阵地，只有站在社会主义理论高处，才能统揽文化全局，只有形成中国特色社会主义文化高峰，才能让中华文化屹立不倒，并能润泽万物。中国特色社会主义文化的高地就是马克思主义，将马克思主义文化思想贯穿文化建设与发展的全过程，使马克思主义理论发挥在思想多元环境下的导向功能，发挥在文化多变环境下的稳定功能，发挥在文化事业推进过程中的奠基功能。

(2) 统筹文化发展和安全首先是要保证意识形态与价值观的安全

在这方面，长期以来形成几个关键的文化阵地，一是网络，可以影响最广大的社会人群；二是校园，可以影响思想正处于成长发育中的青少年群体。网络是当前文化生产和文化传播的主阵地，构筑网络文化安全的钢铁长城，是维护首都文化发展和安全的核心命题。网络文化安全是文化安全一个

全新的领域，随着信息技术兴起，人类进入信息社会，借助网络技术各种文化在全球迅速传播，为文化消费提供了广阔的消费空间，但也带来了巨大的文化安全隐患，网络内容的无障碍传播给文化发展带来严峻的文化安全问题。西方国家主导下的文化霸权政治利用网络在全球展开一场“软”征服和全面的文化扩张，而国家内部许多不法分子也利用网络传播不良信息，这就需要净化网络文化环境，加强网络监管，建设健康向上的网络文化，确立中华文化在互联网时代的话语权。北京是著名网都，集中了众多知名的互联网公司，是网络文化传播的重地，是网络文化集聚荟萃之地，因此在网络文化安全方面肩负更大的责任使命。北京网络文明建设应起到示范引领作用，以首善标准推进网络环境治理、促进网络文化繁荣、引导网络文明健康发展，形成网络文化建设的北京经验和北京模式。具体来说，就是从以下几方面入手，构建健康的网络文化以及安全文明的网络环境。一是在网络环境中形成文明规范，引导网络文明行为和文明用语，为违反公序良俗的行为树底线，也为弘扬正能量的行为立标杆、正风气、祛邪魅，塑造健康清朗的网络文明空间。二是构建网络中的精神文明，将网络视为社会主义精神文明建设的重要领域，用丰富的网络精神产品愉悦人，用积极的网络正能量鼓舞人，用健康的网络内容知识教育人，塑造新时代网络精神文明范式。三是通过网络传递中华民族的文明价值观，体现中华文明的厚重历史感和强大生命力。在互联网时代，针对传统文化的代际传承、中华文明的创新性发展、中西文明互鉴，网络都起到了至关重要的作用，网络文明建设更深层次的意义就在于通过网络，塑造和传播融合新时代精神的中华文明。

维护校园文化发展和安全是事关国家和民族未来命运的重要工程，这里的校园文化泛指与校园教育有关的文化发展和安全，教育是民族和国家最根本的事业，也是文化传承的重要途径，由于校园文化是最脆弱、最容易受到侵袭的领域，校园教育相关的文化发展和安全理应得到更细致的呵护。北京是全国科教中心，聚集大量高校、科研院所，此外其中小学教育也投入大量资源、实力雄厚，正因为如此，北京在维持校园教育的发展与安全上责任重大，如何育人、如何在教育组织和教育活动中维护意识形态安全，维护青少年的心理健康，这需要文化和教育两方面理论、实践的配合。习近平总书记非常关心青少年的成长，2014 年 5 月，他在北京市海淀区民族小学主持召开座谈会，引用“少年智则国智，少年富则国富，少年强则国强，少年进步则国进步”，指出少年儿童是祖国的未来，是中华民族的希望。校园尤其是中小学校园理应是一方净土，应该保持良好的育人环境，因此需要抵制社会不良风气进校园，抵制校园霸凌等现象，以提升学生各方面素质为教育的目标，在文化方面要注重提升学生文化素养，尤其是有针对性地加强中华优秀传统文化教育，在整个教育体制中突出中国传统文化的教育与传承，培养学生正确的价值观和审美观。

（3）培育文化人才也是统筹首都文化发展和安全的重要一环，需要提升文化人才培养水平，支撑首都文化发展和安全的未来格局

虽然北京文化发展建设水平全国领先，并且依托各大高校与科研机构，在文化人才培育方面也占据极大优势，但文化领域仍然存在人才短缺问题，尤其是在基层，专业人员匮乏，高精尖人才严重不足，且面临不断流失的尴尬境地。基层文化部门往往一人多岗，身兼数职，而且耗费大量精力于事务性工作而非专业性工作。在公共文化服务建设中，文化部门购买社会服务也带来部分问题，部门人员逐渐变成项目发包和管理者，与文化专业领域脱节，业务素养长期得不到锻炼，逐渐失去对文化风尚的判断力和引领力，长此以往，将给首都文化发展和安全带来不利影响。因此，需要加大对基层人才培养的支持力度，让基层部门人员从过多的事务性工作中解放出来，多从事实际的文化组织工作，参与相关的课题研究，锻炼能力，增强本领；实施灵活用人政策，吸收文艺骨干进入管理部门，让更多懂行的人做专业的事；人才培训是行业高质量发展的关键，可以利用工作空窗期，以具体行业为单位，组织开展线上培训；借用当下网络公开课等成熟模式，组织北京文化旅游知识讲堂，面向全社会开放，不仅承担培训功能，而且发挥文化传播功能，满足不同人群文化需求；增加业务培训频次和业内学习交流机会，为文化从业者提供更多、更优质的锻炼平台，促进人才合理布局；完善专业技术人员职称评定渠道，合理规划人才上升渠道，留足晋升空间，使文化人才提

升职业自豪感和满足感，更积极自觉地为北京文化建设发展做出贡献；分级分类建立全市范围的文化人才数据库，在人才认证、人才流动、人才培育等方面加以规范，真正做到善用人才、善待人才。

4. 统筹首都文化发展和安全应重点关注几大领域

统筹首都文化发展和安全，需要从公共文化服务、文化产业、文化遗产保护、文化传播等几条关键经脉切入文化发展进程，探索可持续发展之路。具体来说，就是提升公共文化服务水平，满足民众多元化的文化需求；促进文化产业发展，支持文化创意企业提升竞争力，塑造有吸引力的文化品牌，使文化与市场对接而获得源源不断的养分；耐心培育文化土壤，提升城市文化的活力，等等，使首都文化在健康、安全、可持续的轨道上向前发展。

（1）推动公共文化服务提质增效，探索均衡化、品质化、创新化发展

文化事业发展是党始终坚持人民利益至上的体现，是广大群众对党和国家事业持续认同的保证。文化事业发展决定首都文化发展和安全的根基与成色，文化应具有公益性，要让广大人民群众拥有文化获得感，要明确文化事业发展方向，筑牢文化保障与社会和谐根基。

文化事业中最核心的是公共文化服务体系建设，近年来，北京在公共文化服务均等化方面投入大量资源，同时努力提升服务水平，但仍存在不少问题和短板，影响公共文化服务整体的效能和品质，需要从以下几方面入手推动公共文化服务提质增效，使公共文化服务体系安全有效运行。第一，摸清公共文化设施家底，建立文化设施动态数据库，方便其有效运转和科学化管理。目前，北京还有许多公共文化设施缺乏权威的统计数据，只有全面掌握公共文化设施的信息，政府的政策扶持才能有据可依，推动公共文化服务的均衡化和品质化发展。第二，整合基层文化服务资源，使公共文化资源有效地服务人民。公共文化服务体系建设的关键问题之一是要盘活现有资源、提升服务效能。要满足市民就近享受公共文化服务的需求，提高公共文化服务设施使用率，就应当建立功能更加完备的服务平台，包括网络云平台，使民众方便快捷地获取并享有公共文化服务资源。第三，新建公共文化服务设施

向郊区、新兴组团倾斜。近年来，北京在公共文化服务设施建设方面考虑到均衡发展的问题，未来应当进一步向郊区人口稠密地区、城市新兴组团倾斜，以重大设施项目带动周边地区文化发展，弥补基层公共文化服务设施的不足。第四，大力发展新型公共文化空间，形成多元供给体系。随着城市文化事业发展，融合多种业态且具有时代感和鲜明特色的文化服务设施不断涌现，包括各类城市客厅、城市书房、文化驿站、文化礼堂等，形式上不断创新。构筑新型公共文化空间的关键是形成共建共享机制，开展社会化运营，给市民提供多样化、稳定的文化产品和服务。

（2）探索文化产业发展路径，维护产业链与供应链稳定

北京作为全国文化中心，文化产业的发展方向和模式经验应引领全国，并将触角延伸至整个世界，为中国争夺国际文化市场形成一种标杆力量。文化产业要找准适合首都的发展路径、模式，维护产业链、创新链、供应链持续稳定，才能最大限度地减少市场带来的波动影响，实现产业模式的安全与稳定。近两年文化产业经受疫情考验，产业链和供应链的完整稳定受到极大挑战，然而北京文化企业能够生存并延续发展势头，显示了较强的韧性和生命力。目前阻碍文化产业健康和谐发展的风险因素依旧存在，需要在产业链、供应链安全上久久为功、持续发力，维护文化产业的稳定发展。

首先，北京大量文化类企业生存压力大，利润率低，淘汰率高，事实上属于高风险运营状态，不仅融资困难，而且融资成本高，无法仅靠市场手段解决融资问题，这就需要政府的适当引导和干预，增加资金池的容量和流量。针对文化企业融资困境，政府每年投入财政资金用于文化企业投资、奖励、贷款等服务，尤其是近几年为应对疫情冲击，北京市继续加大政策支持力度，帮助文化企业渡过难关，维护产业链安全。由于疫情影响，文化企业收入锐减，同时背负人员工资、场地租金、贷款利息等成本，许多企业遇到经营困难。因此，需要继续加大政策支持力度，大力扶持困难企业，推动文化、工商、税务等部门主动暖企，了解并解决企业困难，做到精准施策。进一步优化文化旅游业的营商环境，简化文化产品审批流程，加大财政资金支

持力度，给予文旅企业税收减免优惠，设立行业应急专项资金，为资金链紧张的企业提供过桥资金，解决部分企业燃眉之急，通过一系列扶持政策的组合拳，使文化产业继续走在健康发展的轨道上。

其次，文化产业高质量发展需要优质的文化产品，需要扩大优质文化产品供给，优化文化消费结构。随着首都文化资源不断丰富，人民群众精神文化需求也日渐提高，文化消费需求持续释放。营造文明和谐的文化消费环境对首都的文化建设至关重要，应积极推进更高水准的文化产品生产供给，在把握文化消费热点的同时，提升文化消费品质，更加注重优质文化、传统优良文化以及当代先进文化潜力的挖掘，凸显北京传统深厚的文化底蕴，弘扬大国首都精神，发挥全国文化中心的引领示范作用。

最后，北京市不断提高对文化产业的管理水平和服务水平，保障产业链和供应链高水平运行、高质量发展。通过文资办、文促中心等文化机构，直接使政策调控触及文化产业发展一线，每年组织文化创意大赛、文化创意市集等高规格活动，连带充裕的文化扶持资金，有效引导和推动文化产业高质量发展。然而，文化部门和机构的管理服务仍有提升空间，需要继续推动智慧政务建设，提升文化类政务服务水平，将更多的文化审批等事务纳入其中，力求做到“网上办、掌上办、指尖办”。在明确文化产业发展方向上，应紧紧围绕国家文化发展大战略，顺应时代发展趋势，比如深入推进文化产业数字化战略，围绕数字化战略推进一批文旅“新基建”项目，推动文化行业大数据产品走向市场。

此外，为稳定产业链，北京文化产业界立足京津冀文化协同发展，共同打造文化产业生产、供应、消费链条，形成优势互补的机制，增强三地文化企业抗风险的能力，提升发展效率。文化企业在生产环节需要打造供应链，销售环节需要对接消费市场，京津冀文化协同逐渐形成一个区域内文化生态，只有将文化生产和销售融入这一文化生态，才能更好地生存发展。在当前文化发展背景下，文化产业在京津冀区域文化生态中寻求体系化生存方式，几乎是一种必然选择，这一部分是市场因素使然，但很大程度上也是受政策调控影响。京津冀协同发展战略、北京非首都功能疏解等本地政策，促使三地文化企业资金链、生产链、供应链以及市场定位等面向整个区域布局，比如北京许多老字号文化企业将生产链铺向河北，不仅解决了老字号的持续生存问题，也让河北当地增加了就业机会和财税收入。[①]

（3）强化文化遗产保护意识，确保文物、古建筑等安全

中华传统文化经历几千年的历史变迁，宽广博大，积淀深厚，为我们民族未来的发展积累了宝贵的精神财富，如何进行创造性转化和创新性发展，将文化中的沉疴痼疾汰去，将文化精华发扬光大，是推动古都文化持续稳定安全发展的核心命题。也就是说，北京在全国文化中心建设进程中，将中华优秀传统文化继承好、发展好，就是对人类文明最大的贡献。

北京作为世界闻名的古都，拥有大量历史文化遗产，确保文化遗产安全是首都文化发展和安全建设的重要目标，包括文物、古建筑、非物质文化遗产等，都要在保护的基础上实现有效传承。然而随着城市化进程加快，都市文化生活方式的改变，原有的历史文化街区、文化遗址乃至非物质文化遗产等正以惊人的速度消失，发展与保护的矛盾日益突出，这是世界上许多古都共同面对的问题。北京在文化遗产保护方面走过历史弯路，有过无比惨痛的教训。以老北京文化风貌的标志——胡同为例，新中国成立之初，北京有大小胡同7000多条，20世纪80年代剩下3900条左右，到1990年，北京尚有胡同2257条，2003年这个数字已经缩减到1571条，而且还在逐年减少，直到《北京城市总体规划（2016年—2035年）》出台，明确老城不能再拆这一宗旨，胡同拆除才得到彻底遏制。

在历史经验教训的基础上，北京在文化发展和安全问题上应谨慎前行，强化文化遗产保护意识，像爱护眼睛一样，珍视城市历史文化资源，细心呵护留存下来的文化遗产。在文化遗产保护实践中，需要尽可能完整地保护历史文化街区风貌，保障文物、古建筑等历史遗存的安全，整理、发掘城市非物质文化遗产，守护历史城市独有的文化传统，使古都历史风貌得以保存，增强古都的文化辨识力。

---

① 耿建扩、张晓悦：《河北玉田："老字号"带来新机遇》，《光明日报》2019年11月10日。

总之，统筹首都文化发展和安全，探索文化健康、可持续的发展道路，提升北京文化软实力，为首都创造安全发展的软环境，同时为文化强国建设树立一个标杆，可谓功在当代、利在千秋，首都文化将沿着这条稳定的轨道向前发展，从而彰显“首都风范、古都风韵、时代风貌”的城市特色。

九　统筹首都科技创新发展和安全

首都发展是建立在科技自立自强基础上的发展，科技领域发展和安全的有机融合与统一，是首都发展的重要特征。北京作为国际科技创新中心，统筹发展和安全拥有科技创新这一核心支撑，同时，在统筹科技创新发展和安全中北京发挥了示范引领和辐射带动作用。新时代，统筹首都科技创新发展和安全对国家安全发展具有重大战略意义和价值。

（一）科技创新发展和安全的基本内涵

1. 科技发展和安全的理论分析

科技安全的主体是国家，即国家科技安全。党的十八大以来，习近平总书记坚持总体国家安全观，统筹发展和安全两件大事，将科技领域安全作为国家安全的重要组成部分，多次强调要增强忧患意识、底线思维，防范化解科技领域重大安全风险，把创新主动权、发展主动权牢牢掌握在自己手中。同时，党坚持创新在我国现代化建设全局中的核心地位，坚持实施创新驱动发展战略，把科技自立自强作为国家发展的战略支撑，建设创新型国家和世界科技强国。习近平总书记强调，必须把自主创新放在能不能生存和发展的高度加以认识，全面加强对科技创新的部署。统筹科技发展和安全，既是提升我国科技自主创新能力的必然要求，也是防范化解科技领域重大安全风险的必然要求。

从基本内涵来说，科技安全是以国家为主体、以国家利益为价值准则，在特定国际环境和社会条件下，科技系统与其他相关系统相互作用所决定的一种动态的国家安全态势和维护这种安全态势的能力。[①] 具体是指国家科学技术体系完整有效，国家关键领域核心技术自主可控，国家发展利益不受外部科技优势危害，以及保障国家持续安全状态的能力。

科技安全的本质特征主要包括：从系统观念理解，国家科技安全是体系化的。内部结构上，是由科技领域中多方面的要素、内容、活动过程和结果输出构成的安全体系，如科技安全体系的内容主要包括国家的科技战略安全、科技发展安全、科技应用安全、科技竞争安全、科技合作与交流安全、科技成果与人才安全、科技应用与设施安全等方面；外部结构上，是科技安全对经济安全、政治安全等重点领域安全的有效支撑，保证国家整体安全的状态。从普遍联系的方法把握，科技安全是科技安全能力和科技安全状态的互动，是国家科技体系与外部环境互动情境下的能力输出或状态表征，是一国科技安全能力与外部环境相互作用、实现动态平衡的结果。[②]

建立在科技安全基本内涵基础上，新时代统筹科技创新发展和安全的基本内涵，也就是在总体国家安全观下，科技创新体系的安全自主性、协同性、适应性、竞争力达到高水平动态平衡，科技发展、科技创新和科技安全实现相辅相成、相得益彰，科技发展、科技创新建立在科技安全基础上，并为科技安全提供技术和制度保障；科技安全为科技发展、科技创新提供前提条件，安全和发展相互促进。整体上科技领域、经济领域、产业领域发展和安全实现有机统一，创新驱动发展战略得以有效推进，创新的核心地位得以不断加强，建立在创新主动权基础上的发展主动权不断夯实。

2. 科技安全风险的具体表现

新时代，我国面临的科技安全风险呈现日益复杂的特征。既包括科技系统内部的安全风险，也包括科学技术不能有效支撑经济、政治、社会等领域安全发展产生的风险；既包括科技应用产生的负面效应带来的风险，又包括

① 游光荣、张斌、张守明等：《国家科技安全：概念、特征、形成机理与评估框架初探》，《军事运筹与系统工程》2019 年第 2 期。

② 张家年、马费成：《科技安全的分析模型及其核心要素表征》，《中国科技论坛》2020 年第 5 期。

科技与其他领域融合渗透产生的风险。具体来说，我国目前面临以下科技安全风险：一是世界百年未有之大变局带来的国际科技竞争与合作的不确定风险。以美国为代表的发达国家将科技发展政治化，加强技术保护，对国际科技交流与合作采取更加严格的管制措施，管控正常的科技合作与学术、人才交流，遏制打压我国科技发展与对外合作。[①] 例如，构建出口管制“实体清单”，加强对外国投资关键和敏感技术的监管，限制我国企业对美国高技术企业的并购，限制我国企业在半导体、人工智能等新兴领域的科技交流合作，导致我国科技交流合作和科技来源渠道变窄。随着美国及其联合盟友采取新的管制措施，其可能进一步扩大国际科技对立的局面，我国科技发展的外部环境更加紧张。同时，发达国家为维持科技竞争优势，持续加大科技创新投入，我国面临更加激烈的科技竞争，科技创新差距有被固化的危险。二是关键核心技术受制于人的风险。关键核心技术是科技创新能力的核心和“命门”，我国关键核心技术受制于人的状况没有得到根本性改变，关键材料、核心装备、工业软件、关键零部件等领域的瓶颈仍然突出。同时，我国在很多基础性技术领域缺乏自主可控能力，尤其是信息技术的底层技术、基础技术掌握在美国等发达国家手中，使得互联网发展始终面临不可控的“断网”等风险。[②] 基础研究是解决关键核心技术问题的支撑，我国基础研究领域短板依然突出，基础研究能力不足、原始创新能力不强，制约了关键核心技术突破，导致科技和产业发展存在被“卡脖子”的风险。三是科技研发与应用存在潜在风险。信息技术、生物技术等新兴技术的研发和应用蕴藏一定负面效应，带来了难以预知的风险。例如，金融科技的应用导致数据高度集中，增加了发生系统性风险的可能性；人工智能技术的崛起可能带来对个人隐私、就业结构、社会伦理的冲击，隐藏一系列潜在安全风险。总体来看，科技发展深度融入经济社会发展各领域的全过程各环节，科技风险与经济社会发展的安全风险深度融合和联动发展，科技风险向经济、政治、社

① 赵世军、董晓辉：《新时代我国科技安全风险的成因分析及应对策略》，《科学管理研究》2021 年第 3 期。

② 陈宝明：《高度警惕并有效防范化解科技领域重大风险》，《中国党政干部论坛》2019 年第 3 期。

会等领域迅速传播，与其他领域风险相互影响和交叉渗透，导致风险叠加，产生放大效应、溢出效应，科技风险可能引发经济风险、金融风险、政治风险等，使得总体国家安全风险更加复杂。

3. 新时代我国统筹科技发展、创新和安全仍然任重道远

党的十八大以来，我国统筹科技发展、创新和安全，科技安全体系不断完善。以习近平同志为核心的党中央全面分析国际科技创新竞争态势，深入研判国内外发展形势，针对我国科技事业面临的突出问题和挑战，坚持把科技创新摆在国家发展全局的核心位置，全面谋划科技创新工作。坚持党对科技事业的全面领导，观大势、谋全局、抓根本，形成高效的组织动员体系和统一协调的科技资源配置模式。牢牢把握建设世界科技强国的战略目标，以只争朝夕的使命感、责任感、紧迫感，抢抓全球科技发展先机，在基础前沿领域奋勇争先。充分发挥科技创新的引领带动作用，努力在原始创新上取得新突破，在重要科技领域实现跨越发展，推动关键核心技术自主可控，加强创新链产业链融合。全面部署科技体制改革，出台一系列重大改革举措，提升国家创新体系整体效能。着力实施人才强国战略，营造良好人才创新生态环境，聚天下英才而用之，充分激发广大科技人员积极性、主动性、创造性。扩大科技领域开放合作，主动融入全球科技创新网络。①

同时，我国科技领域在创新能力、资源配置、体制政策等方面仍然存在一些亟待解决的突出问题，成为科技安全发展的制约因素。我国基础科学研究短板依然突出，缺乏重大原创性成果，底层基础技术、基础工艺能力不足，技术研发没有充分聚焦产业发展瓶颈和需求，关键核心技术受制于人，企业在创新体系中的主体地位和作用有待强化，科技成果转化能力不强。科技体制改革许多重大决策落实还没有形成合力，科技创新政策与经济、产业政策的统筹衔接还不够。②

① 习近平：《在中国科学院第二十次院士大会、中国工程院第十五次院士大会、中国科协第十次全国代表大会上的讲话》，新华社，2021 年 5 月 28 日。

② 习近平：《在中国科学院第十九次院士大会、中国工程院第十四次院士大会上的讲话》，新华社，2018 年 5 月 28 日。

（二）首都科技创新发展和安全的阶段性特征

1. 新成就

北京聚焦首都城市战略定位，把科技创新作为发展第一动力，加强国际科技创新中心建设，在科技创新发展中筑牢安全屏障，在确保安全中提升科技创新发展能级和水平，推动科技自立自强成为发展关键支撑，为我国实现科技自立自强贡献首都力量。

（1）持续推进原始创新和关键核心技术研发，突破“卡脖子”瓶颈制约

第一，加强基础研究和原始创新，科技创新综合实力显著增强。支持开展数学、物理、生命科学等领域自主探索，基础研究水平不断提升，连续 4 年在“自然指数-科研城市”中位居第一。北京地区研发经费投入强度和万人发明专利拥有量均居全国第一，2020 年全市 R&D 经费投入 2326.5 亿元，是 2012 年的 2.2 倍；近年来，R&D 经费投入强度始终保持在 6%左右，在国际创新城市中排名靠前。2020 年 PCT 国际专利申请量达到 8283 件，为 2010 年的 8 倍。2021 年每万人发明专利拥有量达 185 件，是 2012 年的 5.4 倍，稳居全国第一。建立在基础研究上的原始创新能力不断提升，加强“从 0 到 1”的原始创新，已经涌现出一批具有世界影响力的原创成果。

第二，坚持科技自立自强，加强关键核心技术研发。坚持“四个面向”，聚焦打赢关键核心技术攻坚战，推动产学研用协同创新，实现原始创新、关键核心技术突破、创新生态培育相得益彰。在突破关键核心技术方面取得新进展，产生了一批具有重要产业带动作用的底层技术。例如，由北航集成电路学院科研团队研发的晶圆级磁光克尔测试仪，对磁性芯片生产过程中的磁性薄膜检测这一关键技术，在测试精度和速度等方面进行了技术革新，实现了自主创新突破，攻克了我国长期被“卡脖子”的技术，为具有百亿元市场规模的磁性芯片产业提供设备支撑。同时，把区块链作为核心技术自主创新的重要突破口，围绕基础理论、核心技术、产业生态、标准制定

等方面系统布局，成立长安链生态联盟，推进区块链技术自主创新、加速突破，在区块链前沿基础理论和关键核心技术上取得了先发优势。着力夯实底层技术根基，长安链软硬件技术体系实现自主可控、持续迭代升级，在政务数据共享、碳交易、供应链金融、市场监管等领域部署了一批示范性强的应用场景，成功研制出全球首款集强算力与高安全于一体的自主可控专用芯片，探索形成社会主义市场经济条件下通过新型举国体制实现自主创新的战略路径。①

（2）深化科技体制机制改革，夯实科技创新发展和安全的制度保障

第一，探索新机制，建设世界一流新型研发机构。北京在建设新型研发机构方面勇于探索，开创了有效的创新型管理制度，为完善市场经济条件下技术攻关的新型举国体制、创新科研机构管理机制做出有益探索，为新型研发机构取得卓越原创成果注入强劲的制度动力。一是打破传统，实行新的运行体制。新型研发机构打破传统科研机构的体制机制和管理模式，探索与国际接轨的治理结构和市场化运行机制；依法制定章程，构建完善的组织体系、法人治理结构，实行理事会领导下的院（所）长负责制。二是稳定支持，实行新的财政支持政策。根据新型研发机构类型和实际需求给予财政科技经费稳定支持，探索实行负面清单管理，赋予新型研发机构经费使用自主权，围绕重点方向、重点领域范围自主确定研究课题、自主安排科研经费使用。三是尊重规律，实行新的绩效评价机制。对新型研发机构实行个性化合同管理制度，由理事会下设的评估委员会围绕科研投入、创新产出质量、成果转化、原创价值、实际贡献、人才集聚和培养等方面，做出符合机构设立目标和符合科研规律的评估。四是赋权转化，实行新的知识产权激励政策。除特殊规定外，市财政资金支持产生的科技成果及知识产权，由新型研发机构依法取得，自主决定转化及推广应用，重大转化安排由院（所）长提出方案、理事会审定，对符合首都城市战略定位在京实施转化的项目，通过北京市科技创新基金等提供支持。五是开放共享，实行新的固定资产管理方

① 杨旗：《长安链重大成果发布会召开　陈吉宁致辞》，《北京日报》2021年6月11日。

式。市财政资金支持形成的大型科研仪器设备等，由新型研发机构管理和使用，并依法开放共享，提高资源利用效率。[1] 在一系列制度创新支撑下，新型研发机构在原创成果、成果转化等方面取得突出成绩。

第二，中关村自主创新示范区持续深化科技自立自强先行先试改革。积极推进中关村示范区新一轮先行先试改革，创新并推广一批改革政策，加快建设世界领先科技园区和创新高地。贯彻落实中央深改委第二十二次会议审议通过的《关于支持中关村国家自主创新示范区开展高水平科技自立自强先行先试改革的若干措施》等文件精神，出台“科创 30 条”、促进科技成果转化条例、优化营商环境条例等一系列法规政策，优化服务激发创新活力。通过深化成果转化和知识产权改革、人才发展体制机制改革、探索新经济制度创新、完善创新生态治理机制等方面改革举措，提升创新要素配置效率，促进创新主体更强、创新生态更优、创新机制更高效。

第三，优化创新主体营商环境，推进科技“放管服”改革。持续深化商事制度改革，推进实施市场准入负面清单制度。面向集成电路、人工智能、生物医药、关键材料等领域实行“报备即批准”政策试点，在国家赋予的“一降”和“一减”政策优惠基础上，大力推进“三减”：减流程，取消线下受理环节，对企业申请认定实行全程网办、不见面办理；减材料，对通过政务大数据共享能够联网取得的数据，企业无须提供相关证明材料；减时限，对企业申请认定实行“随申请、随认定、随报备、随批准”。

截至 2021 年 12 月底，有 77 家企业通过政策试点获得高新技术企业认定，企业从申请认定到取得证书用时仅一个月，较常规流程大幅压缩 80% 以上。[2] 同时，完善公平竞争制度，发挥市场对技术研发方向、路线选择、要素价格、创新要素配置的导向作用，优化公平竞争市场秩序。支持新技术、新模式、新业态发展，持续关注跨界融合新兴产业领域的制度、政策保障需求，建立更具弹性的包容审慎监管机制。

---

① 勒川：《探索“五新”机制，建设世界一流新型研发机构》，《中关村》2021 年第 11 期。

② 孙奇茹：《减负减流程激发企业创新活力——本市高新企业认定时间压缩八成》，《北京日报》2021 年 12 月 30 日。

（3）以“三城一区”为主平台，形成创新链和产业链融合互动的系统布局

“三城一区”是北京国际科技创新中心主平台和创新发展高地，国际科技创新中心建设依托“三城一区”形成系统布局和深入推进，加快创新成果转化应用和产业化发展，实现技术突破、产品研发、市场模式、产业发展深度融合。“三城一区”基于创新链和产业链内在关联，相互衔接、有效互动，成为基础研究、应用研究、技术创新、成果转化与产业化一体化的创新体系主要载体，经济总量占全市比重已超过30%。

“聚焦”中关村科学城，秉承科技创新出发地、原始创新策源地、自主创新主阵地功能定位，推动创新型企业、科研院所、高校、创新服务机构等多元主体融合创新。加强前沿基础研究布局，建设国家实验室等国家战略科技力量，推动创新主体承接重大科技项目和创新平台。超前谋划前沿产业布局，支持深度学习、智能芯片等领域前沿技术发展，启用海淀城市大脑展示中心，落户首家全球原创新药研发平台。打造创新成果转化全链条服务，建设中关村前孵化创新中心，率先探索“概念验证”，推进解决科技成果转化“最初一公里”和“最后一公里”问题。

“突破”怀柔科学城，以打造世界级原始创新承载区为战略目标，培育协同发展的创新创业生态。加快科技基础设施建设，地球系统数值模拟装置建成启用，首批5个交叉研究平台投入试运行，怀柔综合性国家科学中心进入建设与运营并重的新发展阶段。充分发挥市院合作、校地共建、央地合作优势，通过引进顶尖人才领衔团队、头部企业研发平台等方式布局新型研发机构，建设创新创业平台、孵化器加速器等科创载体。

“搞活”未来科学城，加快推进创新链各环节协同联动。聚集创新型企业、关键共性技术创新平台、科技服务平台，形成了从基础研究、技术研发到科技服务和成果转化的创新发展链条。“一企一策”盘活存量用地空间，入驻华为云计算中心等多元创新主体，建成国电投氢能燃料电池等3条中试线，成立北京能源工业互联网研究院，建设研究型国际医疗产业转化平台。中关村生命科学园项目已入驻单位近500家，形成了以基础研究为核心，涵

盖研发、中试、生产、临床应用的生物医药产业创新体系。

“升级”北京经济技术开发区，围绕主导产业承接“三城”科技成果落地转化，合作不断深化，成为主要产业转化基地。与“三城”签署创新联动发展协议，制定实施《关于共同建设中关村科技成果产业化先导基地的行动方案》，建设中关村科技成果产业化先导基地，加强基金、政策等支持，突出高端研发在海淀、成果转化首站在经济技术开发区，吸引成果落地，力争把先导基地建设成为重要的科技成果转化中枢。“十三五”时期，年均承载“三城”科技成果转化项目 100 余项，2020 年达到 150 余项。信创园一期开工，瓦里安研发中心、阿斯利康北方总部等外资项目落地。已经形成了新一代信息技术、高端汽车和新能源汽车、生物技术和大健康、机器人与智能制造四大主导产业集群。发布顺义创新产业集群示范区发展规划，第三代半导体材料及应用联合创新基地竣工，北京奔驰顺义工厂建成投产。

（4）企业的创新主体地位和主导作用不断增强

企业在创新组织中的主导作用日益增强，对重大科技项目的参与程度提高。截至 2020 年 9 月初，经科技部批准依托企业建设的国家重点实验室有 95 家，其中在北京地区有 24 家，约占全国的 25%，在衔接基础研究、成果转化和产业化，加快推广和应用先进技术，研制国际、国家和行业标准等方面发挥着重要作用。行业领军企业逐步参与到“科技创新 2030”等重大科技项目的论证、组织实施中来。例如，国家新一代人工智能重大科技项目吸引科技企业参与，截至 2020 年 10 月，15 家国家新一代人工智能开放创新平台中，有 7 家在北京建设，这些平台全部依托在京科技领军企业建设。

企业创新活动效率和效益不断提高。企业创新成果产出效率不断提升，重点企业对产业发展的龙头带动作用凸显。新一代信息技术和医药健康双引擎作用持续发挥。同时，创新型企业在新兴领域形成创新优势，例如在人工智能领域，百度的深度学习算法框架达到国际先进水平，引领形成产业链。工业互联网等新兴领域与制造业形成融合创新态势，例如用友等建设工业互联网平台，石化盈科、东方国信等与制造业企业深入合作，促进企业数字化研发设计工具普及率和关键工序数控化率持续提升。[1]

2. 新情况

第一，从外部环境来看，中美战略竞争给科技发展和安全带来的挑战更加严峻。北京作为全国科技创新中心，在一定意义上，代表国家参与全球科技竞争，中美战略竞争给科技领域带来严峻挑战，将对北京地区科技创新发展和安全造成负面影响。一是科技竞争日益成为中美战略博弈的焦点，美国将在科技领域继续对我国实施全方位打压。新一届美国政府将进一步提高在技术领域对我国出口管制的力度，并且将加强与其盟友合作，联合其盟友在更广范围、更精准领域对我国施压，营造一个遏制我国的全球技术生态系统，增加我国创新成本、降低我国创新发展效果。二是在科技创新的战略关键领域，美国对我国的竞争大于合作，对我国开放创新和科技战略崛起造成极其不利的影响。一方面，美国将进一步加大在基础科学研究、人工智能、量子计算等战略科技领域的研发投入，以保持全球科技领先地位。科技封锁对我国战略领域的科技突破与崛起造成挑战。另一方面，在数字技术等关键与新兴技术领域，中美两国合作则能够实现共赢发展，但现实却背道而驰。关键、新兴、前沿技术的发展，面临更多不可预测的风险，即使是竞争对手，也需要加强技术创新、科技治理方面的合作。在数字经济前沿领域，尤其需要各国加强治理合作，共同应对技术在研发、应用过程中出现的风险，共同避免科技风险演化为经济、社会、市场等风险，避免形成系统性风险。中美两国都以数字技术、信息技术、生物技术、材料技术等战略性新兴科技领域为科技竞争力的主攻方向，但两国在前沿技术领域以竞争为主、合作为辅，给双方都将带来不利影响，尤其将阻碍我国战略性新兴领域的发展。

第二，从内部发展来看，科技创新在引领北京高质量发展方面仍然存在不足。一是科技创新与产业创新的融合对接不畅通。基础研究尚未对原始创

① 北京市经济和信息化局：《北京 45 家企业入选“2019 软件与信息技术服务综合竞争力百强企业”》，http://jxj.beijing.gov.cn/jxdt/zwyw/201911/t20191113_504599.html，2019 年 11 月 13 日。

新能力形成有效支撑，产业技术源头供给能力不足。基础研究对接产业需求的有效机制尚处于探索阶段，关键共性技术研发创新体系不健全，在组织机制、政策支持、经费投入、平台运作、成果共享和推广应用机制等方面亟待完善，技术突破能力有待提升。同时，新一轮科技革命和产业变革背景下，基础研究、应用研究、产业化高度统一，对企业自主创新主体地位提出了更高要求，企业主导技术创新的作用和创新主体的地位有待进一步提高，企业创新能力亟须进一步加强，需要科技服务组织助力将知识创新能力转化为企业创新实力。

二是科技服务驱动协同创新、集成创新的潜能没有充分发挥。北京科技服务业专业化、市场化服务能力仍然存在不足，亟须提质增效，尚未形成链条式综合科技服务体系。科技服务机构缺乏成熟的商业模式和有效的盈利模式，在垂直细分服务领域没有实现做深做细、综合服务能力没有实现做大做强。服务附加值低，发展效率和盈利能力有待提升。具有较大品牌影响力和行业号召力的龙头科研机构相对较少，机构主导服务业链条、开展资源整合的能力不足。技术转移机构深度发掘科技成果市场潜力的综合能力不强，将其转化为高价值专利、实现产业化商业化的能力不足。科技服务业尚未形成综合性、网络化、链条式的服务体系，统筹整合创新资源，联结整合高校、院所、企业等创新主体的能力不足，对产学研协同创新尚未形成有效支撑。科技服务机构总体来看规模小、集成服务能力不强，再加上行业诚信体系建设、服务规范标准、有效机制模式等方面的不足，机构之间缺乏有效的合作配合，没有形成完善的服务链条。科技服务协作体系不完善，各类服务机构之间的专业服务资源尚需有效的系统集成。

三是创新体系仍不完善，创新链存在薄弱环节，创新链与产业链尚未实现深度融合。原创技术必须经过专业化的中间试验环节，才能转化成企业可以直接使用的技术。创新链中试环节和中试服务能力有待进一步强化，缺乏相应的中试等技术中介服务平台，对高新技术成果进行中间试验和小型工业试验支撑不足，阻碍了实验室成果的有效转化和产业化。支撑产学研深度融合的创新体系不完善，创新服务平台的协同创新功能没有完全发挥出来，技术创新供需双方难以实现有效对接，高校院所的科技成果难以有效转移到企业，高校院所知识技术外溢效应不足，产业创新源头作用没有充分发挥。在一些新兴行业中，开源开放创新平台发展不足，规模、数量、服务能力、效率等都有待提升，公共研发服务与企业需求存在一定偏差，对新兴技术产业化发展的支撑力尚需提升。

3. 新任务

新时代，首都发展对统筹科技创新发展和安全提出了更高的要求，统筹科技创新发展和安全，成为首都统筹发展和安全的关键领域与基本保障，面临一系列新任务。

第一，首都发展对科技创新领域统筹发展和安全提出了更高要求。统筹发展和安全是首都发展的内在要求，科技创新发展和安全是关键领域，同时为其他领域统筹发展和安全提供了根本支撑。新时代首都发展的全部要义，就是加强“四个中心”功能建设、提高“四个服务”水平。科技创新中心建设是统筹科技创新发展和安全的关键支撑，同时科技创新发展和安全为政治、文化、国际交往领域的发展和安全提供了根本保障，政治中心、文化中心、国际交往中心建设，都需要科技创新领域提供安全保障和技术支撑；服务党和国家发展大局，履行“四个服务”职责，要求科技创新发展和安全相互配合，提高服务能力和技术水平。

第二，统筹科技创新发展和安全成为实现高水平科技自立自强的内在要求。“构建新发展格局最本质的特征是实现高水平的自立自强”，新发展格局的核心要义在于统筹发展和安全。进入新发展阶段、贯彻新发展理念、构建新发展格局，三方面历史逻辑和理论逻辑的共同作用，形成了对统筹发展和安全的必然要求。① 统筹科技创新发展和安全与高水平科技自立自强统一于新发展格局这一战略部署。党的十九届五中全会将高水平科技自立自强作为国家发展的战略支撑，高水平科技自立自强与统筹科技创新发展和安全具有内在统一性。科技自立才能保证科技安全，科技安全必然要求科技自立；

① 高培勇：《构建新发展格局：在统筹发展和安全中前行》，《经济研究》2021 年第 3 期。

科技自强意味着科技创新发展实现质的突破。高水平科技自立自强，是立足新发展阶段、贯彻新发展理念、构建新发展格局的题中应有之义。[①] 因此，科技创新领域安全是统筹发展和安全的“牛鼻子”。新时代北京各方面工作要坚持以首都发展为统领，立足新发展阶段，完整、准确、全面贯彻新发展理念，积极融入新发展格局。就是要充分发挥国际科技创新中心作用，以科创中心建设为统领，牵好科技创新发展和安全这个“牛鼻子”。

第三，统筹科技创新发展和安全为经济高质量发展提供了核心支撑。高质量发展首先是建立在安全基础上的发展，是发展与安全的有机统一。当今世界正经历百年未有之大变局，国际环境日趋复杂，不稳定性不确定性明显增加，国内经济社会发展中一些存量矛盾和新增风险相互交织。实现高质量发展，要求提高抵御各种冲击的能力和韧性，有效防范化解各类重大风险，推动经济行稳致远。[②] 创新驱动是高质量发展的一个定义性特征，高质量发展以创新为第一动力，统筹科技创新发展和安全为实现创新驱动发展提供了核心支撑。坚持创新在我国现代化建设全局中的核心地位，是以习近平同志为核心的党中央深刻分析世界发展格局与形势、全面总结我国改革开放成功实践得出的结论，是我国应对发展环境变化、增强发展动力、把握发展主动权的根本之策。创新是经济高质量发展的核心动力引擎，在以科技创新为核心的全面协同创新驱动下，以知识创新、技术创新、技术扩散、产业应用为主线，创新链与产业链深度融合，知识积累和技术进步成为经济发展的核心支撑，从而实现基于创新和技术进步的内生可持续经济增长。基于高质量发展的“创新”内涵和创新驱动本质特征，推动首都经济高质量发展，必须统筹科技创新发展和安全，依靠科技进步和全面创新，发挥科技创新的引领作用，实现以科技创新为核心，产业创新、制度创新有效协同，创新生态有力支撑的全面创新和安全发展格局。必须统筹科技创新发展和安全，让科技创新有力支撑现代化经济体系建设，着力增强自主创新能力，提升现代产业

① 聂祚仁：《高水平科技自立自强的时代内涵》，《光明日报》2021 年 11 月 12 日。

② 《〈中共中央关于制定国民经济和社会发展第十四个五年规划和二〇三五年远景目标的建议〉辅导读本》，人民出版社，2020，第 144~148 页。

体系质量，完善创新体系，创新体制机制，构筑创新驱动的先发优势，夯实以自主创新为基础的核心竞争力。

（三）新发展阶段统筹首都科技创新发展和安全的路径

1.机制

(1) 坚持以习近平总书记关于统筹科技发展和安全的重要论述为指导

发展理念上，习近平总书记强调坚持底线思维，坚持以人民为中心，为统筹科技创新发展和安全提供了根本遵循。习近平总书记将坚持底线思维作为维护安全的基本原则，强调树立底线思维防范化解重大风险，以科技安全事件的必然性为出发点，全方位全周期确保国家科技领域安全。同时，习近平总书记坚持马克思主义指导下的科技发展观，强调科技发展要重视科技、人文、哲学思想的统一，尊崇科技向善，科技发展要坚持以人民为中心，服务人的全面发展是科技发展的原则和底线。例如，强调将人工智能运用在媒体融合发展中，用主流价值导向驾驭“算法”。

发展路径上，习近平总书记高度重视科技自立自强，将统筹科技创新发展和安全作为国家安全的重要保障。强调科技自立自强是促进发展大局的根本支撑，“用科技创新保持产业链供应链运行，用加快突破‘卡脖子’的关键核心技术保证经济安全、推动实现高质量发展”。强调推动经济高质量发展，要求我们坚持自主创新，加快突破关键核心技术，增强建立在自主创新、原始创新基础上的科技创新体系能力，提供高质量源头供给，夯实经济发展质量和效益提升的基础。“实践再次证明，只要秉持科学精神、把握科学规律、大力推动自主创新，我们就一定能够把国家发展建立在更加安全、更为可靠的基础之上。”统筹首都科技发展和安全，要将科技创新放在新时代新发展格局中，增强自主创新能力，走中国特色自主创新道路。要实现科技创新与产业发展、金融安全等领域的安全发展相互融合，以科技安全发展支持经济高质量发展，在经济高质量发展中促进科技安全发展，切实推进科技与经济安全发展的有机统一。

总体思路上，习近平总书记提出具体部署，对统筹科技创新发展和安全具有十分重要的指导价值，指明了努力方向。一是强调要加强体系建设和能力建设，完善国家创新体系，提高创新体系整体效能。二是要加快补短板，建立自主创新的制度机制优势。三是要加强重大创新领域战略研判和前瞻部署，完善产学研协同创新机制。四是要强化重大科技任务的统筹组织，强化国家战略科技力量建设。五是要加快科技安全预警监测体系建设。同时，指出“科技是发展的利器，也可能成为风险的源头”，提出“要前瞻研判科技发展带来的规则冲突、社会风险、伦理挑战，完善相关法律法规、伦理审查规则及监管框架”。“要强化系统治理和全链条防控，坚持系统思维，科学施策，统筹谋划，抓好全链条治理。”这些推进思路为北京统筹科技创新发展和安全指明了重点努力方向和切入点，对具体科技领域的安全发展与治理提出了具体措施。

（2）构建科技安全治理的体系架构

统筹科技发展和安全，必须突出制度机制和体系能力建设，核心在于构建科学有效的科技安全治理体系。科技安全治理体系建设是一项系统工程，必须加强系统化体系化设计。一是科技安全治理体系必须坚持党的集中统一领导。科技安全治理事关国家安全发展，必须把政治建设放在首位。坚持党中央权威和集中统一领导，是确保政治方向和发展道路正确的根本保证。要健全党总揽全局协调各方的领导体系，将党的领导体现到科技安全治理的体制机制、机构设置、政策措施各方面，体现到决策、咨询、执行、评价、监管各环节。二是坚持完善社会主义市场经济条件下的新型举国体制。在党的集中统一领导下，新型举国体制是完善我国科技安全治理体系的核心制度优势。完善社会主义市场经济条件下新型举国体制，能够推动政产学研用各方面形成目标一致、有机统一的整体，统筹实现安全发展治理，“明确路线图、时间表、责任制，适合部门和地方政府牵头的要牵好头，适合企业牵头的政府要全力支持”，形成科技安全治理的举国合力。三是坚持科技创新、产业安全相得益彰。习近平总书记将科技创新与产业发展视为密切联系、相互统一的整体，强调要加强创新链和产业链对接。科技创新与突破产业瓶颈相互支撑，为科技安全治理提供了关键支撑。要找准突破口，切实发挥央企等国有企业作用，推动国有企业在科技安全领域挑重担、打头阵，担当原创技术的“策源地”和关键核心领域产业链的“链长”，为科技安全治理夯实战略力量。

科技创新中心的功能定位，决定了北京要成为国家科技安全治理体系的重要参与者、引领者，在科技安全治理体系架构中发挥重要作用。一方面，北京地区的领军企业、国家级科研机构、大学等战略科技力量和政府部门要积极参与到国家科技安全治理体系中去，在科技安全治理体系中发挥关键引领作用，带动首都区域创新体系深度融入国家创新体系，推动科技治理与安全发展的相互支撑、良性互动。另一方面，北京地区是我国重要的原始创新策源地、自主创新主阵地，同时也是科技体制改革和制度创新的先行区。要以中关村国家自主创新示范区自主创新先行先试改革为突破口，加强科技创新体制机制改革，在促进完善北京地区科技创新体系和科技安全治理体系的同时，为我国科技安全治理提供宝贵经验和制度示范。

2. 路径

（1）加强国家战略科技力量的体系化布局

国家战略科技力量是促进高质量科技供给、实现科技自立自强的战略支柱，为新形势新机遇下实施市场经济条件下新型举国体制提供了有效制度支撑和组织保障，能够有效促进关键核心技术攻关。加强国家战略科技力量成为支撑经济高质量发展的基石。党的十九届五中全会深刻把握高质量发展对高质量科技供给的迫切需要，坚持目标导向和问题导向相结合，对强化国家战略科技力量作出全面部署，以有效提升科技支撑高质量发展能力。北京在国家战略科技力量的区域战略格局中具有十分重要的地位，正在加快建设国际科技创新中心。北京要抓住战略机遇，面向区域发展重点领域，加快推进国家战略科技力量布局与战略科技任务落实，充分发挥市场经济条件下新型举国体制优势，打好关键核心技术攻坚战，将国家战略科技力量建设与实施创新驱动发展战略紧密结合起来，有效支撑经济和产业发展自主创新能力提升，进而提高经济发展质量和效益。以国家战略科技力量，强化科技创新体系战略支撑，夯实科技创新引领首都高质量发展的能力基础。

习近平总书记指出："国家实验室、国家科研机构、高水平研究型大学、科技领军企业都是国家战略科技力量的重要组成部分，要自觉履行高水平自立自强的使命担当。"[①] 北京创新资源高度集聚，要坚持"四个面向"，加强国家战略科技力量布局，充分发挥战略科技力量在科技创新体系中的引领作用，结合区域高精尖经济发展重点领域和未来产业布局，强化高水平创新主体建设，促进国家战略科技力量与产业主体协同创新，实现战略科技力量体系化布局，提高科技创新体系化能力。

第一，加强国家重点实验室布局。国家实验室是国家战略科技力量的重要组织形态，具有明确的战略定位和目标导向，致力于解决事关发展全局的重大科技问题，知识外溢效应显著。北京要进一步加强顶层设计和统筹协调，发挥社会主义市场经济条件下新型举国体制优势，依托"三城一区"主平台和中关村国家自主创新示范区，加快中关村、昌平、怀柔国家实验室建设，推进国家重点实验室体系重组。促进国家实验室与大学、科研院所、企业研发机构实现功能互补和良性互动，切实打造突破型、引领型、平台型一体化的战略科技力量。聚焦国家战略需求，加强协同创新，开展具有重大引领作用的跨学科、大协同的创新攻关，抢占引领未来发展的战略制高点。[②] 中关村国家实验室要充分依托中关村科学城战略科技资源，加强资源整合，带动战略科技创新主体实现融通创新，在大信息、大健康领域突破核心关键技术；怀柔国家实验室要依托重大科技基础设施建设，突出大科学装置与交叉研究平台优势与特色，推动在重要学科以及学科交叉融合领域取得重大原创成果；昌平国家实验室聚焦生命健康领域，依托未来科学城在生命科学和医药健康领域的高端创新主体和全创新链全产业链资源，加快推进技术创新突破和赶超。加强国家实验室的体制机制创新，探索符合科学发现和技术创新规律的体制机制，在国家实验室创新主体、科研攻关、成果应用与

① 习近平：《在中国科学院第二十次院士大会、中国工程院第十五次院士大会、中国科协第十次全国代表大会上的讲话》，新华社，2021年5月28日。

② 贾宝余、王建芳、王君婷：《强化国家战略科技力量建设的思考》，《中国科学院院刊》2018年第6期。

转化等方面夯实有效的制度支撑。

第二，加强怀柔综合性国家科学中心的战略科技力量布局。围绕物质科学、空间科学、地球系统科学、生命科学、智能科学等五大优势领先科学领域，推动高能同步辐射光源、综合极端条件实验装置、地球系统数值模拟装置、多模态跨尺度生物医学成像设施、子午工程二期等重大科技基础设施建设投运。以重大科技基础设施集群为核心，聚焦材料与能源、生命与智能等交叉融合领域，布局一批交叉研究平台和科教基础设施。促进大科学装置相互支撑，打造互为支撑、交叉协同的科技基础设施集群。依托科技基础设施集群，围绕原始创新策源功能，深入对接国家“科技创新 2030”—重大项目、重点研发计划等国家重大科技任务，加强创新资源整合，汇聚全球顶尖研发机构和一流优势科技力量，以重大科技任务攻关为主线，推动建设跨学科、跨领域、跨主体的协同创新网络。

第三，加强新型研发机构建设。持续推动量子信息、脑科学、人工智能、区块链等领域新型研发机构发展，面向未来产业领域新建一批新型研发机构，鼓励在知识产权、经费使用等方面先行先试，打造科技创新体制机制优势。推动新型研发机构通过制度创新和科技创新双轮驱动，推进一批重大项目，实现前沿科技创新。中关村科学城要聚焦数字经济等领域，突出新型研发机构先发优势，促使其成为基础前沿技术研发的战略力量；怀柔科学城要围绕重大科技基础设施，加强新材料等前沿科技与产业领域新型研发机构建设，打造集前沿科技创新与产业促进于一体的协同创新平台；未来科学城要聚焦生命科学、医药健康领域，促进新型研发机构建设以加快实现前沿技术研发突破与转化，深度嵌入区域创新生态，深化产学研合作，共同打造创新链条。围绕重点领域“卡脖子”问题，加强产业技术研究院建设，优化完善已有的制造业创新中心等产业共性技术研究机构运行机制和治理模式，为产业共性技术创新提供组织保障。

第四，推动科技领军企业成为国家战略科技力量主体。围绕高精尖产业领域，支持领军企业充分发挥龙头带动和资源整合作用，牵头建设国家战略科技力量。吸收创新型企业参加重大科技项目，推动科技领军企业前瞻研发部署产业技术，成为国家战略科技力量的重要组成部分。加强领军企业与各类创新主体和上下游企业协同创新，共同推动重大科技创新，更加充分发挥创新型企业作为国家战略科技力量的重要作用。

（2）探索市场经济条件下关键核心技术攻关的新型举国体制

第一，加强战略科技力量的体系化布局与协同创新和攻关，为关键核心技术突破提供源头创新。充分发挥中央在京创新资源作用，推动各方科技力量优化配置和资源共享，面向重点领域关键核心技术突破，开展国家重大科技专项、组织实施战略性科学与工程计划，组织在京国家实验室、新型研发机构等战略科技力量基于创新链形成有效组织、协同攻关，解决关键核心技术突破所依托的基础研究与应用基础研究科学问题，着力推动前沿关键核心技术联合攻关取得突破。推动设计国家战略科技力量体系化布局的总路线图，加强国家战略科技力量体系化布局的体制机制创新，在资源整合模式、平台建设方式、人才集聚形式、科研管理方式、管理评价机制、利益分配机制、知识产权共享模式等方面开拓创新，探索国家战略科技力量的新型任务选题机制、任务实施机制、第三方评估与动态调整机制，为更好地实现新型举国体制探索有效实践经验和制度保障。[①] 依托大科学装置等建设学科交叉研究、多主体协同创新的大研发平台和信息共享、研发互动的科研服务网络。围绕物质科学、生命科学、智能科学等前沿领域，以重大科技基础设施为根本支撑，以交叉研究平台为依托，以重大科技任务为牵引，发展新型研发机构，研发突破核心关键和共性技术，形成相关技术标准。

第二，加强关键核心技术突破与产业创新的深度融合对接。以关键核心技术自主可控保障核心产业发展自主可控，在信息技术、生命健康、智能制造等重点领域，围绕基础研究、应用研究、成果转化、高精尖产业全链条，加强产学研深度融合，强化关键核心技术攻关，探索大纵深、跨领域、跨学科的研发模式，重构组织模式和治理机制，贯通创新链、产业链、价值链。

---

① 白光祖、曹晓阳：《关于强化国家战略科技力量体系化布局的思考》，《中国科学院院刊》2021 年第 5 期。

聚焦主导产业细分产业链，制定关键核心领域技术路线图，明确基于问题导向和需求驱动的产业创新图谱。围绕5G、半导体、新能源、车联网、区块链等领域，支持新型研发机构、高等院校、科研机构、科技领军企业开展战略协作和联合攻关，加快底层技术和通用技术突破。顺应创新主体多元、活动多样、路径多变的趋势，改革创新治理体系，在机制设计上保障多元创新主体协同创新，以大平台带动大协作，形成开放共享、协同高效的创新治理格局，真正将科技前沿的“难点”和产业需求的“痛点”紧密结合起来。创新重大科技创新项目组织实施方式，优化组织模式，提升组织模式效率，实现集科学发现、技术进步、产业发展于一体的大纵深整合创新突破。① 加强创新协同组织与产业联盟的联系，充分发挥企业在关键核心技术突破中的作用，重点培育一批核心技术能力突出、集成创新能力强的创新型领军企业。② 一方面，推动企业深度参与前沿技术研发，与创新组织形成深度协同，提高核心关键技术突破的市场导向和技术路线选择效率；另一方面，推动创新型领军企业承接创新链与产业链的融合对接，转化运用科学发现成果，实现关键核心技术面向规模量产的商用化开发，有效实现创新成果的市场价值。

第三，加强关键共性技术突破的产业应用支持和市场生态培育。产业创新生态为关键核心技术突破提供了产业应用场景和产业链支撑，是支撑关键核心技术突破的重要保障。数字经济条件下，产业创新生态的构建与关键核心技术的突破融为一体。在区块链、人工智能等数字产业领域，充分发挥产业生态链联盟的作用，推动产学研协同创新，持续推进底层技术、数据要素和应用场景形成完整闭环，在持续实现技术迭代创新的同时，加快实现关键场景落地，打造产业创新生态，为把控未来产业发展自主权夯实基础。要发挥用户企业的集成整合作用，形成企业需求与研发创新的有效协同，培育技

① 余江、刘佳丽、甘泉等：《以跨学科大纵深研究策源重大原始创新：新一代集成电路光刻系统突破的启示》，《中国科学院院刊》2020年第1期。

② 余江、陈凤、张越等：《铸造强国重器：关键核心技术突破的规律探索与体系构建》，《中国科学院院刊》2019年第3期。

术应用开发商与工具开发商的生态支持系统，在新兴产业领域形成自主可控的新技术、新需求、新架构。① 加强龙头企业对产业链整体创新生态的核心引领作用，加快推进关键核心技术攻关与市场扩散。推动领军企业在科技研发突破基础上牵头突破产业关键核心技术，制定行业技术标准，引领产业链上下游联动、大中小企业融通创新；带动形成中小企业应用、孵化和延伸产业创新链条的集群创新机制和产业创新生态，促进市场规模优势对新型举国体制的创新成果实现倍增效应。②

（3）畅通创新价值链关键环节

第一，促进科技基础设施与产业创新发展形成有效对接。加强科技基础设施对区域产业发展的辐射带动和技术扩散效应，推动战略性新兴产业与大科学装置进行技术创新对接，促进相关创新型企业参与到大科学设施的建设、运行中来，支持企业依托科技基础设施与交叉研究平台参与到重大科技项目中，与高校和科研院所实现协同创新。在物质、材料、生命科学等前沿领域，围绕重大科技基础设施加快突破关键核心技术，构建相关技术标准，推进重大科技成果的转移转化。推动创新企业、高校院所与科技服务机构，依托科学装置集群联合建设中试基地、产业化促进中心及控股公司，为原创性成果的本地转化提供服务，支撑原始创新转化为产业技术创新，促进相关产业实现更高质量创新发展。③ 建设贯通基础前沿技术、关键共性技术、应用与产业发展的创新链，促进多模态跨尺度生物医学成像设施、高能同步辐射光源等重大科技基础设施集群与生物医药、新材料等高精尖产业集群形成协同创新、有效联动。

第二，完善综合性国家科学中心科技成果转化服务体系。在“三城一区”主平台和中关村自主创新示范区主阵地，进一步优化产业创新生态系

① 余江、管开轩、李哲等：《聚焦关键核心技术攻关　强化国家科技创新体系化能力》，《中国科学院院刊》2020 年第 8 期。

② 白光祖、曹晓阳：《关于强化国家战略科技力量体系化布局的思考》，《中国科学院院刊》2021 年第 5 期。

③ 梁永福、盘思桃、林雄等：《大科学装置集群的协同创新与产业带动效应——以广东大科学中心为例》，《科技管理研究》2018 年第 3 期。

统和创业服务生态系统，促进战略性新兴企业和高精尖产业发展。在怀柔科学城，加强综合性国家科学中心创新服务体系建设，聚焦“源头创新—技术开发—成果转化—创新创业—新兴产业”的创新链条，完善创新服务支撑体系。建设科技成果转化服务体系，打造专业科技服务和技术转移机构网络，促进大科学基础设施与产业技术需求形成有效对接。聚焦综合性国家科学中心建设，加强科技体制机制创新，探索形成成熟的成果转移转化模式，积极培育科技服务业，推动龙头服务企业实现网络化发展，助力形成科学与产业发展融合共生的创新生态。加强产学研合作，推动未来产业发展，培育新材料、生命健康、智能信息与精密仪器、太空与地球探测、节能环保等五大前沿产业。积极关注构建科技成果转化服务体系，建立成果转化高效促进机制，建设创新创业服务载体平台，打造孵化器、众创空间、产业基地有效衔接互动的产业创新发展网络，完善市场化科技金融链条，促进产业链、创新链、资金链融合，推动高精尖产业创新生态与创新创业服务生态相互支撑，促进创新型产业集群发展。

第三，完善创新服务支撑，打通基础研究到产业创新的通道。一方面，围绕国家战略科技力量完善创新服务体系，贯通基础前沿技术、关键共性技术、应用与产业发展的创新链，发挥战略科技基础设施对产业创新的引领带动作用。以重大科技基础设施为支撑，以交叉研究平台为依托，以重大科技任务为牵引，建设多学科交叉研究、多主体协同创新的大研发平台和资源共享、研发互动的科研服务网络，开展具有重大引领作用的跨学科、大协同创新攻关，研发突破核心关键和共性技术，形成相关技术标准。围绕战略科技基础设施，建设中试基地、产业化基地，设立联合控股公司，促进孵化器、众创空间、产业基地有效衔接，加强前沿技术落地转化。另一方面，面向高校院所完善创新服务体系，促进前沿研究与技术创新有效对接。建设前孵化创新中心，对高校院所前沿领域重大科研成果进行超前投资和前移孵化，推动高端硬技术和前端原始创新项目落地转化。在高校建设概念验证中心，实施概念验证支持计划，促进基础研究项目向概念验证项目转化。支持高校院所完善专业技术转移服务机构，加强功能集成，综合开展技术评估、概念验证、中试熟化、规模化试生产、成果转移等服务，提升企业孵化、风险投资和股权投资功能，推进基础研究成果向技术和产品、服务转化。

（4）建立科技安全风险防控体系

第一，建立科技安全风险预警监测评估体系。面向北京重点发展的高精尖产业领域和战略性新兴技术，加强科技安全预警监测，完善预警监测指标、科技动态监测、新技术应用风险评估等全链条风险预警监测评估体系。一是完善科技安全预警监测数据库。按照重点产业、战略性新兴技术分类构建涵盖科技前沿与发展趋势、科技发展环境与体制、科技战略与政策、科技成果与人员安全、科技资源与基础设施等的科技安全风险监测数据库，依托数据库分类构建科技安全风险预警监测指标体系。二是加强对科技发展状况的动态监测。对战略性产业领域“卡脖子”技术进行全面分析与动态掌握，对面向“卡脖子”技术开展攻坚的科技创新活动进行全过程动态监测，对科技创新成果的先进性、产出效益等进行科学评估，及时评判解决“卡脖子”瓶颈制约情况，评判重点领域关键核心技术自主创新能力和水平。加强技术预见，加强重大创新领域战略研判，动态评估检测国际科技发展趋势、新兴领域、重大项目、前沿技术和颠覆性技术，提前识别、预见未来关键性、基础性、前沿性技术领域，为下一步科技研发重点提供依据。三是加强对新技术应用的安全风险评估。针对北京重点发展的人工智能、区块链、工业互联网等技术，在拓展应用场景的同时，对市场应用的技术成熟度、可能带来的安全隐患等进行全面深入评估，在技术安全、产业安全、监管安全等方面做好新技术应用风险评估与防范。①

第二，加强科技安全风险的协同应对。要加强科技安全风险管理工作的协同应对。把科技安全工作贯穿于科技创新发展的各个方面和各个环节，建立科技创新与安全发展工作的分级分类管理责任机制，明确管理事项、责任主体和工作程序，加强部门协同，强化跨行业、跨部门的风险联防联控；加

① 赵世军、董晓辉：《新时代我国科技安全风险的成因分析及应对策略》，《科学管理研究》2021年第3期。

强风险研判、预警监测、安全审查、处置管控和综合评估，打造科技安全工作完整链条[①]；加强科技领域与产业发展、金融发展、社会进步等领域安全工作的协同，形成相互支撑的工作合力。

第三，深入参与全球科技创新治理，为科技安全发展创造良好外部环境。以“两区”建设和中关村示范区自主创新先行先试改革为契机，积极融入全球创新网络，以更强的创新主动权，争取在科技安全治理规则上实现相互融通、相互支撑。既要有效防控境外相关科技领域的风险向我国传导，也要与相关国家做好联合防控科技领域风险的对接措施与联动机制准备。北京要在科技风险预警、防控等机制建设上，形成代表我国参与国际联防联控的“桥头堡”。

① 王志刚：《加强自主创新　强化科技安全　为维护和塑造国家安全提供强大科技支撑》，《人民日报》2020年4月15日。

十　统筹首都国际交往和城市安全

党的十八大以来，习近平总书记10次视察北京，早在2014年2月就明确提出北京“四个中心”建设，“北京国际交往中心建设”是其中之一，在首都的“四个中心”城市战略定位更加明晰、建设国际一流和谐宜居之都的目标更加坚定之时，北京也进入大国首都参与全球治理、服务国家总体外交大局的提升期。首都国际交往的频度、范围都逐步扩大，在这一过程中，统筹国际交往发展与城市安全的重要性越发突出。

（一）国际交往发展和安全的基本内涵

人类社会的历史，在很大程度上可以说是各民族、各国家和各地区间相互交往交流的历史，[①] 国家之间的交往古已有之，真正能够称为“国际交往”的则伴随主权国家的出现和外交行为的规范化而出现。1648年《威斯特伐利亚和约》的签署，标志着国际体系最基本要素——主权国家的出现，而在此之前，是中世纪教会与君权两种权威相互交叉重叠的权威国家，并且存在相互关联的地方权威、区域权威等，国家的主权无从谈起，领土边界也鲜有明确划分和管辖。从权威交叠的国家到单独以主权为中心的主权领土国家，平等、主权等国际关系的基本准则得以确立。与此相伴，国家间的交往行为更加正式，外交活动也日益制度化与职业化，开始

① 陈奉林：《区域性的国际交往与东方外交圈的形成》，《海交史研究》2021年第1期。

逐渐形成现代外交的格局。从19世纪末开始，伴随着民族国家的兴起和民主进程的发展，外交也出现新变化，其特点是扩大了公开性和民主参与，更多强调国际法在解决国际争端中的作用，并且强调各国对国际事务的平等参与。[①] 在这一长期的历史过程中，以国家为主的行为体开展的规范化外交行为与互动达到一定的密度，并且对彼此的决策有足够的影响，从而使得它们（至少在一定程度上）作为一个整体的组成部分来行动时，国家体系或国际体系就出现了。[②] 所以国际体系是由以主权国家为主的行为体互动产生的，并且这种互动达到了影响彼此政策的程度。正是因为国际体系的存在，并且在两次世界大战结束之后，国际体系中规则、制度、规范等国际机制要素越发丰富，行为体之间的国际交往才逐渐在政治、经济、文化等方面都更加规范。

1. 国际体系中的国际交往

在赫德利·布尔关于国际体系的经典定义中，国际体系产生于国家之间的互动，随着全球化的发展、全球性挑战的增多，全球治理重要性逐渐凸显，国际体系中的行为体除了主权国家之外，还有国际组织这样的超国家行为体以及城市这类次国家行为体，所以国际体系中的国际交往行为不再是主权国家的专属，而是扩大到更多层面。

从国际交往的行为主体角度，第一，在国际体系中开展的国际交往以国家之间的国际交往行为最常见、最频繁，因为即便国际体系中行为体更加多元，国家依然是其中最主要的行为体。第二，基于全球化、信息化、多元化的时代背景，国家的外交系统更加开放，[③] 城市亦获得一定的外交功能。加之全球性挑战严峻，全球治理的重要性不断凸显，国家在全球治理中发挥主要作用之余，依然留有治理空白，城市成为这些治理空白的有效填补者，扮

① 李少军：《国际政治学概论》（第二版），上海人民出版社，2005，第276页。

② 〔英〕赫德利·布尔：《无政府社会——世界政治中的秩序研究》（第四版），张小明译，上海人民出版社，2015，第12页。

③ 陈楠：《城市外交与中国特色大国外交——思想契合、战略对接与机制创新》，《国际展望》2018年第1期。

演着越发重要的跨境外交执行者角色，对化解不断出现的人类共同危机起着至关重要的作用。[①] 所以城市也是国际体系中的重要行为体，以城市外交为代表的国际交往行为也在国际体系中逐渐增加。第三，在当代国际体系中，各类国际组织也是一类不可忽视的行为体，国家与国际组织之间、城市与国际组织之间都会开展国际交往行为。特别是与一些具有独立法人地位的国际组织之间的国际交往行为，往往也具备非常高的级别、规格和影响力。

2. 城市国际交往的发展和安全

国家层面的国际交往与城市层面的国际交往存在较为明显的差别，二者的发展和安全关切不完全一致，并且国际交往层次丰富，内容多元多样，涉及经济、贸易、政治、文化、安全、环境、气候、公共卫生等诸多领域，具体的交往形式更是不胜枚举，所以在这一部分只集中探讨城市层面国际交往的发展和安全。

随着城市外事外交功能的拓展，城市越来越能够在国际舞台上对国家利益进行维护与实现，对国家形象进行充分展示，开展的国际交往行为也更加丰富。在国际交往发展更加迅速的同时，必须关注其中存在的各类安全风险，因其涉外的突出特点，统筹城市国际交往中的发展和安全尤为重要。

第一，城市国际交往的发展首先是城市外交的不断丰富与发展。城市国际交往的开展建立在城市具有外事外交功能的基础之上。城市参与国际事务的实践行为在 18 世纪就已经出现，1710 年，北卡罗来纳的新伯尔尼市与瑞士伯尔尼市建立了有记载的最早一对“双胞胎城市”（twin city）。[②] 不同国家的城市缔结双胞胎城市、“姐妹城市”（sister city）或“友好城市”（friendship city）是早期城市参与国际事务的主要形式，城市之间往往以友城关系为基底，开展后续多领域、多形式的城市外事实践，所以缔结国际友好城市关系是城市外交的开端并且至今仍是城市外交最常见的形式。中国城

① 韩德睿：《城市参与全球治理的路径探析——以中国城市为视角》，《区域与全球发展》2019 年第 5 期。

② Brian Cross, “Sister Cities and Economic Development: A New Zealand Perspective,” *Transylvanian Review of Administrative Sciences*, 2010 (30): 105.

市外交的开始也以友城关系的缔结为起点。1973 年，中国天津市和日本神户市缔结友好城市关系，这是中国城市缔结的第一对国际友好城市关系。此后，中国城市外交处于较慢的发展阶段，实践形式依旧以国际友城关系缔结为主，地方外事实践形式较为单一，外事功能有限。21 世纪之后，全球化的迅速发展带来诸多变化，中国需要更加开放的外交系统以适应国际体系中更复杂、更多元的互动，由此逐渐出现对外关系的分权现象，这种分权给地方带来极大的激励，这种激励成为地方参与国际合作的强大动力。[①] 由此，中国的城市外交兴起，逐步成为国家总体外交中不可或缺的一部分，在发展和维护与其他地区和国家关系过程中发挥着独特作用，是对传统国家外交方式的有效补充。

第二，城市国际交往的发展与城市自身国际化发展密不可分，国际化程度高的城市其国际交往能力往往也更加突出。纽约、伦敦、东京等世界著名国际化大城市也是蜚声全球的国际交往中心，有极强的国际交往能力、云集的国际高端政治经济要素和优秀的国际交往空间布局，这类国际化大城市在全球经济塑造、政治革新、价值引领、规范倡导乃至国际体系变革中都能发挥一定作用。这些城市在自身突出的综合实力基础上，充分借助国家整体实力，在全球治理的城市参与维度中拥有无可比拟的影响力和话语权，这类城市的国际交往已经达到更加高阶的水准，与城市国际化水平相得益彰。

第三，城市国际交往与国家国际交往的一个不同之处在于，城市作为国家的一部分，其国际交往的核心是维护、实现国家利益，因而其国际交往的发展必须将服务国家总体外交布局置于重要位置。所以，对国事活动的服务与保障、对国家层面国际交往活动的承载、对涉外环境的持续优化等都是城市国际交往发展中的重要内容。在服务国家整体外交大局过程中，城市本身的国际交往能力、城市国际化程度等都得到提升，也为城市开展城市外交、参与国际机制、参加全球治理带来诸多助益。所以，城市国际交往的发展与

① 苏长和：《中国地方政府与次区域合作：动力、行为及机制》，《世界经济与政治》2010 年第 5 期。

国家国际交往的需求这二者是密不可分的，且开展国际交往也是城市整体国际化发展的题中应有之义。

在城市国际交往发展的过程中，因为涉外，所以统筹国际交往的发展和安全显得尤为重要。“图之于未萌、虑之于未有”的前瞻性思维在城市国际交往的发展中必须贯穿始终。当今世界正值百年未有之大变局之际，国际形势风云诡谲，受到新冠疫情的影响，我国面临的国际国内风险都更加复杂，在形态上呈现连锁联动的系统性特点，不同风险之间相互耦合、叠加、演化，相互交织，形成一个错综复杂的风险综合体。[①] 在城市的国际交往中，统筹发展和安全，则是在开展国际交往活动、城市国际化建设、服务国家外交大局的方方面面都必须对安全予以重视，将每一个环节的安全都置于发展的同等重要位置。在国际风险与国内风险呈联动之势时，国际交往必须做到发展和安全并重，既要主动作为开展国际交往，在国际舞台上做好展现国家文化自信与多元魅力的窗口，也要对可能存在的风险进行未雨绸缪，预判国际交往中的风险因素，做好应对与规避，实现城市国际交往的高质量安全发展，真正服务好国家的外交战略大局，维护国家利益。

（二）统筹首都国际交往和城市安全的主要内容

在中国不断扩大国际影响力之际，中国城市被赋予更多开展外事外交的任务，也拥有更多开展国际交往的机遇，北京作为社会主义大国首都，肩负国际交往中心建设的重要任务，因而其国际交往的发展任务更重、质量要求更高，并且在建设过程中更需要做好国际交往发展和安全的统筹。

在北京“四个中心”城市战略定位确立、首都发展战略不断细化的背景下，北京国际交往中心功能建设，坚持以首都发展为统领，围绕“建设一个什么样的首都，怎样建设首都”这一首都职责使命“元问题”，立足“建设一个什么样的国际交往中心，怎样建设国际交往中心”的时代课题，紧扣服务国家外交战略总体布局，从全面提升北京城市国际化程度、开展好

① 钟开斌：《统筹发展和安全：理论框架与核心思想》，《行政管理改革》2021 年第 7 期。

和服务好各项首都外事外交活动、优化国际交往空间布局等方面，扎实推进北京国际交往中心功能建设，注重首都国际交往发展和安全的统筹，取得系列新成就。

1. 北京城市国际化程度

在首都北京的国际交往发展过程中，城市国际化的跃能升级非常重要，但是作为首都，北京城市国际化与国内其他城市相比还存在特殊之处，即北京的国际化首先要履行好“都”的职责，立足社会主义大国首都国际交往的首要功能，当好中国特色大国主场外交的核心承载地，着力保障好主场外交与重大国事活动。与之密切相关的，则是开展好国际交往中心重点功能基础设施建设。其次是促进“城”的国际化全面发展，完善国际人才社区、教育、医疗等国际化服务体系，建设国际一流的和谐宜居之都。

（1）北京对重大国事活动的承接、服务与保障

首都北京是向世界展示中国改革开放和现代化建设各类重大成就的重要窗口，在服务国家总体外交、宣传和展示国家形象等方面发挥着国内其他城市无可比拟的作用。北京始终都将做好对各项重大国事活动的服务与保障工作作为国际交往中心功能建设的一项重要任务，在功能建设和能力建设上稳扎稳打，健全常态化运行保障机制，以机制化运行防范风险，在实践中持续提升服务保障水平。

北京国际交往中心功能建设开启以来，圆满完成了2014年APEC会议、2017年第一届“一带一路”国际合作高峰论坛、2018年中非合作论坛北京峰会、2019年第二届“一带一路”国际合作高峰论坛、北京世园会、亚洲文明对话大会等重大主场外交活动服务保障任务；面对新冠疫情的巨大考验，北京在2022年顺利完成冬奥会冬残奥会的服务保障工作，全程统筹冬奥防疫与城市防疫，全力为冬奥降低疫情影响，为世界呈现了一届简约、安全、精彩的奥运盛会，充分彰显了北京这座“双奥之城”独一无二的魅力。

北京还将重大国事活动服务保障纳入首都城市治理体系和治理能力现代化进程中，进行高水准统筹谋划，逐步固化完善筹办和服务保障重大活动的各类经验，形成了北京市重大国事活动服务保障常态化工作机制，于2020

年3月发布。并且进一步细化重大国事活动服务保障常态化工作机制，推动建立重大国事活动常态化运行保障平台与标准化资源供给储备，为常态化疫情防控下重大国事活动安全组织提供工作指南，做好相关风险的提前防范，在重大国事活动的承接、保障与服务过程中统筹发展和安全。

（2）北京国际交往中心重点功能基础设施建设

近年来，北京相继完成新国展、怀柔雁栖湖会都等一批重大国际交往设施建设，并且开展对雁栖湖会都的扩容提升，其中雁柏山庄项目整体进入收尾及竣工验收阶段；国家会议中心二期项目建设进展顺利，已经进入内部装修阶段。雁栖湖国际会都和国家会议中心扩容是北京国际交往中心功能建设中的重点工程，是展示首都对外开放和高质量国际交往的重要窗口。北京出台《东坝地区规划建设方案》，确保第四使馆区建设有条不紊推进，使馆区范围内和周边的配套道路建设多已通过“多规合一”方案审查或是取得“多规合一”初审意见函。随着大兴国际机场的投入使用，北京的国际交通枢纽地位得到进一步提升，大兴国际机场与北京首都国际机场、天津滨海国际机场协同组成京津冀机场群，致力于成为东北亚区域最大的机场群，未来将是中国融入世界的重要接入点。

（3）北京的国际化服务体系建设

在北京国际交往中心功能建设过程中，非常注重以城市全面国际化升级匹配首都国际交往的快速与高质量发展，所以在北京的城市国际化发展中，重视国际化服务体系建设，以体系建设促进规范化发展，由此实现有效防范国际化建设进程中的安全风险。2017年，北京率先在全国提出国际人才社区的概念，目前已经形成了朝阳望京、中关村科学城、未来科学城、新首钢、通州、顺义、怀柔科学城、经济技术开发区8个国际人才社区；推进国际医疗试点，在外籍人士的子女教育、医疗、居住、出行等方面提供高品质服务；并且印发了全国首个国际人才社区建设导则——《首都国际人才社区建设导则（试行版）》，是持续、规范化推进国际人才社区建设的权威标准与依据；在有关国际人才社区建设的组织保障上，由北京国际交往中心功能建设领导小组领导、市人才局为牵头单位，已经成立国际人才社区专项工作组，给社区建设提供专业性指导。

2. 国际交往空间布局的优化

首都国际交往的发展必须具备优良的国际交往空间布局，深化“一核、两轴、多板块”的城市空间布局对于首都国际交往发展至关重要。

（1）细致的国际交往空间布局与顶层设计，为北京国际交往中心建设谋划蓝图

北京市先后出台了《北京城市总体规划（2004年—2020年）》和《北京城市总体规划（2016年—2035年）》。《北京城市总体规划（2016年—2035年）》于2017年9月发布，明确提出北京的一切工作必须坚持“四个中心”的城市战略定位，阐明了首都街道的总体规划要求、核心设计要点、机制保障与专项治理等内容，推进国际交往中心功能建设是其中一项重要内容。随后，北京出台了《北京推进国际交往中心功能建设行动计划（2019—2022年）》，明确了48项硬件项目和30项软件任务，清晰提出可操作的任务书、时间表和路线图。2020年，由北京市规划自然资源委和北京市外办组织编制的《北京推进国际交往中心功能建设专项规划》中，明确了北京国际交往中心功能建设的战略任务和发展目标，构建了“一核、两轴、多板块”的空间格局。“一核”即首都功能核心区，是开展国家政务和国事外交活动的首要承载区及展示国际首都形象的重要窗口地区；“两轴”即中轴线及其延长线、长安街及其延长线，是国家政治、经济、文化等国际交往功能的集中承载区和体现中华文化自信与大国首都形象气质的代表地区；“多板块”即拓展丰富公共外交和民间外交的承载空间，是多维度、全方位展现北京国际化大都市形象魅力的亮点板块。2021年9月，北京市出台《北京市“十四五”时期加强国际交往中心功能建设规划》，划定3张清单7个方面31项创新政策78个重大项目151项重点任务，确保“一个区都不能少”。全年共统筹安排74项重点任务、实施42个重大项目，落实细化具体任务。

（2）扎实稳健的逐步推进，实现国际交往空间布局的优化

北京近年来在优化国际交往空间布局的过程中，注重持续发挥“一核”

辐射带动作用，做强核心区功能，提升核心区现有国事活动空间特色品质，以天安门广场、故宫周边为核心，更新改造和美化城市交通环境，优化提升现有国事活动空间，开展老旧小区综合整治项目百余项，并且坚持“保”字当头，精心保护好这张中华文明的金名片；推动中轴线申遗工作，全面展示中轴线传统文化精髓和现代文明魅力，并以中轴线和长安街及其延长线为统领，完善城市空间和功能组织秩序，展现大国首都庄严、沉稳、大气、多彩、自信的形象气质。东部地区，主要优化第一、二、三使馆区域环境品质，高标准建设第四使馆区，美化周边环境，形成新的外交外事功能承载地，着力提升外交外事功能承载能力。通过城市空间布局的优化，突出国际交往相关功能，精简非核心功能，提升国际交往、外事外交活动开展的效能，也实现对可能出现风险的未雨绸缪，提高国际交往空间内的安全性。

3. 持续完善首都的涉外服务环境

首都国际交往的高质量发展离不开涉外服务环境的支撑，优质卓越的涉外服务环境是提升重大国际交往活动服务保障能力、建设国际一流和谐宜居之都的重要支撑。在进一步优化首都涉外服务环境的过程中，北京一以贯之牢固筑守首都的涉外安全防线，践行好外事为民的理念，坚决守护首都安全与人民安全，统筹好涉外服务中的发展和安全。

（1）涉外营商环境

北京在不断加强国际交往的过程中，涉外营商环境得到明显改善，特别是服务业扩大开放为吸引更广泛国际合作营造了更有利的政策环境。金融业等营商环境对外资机构有很强的吸引力，在政策开放、工商登记、功能配套、人才引进等方面为外资机构提供诸多便利，国际营商环境跻身国际一流水平。配合北京“两区”“三平台”建设，相继印发《北京市关于进一步加强稳外资工作的若干措施》《北京市支持卫星网络产业发展的若干措施》，积极吸引优质国际功能性机构、外资跨国公司地区总部、研发中心、专业服务机构及高端制造业企业在京落户。围绕国际消费中心城市建设，开展数字人民币全场景应用试点；实施了一批示范性金融业营商环境政策，北京金融法院挂牌成立，深入开展金融业“证照分离”改革试点，不断提升政务服务质效。与此同时，北京市非常注重对相关境外风险的防范，主动作为，落实本市境外企业、涉外企业与相关投资建设项目的风险防范，开展线上安全巡查活动；对外商投资进行严格安全审查，对已经落地的外商投资项目加强监管，全面防范各类金融、投资风险。

（2）涉外服务工作内容

北京对于涉外服务环境的优化与改善是全方位的，不仅重视对宏观大环境的提升，也关注涉外的各个微观层面。北京近年来持续深入推进“放管服”改革，进一步给外籍人士就近办理相关出入境业务提供便利，北京市人才工作局、北京市公安局在经济技术开发区启动了外国人出入境服务厅建设工作。为推动经济技术开发区高质量发展，进一步向经济技术开发区赋权，授予经济技术开发区外国人来华工作许可初审权限。打造了经济技术开发区国际人才服务厅，为高水平服务外籍人士搭建了平台，实现了经济技术开发区的事在本区办理。通过加强政府跨部门沟通协作，为外籍高层次人士来华提供工作许可与居留许可两证联办业务，实现“一窗受理、同时取证”，使外籍高层次人士办理工作许可和居留许可的时间压缩到 7 个工作日。此外，经预约的外籍申请人还可在服务厅内办理工作、学习、团聚、私人事务等居留手续。

面对新冠疫情的影响，北京及时关注国际物流运输、外籍高管和专家及家属入境返京等方面的问题，主动协调相关部门解决。北京秉持“中外一致，一视同仁”的原则，在疫情严重之际通过多语种、多渠道向在京外籍人士及时发布防控信息，比如，在外籍人士集中居住社区张贴公开信、海报等。北京市政府外办照会 200 余家外国驻华使馆和国际组织驻华代表机构，通报疫情和防控信息；协调北京多语言服务中心为 12345 市民服务热线提供外语接诉支持；在北京市政府外办官网和“北京外事”微信公众号开辟多语种疫情信息专栏，每天以最多 8 种外语及时通报疫情数据、防控政策、便民资讯和防护知识等信息。并开展在京外籍人士和港澳台同胞新冠疫苗接种工作，优化推广国际版“健康宝”，最大限度做好对疫情的风险防控。

(3) 高品质涉外服务软环境

北京国际交往的发展是一项系统工程，持续优化涉外服务环境，需要内外兼顾、多策并举，北京不仅在硬件建设方面下大力气，也注重提升涉外服务的软环境。北京以“首善标准”服务企业和公民“走出去”，领事保护服务能力在全国领先。同时，北京的国际语言环境建设进程进入加速提质期，城市国际语言环境持续优化。北京市地方标准《公共场所中文标识英文译写规范》通则、文化旅游分则、商业金融分则、体育分则和《组织机构、职务职称英文译写通则》修订工作由北京市外办牵头完成，正式发布5项新的外语标识地方标准。2021年11月，《北京市国际交往语言环境建设条例》正式通过，2022年1月1日正式施行。在具体实践方面，北京成功举办“外语标识全民纠错月”、“北京·国际范儿”短视频大赛等活动，搭建北京市外语标识网络信息服务平台，公布外文译写规范及常用外语标识译法等，为规范设置和使用外语标识提供咨询、查询服务，多角度立体化打造北京国际语言环境。此外，北京各个区也开展特色工作，全面助力北京国际语言环境的优化。比如，西城区围绕重点区域定期核查，并完成道路路牌和交通指示牌拼写译写专项治理；石景山区对在账不规范外语标识全部动态清零；门头沟区推进精品民宿外语标识设计规范工作；房山区政务服务大厅提供72种外语实时翻译服务；通州区开通“开放通州”中英文网站等。

（三）新发展阶段统筹首都国际交往发展和城市安全的举措

我国已经进入实现中华民族伟大复兴的关键时期，北京作为首都也进入率先基本实现社会主义现代化的关键期和大国首都功能的全面提升期。在这一发展的重要时期，又遇新冠疫情对世界政治经济格局产生深远的冲击与影响，国际体系迎来冷战结束后最为严峻的考验期，首都北京在这一国际国内背景之下，要继续坚持稳中求进，把握世界发展大势，坚持以首都发展为统领，把握国际交往中心建设的加速提质机遇期，更加奋发有为，统筹首都国际交往的发展和安全，服务好首都高质量发展，助力北京国际竞争力全面提升。

1. 统筹北京推进城市国际化进程中的发展和安全

首先，新冠疫情给国际交往带来极大阻碍，对于现阶段北京承接重大国事活动形成更多挑战。在疫情防控新阶段的客观背景下，统筹重大国事活动服务保障中的发展和安全要继续坚持底线思维，精准管理，对重点国际交往功能设施、主要体育场馆和各类服务设施进行扩容、完善和提升，增加隔离医疗区域，强化通风设施，布局紧急疏散空间或通道，加强智能设备在硬件设施、人流监控等领域的运用。以科学精准的疫情防控，协同重大国事活动防疫与城市防疫，以安全的城市环境为重大国事活动的顺利开展提供保障，全力降低境外输入影响，维护重大国事活动安全与城市安全。并且借助每一次重大国事活动的实践，检验现有防疫工作方案，及时反思与总结可以进一步完善之处，这对于北京做好未来重大国事活动的安全保障极具意义。疫情时期，“流动式会议”“云端会议”“线上+线下”相结合等成为常态和趋势，针对这类活动必须做好网络安全的相关工作。很多以线上方式举行的国际交往活动同样具有较高的规格，针对这类活动必须在做好通信技术保障的同时，加强对网络安全风险的防范，确保线上会议的安全性。

其次，北京城市国际化的跃能升级意味着继续开展重大国事活动之外的各类国际交往活动，这要求北京在疫情防控新阶段更新对外交往机制。北京在服从国家总体外交大局之外，可以编写制定疫情防控新阶段的国宾党宾外事接待指南，设立独立的行李检测、核酸检测通道，划定专门的外事接待宾馆，培养韧性的接待队伍，根据不同层次、不同类别需求，设计不同的参访套餐；对国际商务洽谈、普通外籍人士入京等进行风险评估，在风险可控、保障安全的前提下，逐步恢复更多的北京国际交往活动。

最后，面对新冠疫情导致的国际交往中复杂要素增多，北京国际化服务体系建设也需要做好发展和安全的统筹工作。北京作为首都，外籍人口多，大使馆、国际机构多，服务管理压力更大，但是不能降低国际化服务水准，应该遇难境、谋新路，牢守底线思维，统筹国际化服务体系建设的发展和安全。

2. 统筹北京国际交往空间布局优化过程中的发展和安全

第一，北京近年来频繁承载重大国事活动，高强度、高密度的接待工作在疫情影响持久不退的情势下，对北京提出更高的要求。在持续性强化国家外交核心承载地功能、推进“一核、两轴、多板块”城市空间布局过程中，要拓宽思路，尝试新模式，提前筹划，做足充分准备，统筹安排共性需求和个性化需求，在保障安全的前提下，于重大活动间做好快速切换和调整工作。

第二，在打造具有国际竞争力的特色文化聚集空间过程中，也要重视发展和安全的统筹。在打造特色文化聚集空间的进程中，加强地标性历史遗产改造、推动中轴线申遗、建设好创新创意基地等，都需要开展国际化宣传和文化品牌的塑造与推广。在国际化宣传与推广过程中，既要善于运用各类宣传推介手段，也要创新宣传形式，更要注重宣传安全，特别是宣传过程中的文化安全。在海外宣传特色文化项目、精品文化项目时，必须注重语言文字的安全、风俗习惯的安全、价值观念的安全等方面，注重宣传中语言文字翻译的准确性，特别是北京本身具有诸多世界文化遗产并且是中华文化的重要代表，更要在展现文化自信的同时，严格把关细节，高质量推广具有中国特色、北京特点的文化品牌，切实统筹好国际交往空间布局建设过程中的发展和安全。

3. 统筹首都完善涉外服务环境实践中的发展和安全

第一，北京要在优化营商环境的实践中，继续统筹发展和安全。未来北京不仅要为企业提供全生命周期政策咨询和政务服务，也要对标国际打造营商环境高地，以服务企业为目标，对政府服务进行系统性流程再造，提升在线审批平台、政策查询平台、项目申请平台等服务效能，整合工商、税务、公安、银行、社保等流程环节，推出“一站式受理”“一网通办”“证照联办”等服务模式。并且在延续既有对境外风险防范举措的基础上，进一步推进营商环境的法治化、制度化建设，营造透明高效的制度环境和规范有序的市场环境，提升营商环境国际化水平。发挥“一带一路”城市商会联盟作用，推进国际经贸合作网络建设，加强国际商事纠纷解决能力建设，完善法律咨询、风险评估、安全防范和信息共享等全方位安全保障性服务。

第二，在优化对外籍人士的服务与管理方面，北京近年来做了非常多的工作，扩充了涉外服务工作内容，也优化了涉外服务环境。接下来要进一步完善政策法律环境建设，一是以有利于国际交往的法律和政策，规范涉外服务中的各项工作，以规范化的章程提升涉外服务的质量，减少出现纠纷的可能性，尽最大可能在涉外工作中规避风险；二是完善和健全涉外法律体系，进一步加强涉外法制法规宣传工作，为在京外国人提供法律咨询和法律服务，创造良好的法律环境。

第三，加强涉外部门职能建设，健全涉外服务管理工作机制，以优良、规范的工作机制提升涉外服务的实践能力，增强应对各类涉外风险的能力。北京可以加强政府机构中从事涉外管理部门的职能作用，设立专门的涉外社会服务机构，切实负责管理和推进国际交流工作；完善涉外社会服务机构和涉外信息服务中心建设，创新涉外公共服务的国际化供给模式；提升领事保护服务能力，健全涉外企业和人员境外安全工作机制，确保人员安全和国际项目稳定有序开展；完善《境外安全周报》《友好城市动态速递》等境外安全信息服务平台建设，加强境外风险预警和防范服务；普及预防性领事保护宣传教育，做好境外旅游团组各项安全和服务保障工作，不断提升境外突发事件防范能力和处置水平。

十一　统筹首都经济发展和安全

坚持以经济建设为中心，决定了统筹经济发展和安全在首都发展和安全中具有举足轻重的地位和作用。统筹经济发展和安全是首都统筹发展和安全的内在要求，为其他领域安全发展提供了基本物质条件。新时代首都发展必须建立在经济安全发展基础上。

（一）经济发展和安全的基本内涵

习近平总书记在《关于〈中共中央关于制定国民经济和社会发展第十四个五年规划和二〇三五年远景目标的建议〉的说明》中特别指出，“我们越来越深刻地认识到，安全是发展的前提，发展是安全的保障。当前和今后一个时期是我国各类矛盾和风险易发期，各种可以预见和难以预见的风险因素明显增多。我们必须坚持统筹发展和安全，增强机遇意识和风险意识，树立底线思维，把困难估计得更充分一些，把风险思考得更深入一些，注重堵漏洞、强弱项，下好先手棋、打好主动仗，有效防范化解各类风险挑战，确保社会主义现代化事业顺利推进”。因此，“建议稿设置专章对统筹发展和安全、加快国防和军队现代化等作出战略部署，强调要坚持总体国家安全观，加强国家安全体系和能力建设，筑牢国家安全屏障”①。由此可见，统筹发展和安全，是党中央对当前以及将来一个时期国

① 习近平：《关于〈中共中央关于制定国民经济和社会发展第十四个五年规划和二〇三五年远景目标的建议〉的说明》，新华网，2020 年 11 月 3 日。

家整体发展特征和要求进行全面研判后，作出的重要工作安排，是防范化解各类风险、保证各领域高质量发展的重大方针。习近平总书记强调，“国家强，经济体系必须强”[①]。《中共中央关于制定国民经济和社会发展第十四个五年规划和二〇三五年远景目标的建议》（以下简称《建议》）专门将“确保国家经济安全”列为统筹发展和安全的一大任务，正是这一论述的战略体现。统筹经济发展和安全，既是落实国家整体安全观，从全局角度谋划经济发展，也是推动各领域高质量稳健发展、建设现代化经济体系的前提，更是实现第二个百年奋斗目标、全面建设社会主义现代化国家的战略要求。

1. 经济发展和安全的理论分析

（1）国家层面统筹经济发展和安全的理论分析

习近平总书记在国家安全委员会第一次会议上指出：“当前我国国家安全内涵和外延比历史上任何时候都要丰富，时空领域比历史上任何时候都要宽广，内外因素比历史上任何时候都要复杂，必须坚持总体国家安全观，以人民安全为宗旨，以政治安全为根本，以经济安全为基础，以军事、文化、社会安全为保障，以促进国际安全为依托，走出一条中国特色国家安全道路。”[②] 可见，经济安全是基石，国家安全必定要建立在经济安全的基础上。学术界对经济安全的解释集中于国家经济体系运行的独立性[③]，即在经济开放的情况下，一国具有独立的经济主权，经济发展所依赖的社会环境、宏观微观市场环境、资源供给、基础设施等稳定且完备，不受外部威胁[④]，并且有维护这种状态的能力。20 世纪 80 年代至今，中国经济安全的涵盖范围不断变化和扩大。改革开放初期，全球化浪潮为中国经济发展带来前所未有的机遇和挑战，关于经济安全的研究多集中于全球化的冲击，学术界并未将经

① 《习近平谈治国理政》（第三卷），外文出版社，2020，第 240 页。

② 习近平：《在中央国家安全委员会第一次会议上的讲话》，《人民日报》2014 年 4 月 16 日。

③ 史忠良：《参与经济全球化必须注意国家经济安全》，《经济经纬》2002 年第 1 期。

④ B. 梅德韦杰夫、阎洪菊：《俄罗斯经济安全问题》，《国外社会科学》1999 年第 1 期。

济安全作为专门的研究对象。[①] 随着中国参与世界经济、文化等活动的程度不断加深，以及国际地缘政治、产业链布局的不断演变，国家经济安全的内容与范围也不断扩大。亚洲金融危机、全球金融危机、地区冲突风险以及逆全球化的不断升级，令党和中央更加注重外部冲击对经济安全的影响，认识到政治安全、经济安全、军事安全等各类国家安全相互影响、互为依托，并提出总体国家安全观，强调“既重视发展问题，又重视安全问题，发展是安全的基础，安全是发展的条件”[②]。

第一，统筹经济发展和安全的意义。习近平总书记强调当前“我们面对的是百年未有之大变局”[③]，新一轮科技革命正加快重塑世界，世界多极化深入发展、大国博弈不断加剧，国际政治、经济格局正经历深刻变革，新冠疫情更强化了这些风险与变革。在这一背景下，统筹经济发展和安全，成为构建新发展格局、推动高质量发展的必然要求。

统筹经济发展和安全，是构建新发展格局的首要落脚点。当前国际环境动荡，国内产业格局面临调整，系统性金融风险仍需警惕，我国进入新发展阶段，“各种可以预见和难以预见的风险因素明显增多”[④]，不稳定性和不确定性显著增加。构建新发展格局必须立足于这一不稳定和不确定的发展环境。构建新发展格局背景下，安全发展已成为经济发展的重要内涵，要以经济安全为前提、以经济发展为保障，经济发展和经济安全两手抓、两手都要硬。

经济发展是第一要务。党的十九大报告强调：“发展是解决我国一切问题的基础和关键”，“必须坚定不移把发展作为党执政兴国的第一要务”。我国仍处于并将长期处于社会主义初级阶段，必须将经济发展作为首要任务，深化供给侧结构性改革，不断提高生产力水平，坚定不移贯彻创新、协调、

① 舒展、刘墨渊：《国家经济安全与经济自主性》，《当代经济研究》2014 年第 10 期。

② 习近平：《在中央国家安全委员会第一次会议上的讲话》，《人民日报》2014 年 4 月 16 日。

③ 《习近平谈治国理政》（第三卷），外文出版社，2020，第 421 页。

④ 中共中央宣传部：《习近平新时代中国特色社会主义思想学习纲要》，学习出版社、人民出版社，2019，第 142 页。

绿色、开放、共享的新发展理念，为人民生活质量的改善、政治文明的提高、思想文化的进步以及人的全面发展提供物质基础和保障。

经济安全是头等大事。习近平总书记多次强调："国家安全是头等大事"[①]，并作出国家安全两个"十分重要"论断。这一重要论断将国家安全提到与发展同等地位。进入新发展阶段，经济安全不再是经济发展的一个方面，而是与经济发展具有相同重要性。统筹经济发展和安全，要不断攻克关键核心技术，应对不同行业关键技术的"卡脖子"问题；加快构建新发展格局，以国内大循环为主体，将国内需求置于中心，相应的产业布局、规划、战略等要以其为出发点和落脚点，重视防范极端现象出现。中国经济健康、稳定发展，离不开对安全问题的重视与战略布局，面对国内、国际各类经济风险，要有相应的预判与把控，并做到与当前经济发展的规模、结构、速度相匹配。

"安全是发展的前提，发展是安全的保障。"经济发展和安全是"鸟之两翼""车之双轮"，在实现中华民族伟大复兴的道路上，我们既要实现经济快速发展，又要创造经济高质量发展所需要的安全环境，经济发展和经济安全相辅相成、互为因果。产业的良性、可持续发展离不开安全的市场环境、健全的产业结构和完善的内部风控机制；产业链供应链安全也必须依赖产业高质量发展，在分工不断细化的当下，只有不断提高经济发展的安全性与抗风险能力，才能防止风险在产业内，甚至整体经济体系中传播，才能真正打牢物质基础，为人民生活幸福、国家繁荣富强、社会和谐稳定提供持续且健康的保障。习近平总书记 2016 年在中央财经领导小组第十四次会议上的讲话中提道，"我们要紧紧抓住经济调整的窗口期，扎扎实实推进供给侧结构性改革，推动经济结构不断优化、经济发展方式不断转变、经济增长动力加快转换。如果我们在这个问题上不着力、不抓紧，一旦其他大国结构调过来了，我们就会在下一轮国际竞争中陷于被动"[②]。这一论述准确反映了

---

① 中共中央宣传部：《习近平新时代中国特色社会主义思想学习纲要》，学习出版社、人民出版社，2019，第 142 页。

② 习近平：《论把握新发展阶段、贯彻新发展理念、构建新发展格局》，中央文献出版社，2021，第 241 页。

经济发展和安全共生共存、互为保障的关系。忽视安全的发展是存在隐患、不可持续的，忽视发展的安全是基础薄弱、不能长久的。在国际分工和竞争中，原地踏步就是退步，只有不断推进产业结构优化、坚持夯实产业基础能力、时时把握科技创新机遇，才能提高产业链供应链抗风险能力，在全球竞争大潮中处于主动地位；也只有做好经济安全风险预警、防控、应对工作，才能为国家经济发展提供有力支撑和保障。

第二，统筹经济发展和安全的内在要求。《建议》对统筹国家经济发展和安全提出了明确的指引和要求，也对经济安全的具体内涵作出了具有高度概括性、前瞻性的解释："加强经济安全风险预警、防控机制和能力建设，实现重要产业、基础设施、战略资源、重大科技等关键领域安全可控。实施产业竞争力调查和评价工程，增强产业体系抗冲击能力。确保粮食安全，保障能源和战略性矿产资源安全。维护水利、电力、供水、油气、交通、通信、网络、金融等重要基础设施安全，提高水资源集约安全利用水平。维护金融安全，守住不发生系统性风险底线。确保生态安全，加强核安全监管，维护新型领域安全。构建海外利益保护和风险预警防范体系。"

一是加强经济安全风险预警、防控机制和能力建设。"十三五"时期，我国经济安全形势总体稳定，经济安全工作协调机制逐步健全，《国家安全法》的颁布为维护国家经济发展和安全提供了坚实支撑，重点金融领域风险得到有序处置，生态、民生、社会治理等方面治理体系不断完善。然而，我国经济安全态势依然复杂严峻，突发事件风险和潜在风险积累、外部环境变化冲击等风险亟待化解，要警惕经济领域"木桶效应"。习近平总书记在中央全面深化改革委员会第十三次会议的讲话中指出，"发展环境越是严峻复杂，越要坚定不移深化改革，健全各方面制度，完善治理体系，促进制度建设和治理效能更好转化融合，善于运用制度优势应对风险挑战冲击"①。因此，统筹经济发展和安全，首先要建立完善的经济安全风险预警、防控机制，加强应对风险的能力体系建设。《中共中央　国务院关于新时代加快完

① 《习近平：发展环境越是严峻复杂，越要坚定不移深化改革》，《人民日报》2020年4月28日。

善社会主义市场经济体制的意见》提出，“强化经济监测预测预警能力，充分利用大数据、人工智能等新技术，建立重大风险识别和预警机制，加强社会预期管理”。将预警和监测一以贯之，坚决防止经济风险隐患增大；加强精准防控，将经济风险快速控制，防止其扩散、多发；持续加强经济安全应急保障能力建设，为应对经济及其他连锁风险提供支撑和保障。

二是增强产业体系抗冲击能力。产业安全是国家经济安全的根基，统筹经济发展和安全，要着力增强产业链韧性和抗风险能力，保证产业链供应链稳定牢固。我国已形成比较完整的产业体系，制造业规模居世界首位，服务业新技术、新产业、新业态层出不穷。但从高质量发展角度看，产业基础不牢问题仍然突出，核心基础零部件、基础工艺、关键材料等方面对外依存度高，研发设计水平不足。专业化、差异化的生产性服务业和精细化、便利化的生活性服务业发展仍然滞后。要把握住新一轮科技革命机遇，着力提升产业链现代化水平，提高产业链供应链韧性，统筹推进补短板、锻长板。切实增强产业基础能力，充分发挥企业创新性和自主性，促进先进制造业和生产性现代服务业的发展。

三是确保粮食、能源、资源和重要基础设施安全。“十三五”以来，我国谷物自给率超过 95%，口粮自给率达到 100%①，粮食储备和应急体系逐步健全。我国是世界上能源自主保障程度较高的国家之一，“十三五”以来能源储备体系不断健全，综合应急保障能力显著增强。但需要认识到，我国粮食供需仍将维持紧平衡状态，粮食质量安全仍需关注。优质能源资源对外依存度较高，资源浪费现象仍普遍存在。粮食、能源、资源和重要基础设施的安全，是经济安全的底线。亟须完善粮食安全保障法，强化地方政府责任；推进“藏粮于技”，提高农业现代化水平；推进优质粮食工程，加强粮食安全保障。持续推进能源革命，扩大国内优质能源供给；优化油气管网布局，大力发展新型清洁能源；探索能源多元进口格局，培育以我国为主的交易中心和定价机制。推进重要资源集约化、清洁化利用，提高资源利用效

① 刘慧：《守住全年粮食丰收基本盘》，《经济日报》2021 年 8 月 12 日。

率，利用与治理齐头并进，确保重要资源充足、稳定、可持续供应。加强电力系统、水利系统、通信系统、交通网络、金融网络等基础设施的安全体系建设，构建安全风险评估、预警、应对体系。

四是确保不发生系统性金融风险。金融安全是国家安全的重要组成部分，是现代市场经济体系的“血液”。我国金融体系已成功经受住亚洲金融危机、全球金融危机的考验，“十三五”以来更是打好防范化解重大风险攻坚战，治理无序市场、处置重点领域风险、遏制宏观杠杆率过快提升，经受住国内外特别是新冠疫情带来的冲击，金融风险总体可控。然而，在新冠疫情冲击下，我国金融系统仍面临严峻的外部冲击，加上内部局部金融风险尚未化解，造成内外风险叠加；机构常态化风险处置机制尚未完成，一些中小型金融机构风险加速暴露；部分市场垄断与资本无序扩张也给金融体系带来冲击。统筹金融发展和安全，必须抓牢防范化解金融风险这一重要任务，确保不发生系统性金融风险，坚持金融为实体经济服务；持续推进现代化金融监管体系建设，宏观审慎监管与功能监管、行为监管相结合，推动监管科技发展，规范市场秩序。

（2）统筹首都经济发展和安全的理论分析

经济安全是统筹发展和安全的基础，统筹经济发展和安全是首都发展的核心要义。“四个中心”“四个服务”的首都功能定位下，统筹经济发展和安全成为必然要求，首都新发展必然是高质量发展和高水平安全的有机统一。新时期首都推动率先基本实现社会主义现代化，对在经济发展中深入贯彻总体国家安全观，确保经济发展和安全的统筹协调提出了更高要求。

第一，科学认识北京经济发展和安全的辩证统一关系。统筹首都经济发展和安全，总体来说就是要处理好经济发展和经济安全的辩证关系，实现发展和安全的相互支撑、相得益彰。从国际国内形势来看，目前正处于各类风险矛盾集中期，首都发展环境面临的不稳定不确定因素显著增加。世界百年未有之大变局进入加速演变期，全球产业链、供应链面临深度调整与重构，国际贸易、投资、金融等国际经济重点领域变局增多。北京作为首都，承载了总部管理中心、金融管理中心、研发创新中心等重要经济功能，是经济资源配置、经济管理的重要枢纽，极易受各类风险冲击和传导影响，容易成为各类经济风险的集中地。从首都发展的内在因素来看，创新动力仍然不足，结构性、系统性、周期性、质量性问题相互交织，人民日益增长的美好生活需要与不平衡不充分发展之间的矛盾仍然突出。

面向时代发展和实践特征带来的新问题新要求，既要在发展上更多考虑安全要求，不因片面追求经济增长而不顾风险挑战；也要在安全上更多关注发展因素，不因片面追求安全而在发展上裹足不前，从而在推动经济发展的同时努力确保经济体系安全，在确保安全的同时努力推动经济高质量发展。[①] 一方面，经济发展是实现首都经济安全的基础。在各类风险矛盾集中的窗口期，不发展是最大的不安全，必须迎难而上，推进经济稳步增长、产业结构不断优化、金融体系健全完善，通过更有效率和效益增进型发展，有效化解各类内部矛盾和外部冲击，防范各类影响经济稳定发展的风险。只有实现高质量的经济发展，才能切实保障现代化进程中真正实现首都经济安全。另一方面，经济安全是经济发展的前提。新发展阶段，经济安全的内涵和外延都发生了深刻的变化，首都新发展要强化底线思维，系统构筑安全防线，妥善防范化解现代化进程中的各种风险，为经济高质量发展提供安全基础和保障，用更高层次的安全保障更高质量的发展。只有实现产业体系、金融体系、战略资源、市场体系、基础设施、重大科技等关键领域自主可控，才能切实保证首都经济的高质量安全发展。新时期首都经济高质量发展，必然要求在安全前提下系统推进质量变革、效率变革、动力变革；必须实现发展质量、结构、规模、速度、效益与安全的有机统一。

第二，统筹发展和安全是新发展阶段北京融入新发展格局的关键。构建新发展格局，是我国面对外部环境风险显著增加，甚至演化为对我国经济安全乃至国家安全的重大威胁，跃出经济视域而启动的事关全局的系统性、深层次变革与战略部署[②]，因此新发展格局的根本要求在于统筹发展和安全。

---

① 冯鹏志：《深入把握发展和安全的辩证法》，《学习时报》2021 年 2 月 26 日。

② 高培勇：《构建新发展格局：在统筹发展和安全中前行》，《经济研究》2021 年第 3 期。

统筹首都经济发展和安全，为新时期北京融入以国内大循环为主体、国内国际双循环相互促进的新发展格局提供了战略支点。

首都统筹发展和安全，有利于北京找准在国内大循环和国内国际双循环中的位置，发挥自身比较优势，推动融入新发展格局与建设国家自主创新示范区、建设自贸区和服务业扩大开放示范区、京津冀协同发展等有机衔接起来，打造改革开放新高地，在率先探索构建新发展格局的有效路径中发挥引领和带动作用。首都统筹发展和安全，有利于北京引领打通生产、分配、流通、消费的国内经济循环的堵点，加快解决关键核心技术“卡脖子”问题，提升产业链供应链稳定性和竞争力，以国际消费中心城市建设带动现代流通体系建设，打造扩大内需的长效机制，进而率先把握安全发展主动权。首都统筹发展和安全，有利于北京在治理体系和治理能力现代化水平提升基础上，实现创新发展、协调发展、绿色发展、开放发展、共享发展、减量发展、安全发展的有机统一，培育具有首都特点的现代化经济体系，成为引领畅通区域、全国大循环的关键节点和我国贯通国内国际双循环的重要枢纽。

第三，把握北京经济安全发展的系统性和整体性。北京经济安全发展在发展理念、发展路径等方面都体现了系统性整体性，成为首都发展的重要支撑。一是统筹发展和安全体现了首都发展理念的系统性整体性。统筹发展和安全与贯彻新发展理念是相辅相成、融会贯通的，创新、协调、绿色、开放、共享与安全发展具有内在紧密联系，共同构成首都新发展的核心理念体系。经济安全发展与首都功能定位相互支撑，落实首都城市战略定位以统筹发展和安全为根本指导，“四个中心”“四个服务”的功能定位为贯彻首都新发展理念提供了强大实践根基。二是统筹发展和安全贯穿首都经济发展全过程各领域。统筹发展和安全既要开展全面系统的推动，贯穿首都经济高质量发展全过程；又要以重点领域和关键环节的安全发展为突破口，实现渐进与突破相结合。在首都自主创新示范、自由贸易试验、服务业扩大开放、科技体制机制改革、数字经济动能培育等各领域改革发展过程中，深入推进各项改革举措在政策取向上相互配合，在实施过程中相互促进，在实际成效上相得益彰[①]，统筹协调推进发展和安全两件大事。实现产业基础、产业链现代化、供应链保障、金融创新与发展、经济稳定运行、能源资源供应、战略性新兴产业培育、未来产业发展、数字经济治理等经济发展重点领域和关键环节安全可控。三是经济安全发展的实施路径具有系统性整体性。新时期实现首都经济安全发展，要融入现代化经济体系建设，培育系统性整体性的战略路径体系，推动现代化经济体系建设与治理体系和治理能力现代化水平提升相耦合，形成具有首都特色的经济安全发展路径与政策体系。首都经济安全发展，具有特殊重要意义，具体实施路径必然是系统全面的，是涵盖风险预警、防控机制、风险应对、保障能力等各方面的路径体系和系统工程。同时，各战略路径本身也需要涵盖完善的政策机制体系，经济安全风险预警机制要加强评估研判、完善预警监测体系；风险防控体系要促进风险研判、政策风险评估、风险防控协同、风险防控责任等政策机制的统筹协调；经济安全风险应对体系和安全保障能力建设要能够相互支撑，提升运筹能力和重大冲击应对能力。经济安全风险防控体系建设要充分体现特大城市经济风险体系特点，加强防控体制机制保障和能力建设，切实形成防范化解首都经济领域重大风险的系统能力。

2. 重点领域发展和安全

（1）产业链供应链安全

第一，产业链供应链安全面临新的时代背景。一是在世界百年未有之大变局下，外部风险给我国产业链供应链安全发展带来挑战。世界经贸格局变化给我国产业链供应链安全带来风险，“逆全球化”倾向凸显，多边自由贸易体系遭到破坏，全球价值链分工的基础遭遇挑战，给我国产业链安全带来风险。《2020 年世界发展报告》显示，中间产品贸易占全球贸易的 70%，任何外部和内部冲击都将沿着全球生产网络传递至各个国家，从而严重动摇以中间产品贸易为基础的全球产业链的稳健运行，并通过不同产业链链条的相

① 《〈中共中央关于制定国民经济和社会发展第十四个五年规划和二〇三五年远景目标的建议〉辅导读本》，人民出版社，2021，第 166～167 页。

互叠加，对全球供应链网络产生巨大的连锁式影响。疫情冲击加剧了全球产业链供应链的不确定性风险。在全球新冠疫情冲击下，发达国家强烈意识到产业配套对国家经济安全的重要性，通过“锁链”“缩链”“断链”“撤链”行动，重新考虑产业链布局，加剧了全球产业链供应链脱钩的风险，全球产业链供应链更加趋向于本土化区域化发展，安全发展的要求更加凸显。一国要在全球产业分工体系中实现产业链安全发展，必须在核心技术和关键环节自立自强，产业链安全更加强调对产业链关键环节的掌控能力和风险应对能力，进而消除产业链的外部断链威胁，使外部风险置于可控范围内。

二是“双循环”新发展格局下我国产业链供应链安全发展面临新契机。我国已经形成较为完整的产业链，在新发展格局下，我国将充分发挥国内超大规模市场优势，通过繁荣国内经济、畅通国内大循环为经济发展增添动力。在产业转型升级过程中，本土市场互动效应、市场规模诱致效应、本土规模市场终端需求效应能够协同产生作用，促进产业链供应链形成本土安全发展的有效支撑。同时，我国技术创新能力不断提升，对产业链供应链安全发展形成科技支撑。技术创新能力已从点的突破向系统能力提升转变，面对疫情冲击和国外相关产品供应链供给不足，国内相关产业链供应商加强自主创新和联合攻关，在产业链基础薄弱环节和关键环节加强新产品研发，打破国外技术垄断，加快推进国产化产品应用替代，以技术创新为动力实现“补链”“强链”，以内为主加快塑造完整的产业链供应链。

第二，产业链供应链安全具有新的内涵。产业链安全的内涵建立在产业安全内涵基础上。产业安全涵盖竞争力、控制力、抗冲击力等维度，产业安全最终取决于产业竞争力，本国在战略领域和关键环节具有控制权，对来自国内外的不利因素具有足够的抵御能力，能够有效应对国际竞争给本国产业带来的威胁。产业链安全是在产业安全基础上对产业竞争力和控制能力的进一步聚焦，产业链安全是指在开放经济条件下，一国在产业链关键环节具有控制力和国际竞争力，能够有效保障本国重点产业的持续发展。同时，产业链安全不仅是一种安全状态或目标，还是通过制度机制和创新能力建设来防范化解产业链重大风险的能力。可以从国家宏观和行业中观两个层面理解产业链安全，从国家层面来看，产业链安全是指一个国家按照自己的意愿制定相应的产业政策，通过制度安排和政策措施有效化解产业链关键环节风险，保持并提升本国在重点产业链上的竞争力，进而推动相关产业及产业链发展。[①] 从行业层面来看，产业链安全强调核心企业能够有效整合产业链上下游资源，有效抵御不确定性因素，实现可持续发展。产业链安全更加突出外部风险对重要产业上下游关联关系的影响，也更加突出在产业链关键环节的竞争力。产业链安全与供应链安全紧密关联。供应链安全是微观层面的产业链安全，聚焦企业层面的风险防控，强调围绕核心企业，从原材料、零部件采购到中间产品生产再到最终产品销售，上下游供需关系保持全链条的安全可控。

产业链安全包括产业链控制力、产业链竞争力、产业链安全生态三个维度。产业链控制力强调本国资本或企业对产业链关键环节的掌控能力，是基于产业链风险客观状态的描述；产业链竞争力是突出产业技术先进性和经济效益可行性的安全，可以视为更高等级的产业链安全状态和能力，产业链竞争力决定了产业链安全；产业链安全生态是融合了产业发展环境、政策措施、外部风险环境的综合环境。

从产业链供应链安全的内在要求来看，首先，保持较高的技术创新水平是产业链安全的基本要义。科技成果转化为生产力，使我国产业技术创新保持较高水平，是提升产业链水平的关键。其次，保持产业链各环节畅通是产业链安全的内在要求。产业链环环相扣，一个环节阻滞，上下游企业都无法运转。最后，保持重点产业链自主可控是产业链安全的重要体现，也就是在面临外部（主要是国外）产品、零部件、技术等供应受限时，还能依靠国内稳定运行的产业链供应链提供相应的产品和服务。

（2）金融安全

第一，金融安全是国家安全的重要组成部分。习近平总书记指出，金融安全是国家安全的重要组成部分，他强调要切实把维护金融安全作为治国理

① 中国宏观经济研究院课题组：《夯实构建新发展格局的产业链基础》，《经济日报》2021 年 12 月 28 日。

政的一件大事。金融是国家经济的血液，金融安全关系着经济社会方方面面，保障金融安全就是保障国家发展大局。随着国内外金融业的飞速发展，其对一国乃至全球经济影响的力度、风险传导的速度都进一步提升，近一个世纪以来多数经济危机都是由金融问题引发或是从金融领域开始爆发的。2008 年次贷危机以及接踵而至的欧洲债务危机提醒我们，对金融风险不能放松警惕，未雨绸缪、加强监管，高度重视对金融安全的维护，是抵御内外压力的重要保障。[①] 2020 年 12 月 7 日，中共北京市委发布《关于制定北京市国民经济和社会发展第十四个五年规划和二〇三五年远景目标的建议》，指出要建立完善的金融监管体系和金融风险防范化解机制，推进存量金融风险有序化解，实现潜在金融风险有力遏制。提高风险评估和监测预警能力，全面防范“灰犀牛”和“黑天鹅”事件，牢牢守住不发生区域性、系统性风险的底线。

第二，维护金融安全是发展的基本要求。金融安全是国家安全的重要组成部分。各行各业的发展壮大都离不开金融服务的支持，在数字经济飞速发展的今天，金融服务更是触及国计民生的方方面面，金融在悄然融入公众生活的同时，也深刻影响经济社会发展的全链条。正是因为金融服务这一影响广泛的特征，金融安全成为不可忽视的一项工作。从宏观层面来讲，金融安全涉及民生、产业发展，金融安全对社会安定、产业链稳定起着保障性作用，进而对经济安全、文化安全乃至政治安全都发挥支撑作用。

金融服务通过影响产业发展来影响经济，金融安全也通过保障产业链资金供应、稳定公众信心来维护经济安全。金融服务于实体经济，金融业的发展与实体经济的发展相辅相成。金融风险的连锁性与传染性，导致金融行业的微小风险，即可成倍扩大传导至实体经济，因此，维护好金融安全，是保证经济安全的“防护罩”。当前中国经济正处于转型升级的关键期，“脱实向虚”“高杠杆”等风险行为仍需格外关注。同时，国际政治经济形势变幻

① 刘铮：《维护金融安全关系全局——落实习近平总书记金融安全重要讲话精神系列述评之一》，新华社，2017 年 5 月 2 日。

莫测，国际金融风险点不断加剧，有可能对国家金融安全形成外部冲击。因此，防范和化解各类金融风险是保持经济平稳健康发展的根本举措，必须毫不松懈地抓实抓好金融安全工作，坚决守住不发生系统性金融风险的底线。①

第三，把握首都金融安全的重点。党的十八大以来，我国金融改革取得了一系列新的成就。这些成就充分证明，以习近平同志为核心的党中央关于金融工作的决策部署高瞻远瞩、深谋远虑，采取的一系列政策措施精准及时、有力有效，在推动国家金融改革发展稳定等方面都起到了决定性作用。首都金融发展在全国大局中具有特殊而重要的地位。首都金融业的服务对象不仅局限于北京企业和居民，更包括津冀地区乃至全国，金融业已经是首都经济发展的中坚力量。自觉将首都金融工作放到国家金融发展和安全的大局中去思考谋划，坚持以“四个意识”做好首都金融工作；加大金融对实体经济的支持力度，持续激发市场主体活力；推动首都金融业提质增效，培育新增长极；坚持关口前移，加强风险研判和监管，支持引导各类资本规范健康发展，守住不发生系统性金融风险底线。首都金融安全重点在于五个方面：一是重点领域风险整治，包括非法集资、私募基金风险、P2P 风险出清、不良贷款处置、严查严处高风险影子银行、债券违约风险、上市公司风险、行业机构风险等；二是虚拟货币风险防控；三是地方交易场所整顿；四是严控房地产市场金融风险；五是外部输入风险防控。

（二）首都经济发展和安全的阶段性特征

1. 经济发展和安全取得新成就

（1）在减量发展的同时经济发展质量不断提升

第一，坚持扩大内需战略，内需成为带动经济增长的重要力量。一是消费在经济发展中发挥基础性作用，有效满足人民美好生活需要。消费对北京经济增长起到了稳基础作用。2012~2019 年，北京最终消费支出的贡献率保

① 石建勋：《深刻认识维护金融安全的重大意义》，《人民日报》2017 年 8 月 4 日。

持在56%~74%，平均达到66.8%；2012~2020年，北京最终消费率保持在59%左右，平均为59.2%。同时，消费需求增长潜力足，互联网和各类消费业态紧密融合，线上线下消费融合发展，服务型消费不断成熟，新消费模式、新业态带动消费质量不断提升。消费对改善民生、满足人民美好生活需要也发挥了重要作用。

二是投资对优化供给结构发挥关键作用，有效夯实了经济发展潜能。投资在量的合理增长中实现质的有力提升，2012~2019年，北京资本形成总额对经济增长的贡献率平均为33.4%；2020年，在疫情冲击下，投资对地区生产总值的贡献率达到了210.6%。2012~2020年，北京资本形成率平均为40.5%。积极谋划实施以基础设施项目、民生改善项目、科技创新及高精尖产业项目为内容的“3个100”市重点工程。对接“五子联动”，重点领域、重点区域投资成为带动经济发展的增长极。在疫情对经济安全发展的冲击下，投资实现“量稳质优”，充分发挥了拉动当期需求、稳住经济基本盘的关键作用，成为北京应对疫情冲击、实现经济平稳安全发展的重要力量。面向我国经济发展的三重压力，有效投资增长能够切实扩张需求、优化供给、稳定预期，对疫情冲击下的经济稳定发展起到关键作用。

第二，减量发展条件下，经济发展效率效益不断提升。一是经济发展效率提高。2018年，北京首次实现城乡建设用地减量34平方公里，成为全国第一个减量发展的超大型城市。以资源环境承载能力为硬约束，倒逼城市减量提质。持续推进“疏解整治促提升”工作，2014~2019年累计退出一般制造业企业2759家；2020年底基本完成了区域性市场和区域性物流中心疏解工作。在剥掉“白菜帮”的同时，做优“白菜心”，发展高精尖产业。例如，在“动批”等区域市场，向金融科技与专业服务创新示范区转型，产业附加值与贡献税收实现极大提高；朝阳、海淀、丰台、石景山等区腾退的老旧厂房，正在转型成为文化创意产业园、“双创”空间，发展科技、信息、文化等高端服务业。经济运行效率不断提高，根据相关年份《北京统计年鉴》，北京全社会劳动生产率由2012年的17.5万元/人提高到2020年的28.5万元/人，年均增长6.3%；其中，第二产业劳动生产率从17.86万元/人提高到 33.29 万元/人，年均增长 8.1%；第三产业劳动生产率从 18.44 万元/人提高到 28.77 万元/人，年均增长 5.7%。同时，经济发展的资源使用效率不断提高，2020 年北京万元地区生产总值能耗下降率达到了 9.18%，第二产业、第三产业能耗下降率分别达到 7.3%、14.6%。

二是经济发展效益提高。北京经济克服疫情冲击等不利影响，经济发展效益保持稳定提升。2021 年，人均地区生产总值和全员劳动生产率保持全国第一。根据《北京市 2021 年国民经济和社会发展统计公报》，北京规模以上工业增加值按可比价格计算，同比增长 31%。重点行业中，医药制造业同比增长 2.5 倍，计算机、通信和其他电子设备制造业增长 19.6%。在医药、电子行业带动下，高技术产业和战略性新兴产业增加值分别增长 14.2%和 14%；规模以上企业主要产品工业机器人、电子元件的产量分别增长 56%和 46.9%。

（2）高精尖经济结构成为现代产业体系的主要支撑

构建高精尖经济结构，是党中央遵循首都城市战略定位，对首都建设现代化经济体系作出的战略部署。高精尖经济结构代表了首都探索现代化建设路径的成功经验。2014 年 2 月，习近平总书记在北京考察工作时指出，“北京要发展，而且要发展好”，“北京要放弃发展‘大而全’的经济体系，腾笼换鸟，构建‘高精尖’的经济结构，使经济发展更好服务于城市战略定位”。经过多年的奋力开拓，高精尖经济结构已经成为首都经济的主要结构性特征。2020 年，新经济增加值占北京地区生产总值比重达到 37.8%。《北京市国民经济和社会发展第十四个五年规划和二〇三五年远景目标纲要》提出，要更加突出创新发展，巩固高精尖经济结构，提高经济质量效益和核心竞争力。“十四五”时期，高精尖经济体系将继续发挥创新引领作用，推动实现具有新优势的首都高质量发展。

社会生产力发展和综合国力提高，最终取决于科技创新。高精尖经济结构强调依靠科技创新提升产业链水平，引领创新链与产业链深度融合，注重利用技术创新和规模效应形成新的竞争优势，培育和发展新的产业集群。新一轮科技革命和产业变革正在积聚力量，催生大量新产业、新业态、新模式，与我国加快转变经济发展方式形成历史交汇。北京以构建高精尖经济结构和产业新体系为引擎，紧抓新一轮科技革命与产业变革的历史机遇，为经济高质量发展打造“发动机”。北京市制定实施了促进新一代信息技术产业、集成电路产业、医药健康产业、智能装备产业、节能环保产业、新能源智能汽车产业、新材料产业、人工智能产业、软件和信息服务业、科技服务业等十大高精尖产业创新发展的指导意见和财政、土地、人才支持政策等“10+3”高精尖产业促进政策，主动作为，推动实现关键核心技术突破和服务模式创新，聚焦重点领域，突出高端环节，培育核心品牌企业，推进建设拥有技术主导权的高精尖产业集群，加快培育发展新动能。

北京目前已经形成了以新一代信息技术、医药健康“双引擎”引领的高精尖产业集群。培育形成科技服务业等万亿级产业集群，人工智能、智能装备、节能环保等千亿级产业集群，集成电路、新能源汽车、新材料等产业集群蓬勃发展。高精尖产业链条完整，创新实力突出。加强集成电路全产业链布局，成为全国半导体领域最重要的科技创新和产业集聚区。高精尖产业集群成为支撑经济高质量发展的重要力量，促进北京经济结构和发展方式发生重大调整，形成规模经济效益，带动产业经济实现全面技术升级和发展模式创新。

北京高精尖产业集群以创新为根本特征，研发创新优势突出，创新载体丰富，集群效应凸显。产业链高端控制地位突出，研发创新环节、总部环节优势明显，总部型企业聚集，形成了集技术研发、投资建设、综合运营服务于一体的发展模式。产业科技创新和产业技术攻关能力在全国处于领先地位，形成辐射全国的引领带动能力。领军企业专业优势突出，行业龙头地位凸显，形成了涵盖行业领军型、成长潜力型、特色创新型企业，具有较强竞争优势的企业集群。以人工智能产业集群为例，北京已基本形成完整的人工智能产业链，涵盖基础层、技术层、应用层，由高端芯片、基础软件、通用平台、核心算法、硬件制造、终端产业应用、行业整体解决方案等重点环节组成，算力、算量、算法三螺旋结构相互强化，在部分细分领域具有优势。2020年，北京人工智能产业实现营业收入3608.1亿元，同比增长23%。①

---

① 北京市经信局：《2021北京软件和信息服务业发展报告》，2021年8月。

创新创业十分活跃，初步形成具有一定竞争优势的创新型企业集群。目前，北京在人工智能重点细分领域均拥有头部企业，集聚了一批具备颠覆性原创核心技术的创业企业，拥有的人工智能企业数量占全国比重接近1/3，涌现出以百度、字节跳动等为代表的人工智能领军企业。2020年，北京拥有93家独角兽企业，总估值达到2.6万亿元，占全国独角兽企业总估值的43.3%。

高精尖经济的根本特质在于实现科技创新与经济发展的深度融合，是落实习近平总书记科技与经济融合重要论述的生动实践。“十四五”时期，北京将继续打造4~5个具有全球核心竞争力的万亿级产业集群，力争到2025年高精尖产业占GDP比重达到30%以上。

（3）创新成为经济发展的重要驱动力

一是力争突破关键核心技术。以习近平总书记的重要论述为指导，依托丰富的创新资源，北京高精尖产业发展注重以关键共性技术、前沿引领技术、现代工程技术、颠覆性技术创新为突破口，聚焦我国存在“卡脖子”安全风险的领域，持续推进关键技术和核心产品突破，打造核心竞争力。支持新型研发机构、高校、科研机构、科技领军企业联合攻关，带动产业链上下游企业开展协同创新。加强产业创新中心和创新平台建设，培育龙头企业和分领域冠军企业，提升企业创新能力。加快关键装备和零部件、关键材料研发与产业化，努力实现关键核心技术自主可控，力争掌握高精尖产业发展主动权。例如，北京智能装备产业尤其机器人产业研发优势突出，在中关村示范区形成一批生力军企业。以企业为主导，机器人检验检测、高档数控机床系统及功能部件关键技术标准与测试等平台建设获得国家支持，工业机器人及核心零部件特色突出；在高精密RV减速器、激光雷达、多维力觉传感器等机器人核心关键零部件领域实现重大突破和自主研发与制造，工业机器人离线编程软件方面打破国外技术封锁与垄断，建立在自主创新能力基础上的核心竞争力初步形成。

二是加强产业创新。北京经济以高精尖产业为主导，坚持创新驱动，以科技创新为核心推进产业全面创新，以科技创新引领产业创新，以产业创新支撑科技创新，建设科技创新与产业创新深度融合的经济体系。例如，医药健康产业以研发创新为核心，加强全面创新，不断提升产业竞争力。围绕国家重大科技基础设施、国家重点研发计划、国家级重点实验室，提高基础研究能力，增强原始创新优势；加强产业创新，同时提高中试、工程化实验、规模化生产能力；加强企业创新，培育龙头企业、领军企业以及创新引领企业，加强产品创新；实施新一代健康诊疗与服务专项，促进服务创新；实施智能制造工程、绿色制造转型工程，促进医药企业生产工艺智能化、绿色化升级；融合应用新一代信息技术，发展“互联网+”医药健康产业、精准医学新模式，推进业态创新、模式创新。

（4）国家金融管理中心功能进一步提升，首都金融业迈向高质量发展

蔡奇书记指出，金融是现代经济的核心、实体经济的血脉，在构建新发展格局中的地位举足轻重。① 北京作为国家金融管理中心，发展金融业的条件得天独厚。

第一，金融管理中心建设不断推进。北京是国家金融管理部门、国家金融机构和重要金融基础设施所在地。2019 年国务院批复的《全面推进北京市服务业扩大开放综合试点工作方案》中将“强化金融管理中心功能，服务国家金融改革开放和风险防范”作为九大任务之一。这一定位，突破了北京“四个中心”城市战略定位，为首都发展赋予了新的任务和契机。北京作为国家金融管理中心，在市场基础、营商环境、改革创新等多方面具备国际一流的领先优势和令人瞩目的发展机遇，近年来已有 60 余家外资金融机构落地北京。② 习近平总书记在 2021 年中国国际服务贸易交易会全球服务贸易峰会上表示：“继续支持中小企业创新发展，深化新三板改革，设立北京证券交易所。”2021 年 11 月 15 日，北京证券交易所敲钟开市。开市近一年来，市场成交活跃度提升，价格走势整体平稳，投资者参与热情较高，

① 《蔡奇陈吉宁与“一行两会一局”、80 多家中外金融机构座谈，共商首都金融业高质量发展》，《北京日报》2021 年 12 月 25 日。

② 潘福达：《60 多家外资金融机构落户京城》，《北京日报》2021 年 7 月 19 日。

专业机构积极投身交易活动，有效促进一二级市场发展。[1] 同时，安联保险资管、上田八木货币经纪在京开业，弥补了北京外商独资保险资管公司和外商独资货币经纪公司的空白，进一步推动全国金融管理中心建设。

第二，科技创新成为首都金融发展重要驱动力。作为国际科技创新中心和全国金融管理中心，北京具有“科技+金融”叠加优势，科创企业高度聚集，资本要素充分供给。北京在金融科技方面发展动力强劲，已初步成为全球技术研发和应用场景新高地、产业发展增长极、制度标准策源地、顶尖创新人才首选地和金融科技监管体系引领者。在全国率先发布省级金融科技发展5年规划和指导意见；金融科技创新监管试点稳步推进，截至2021年5月，已发布3批22个试点项目，进度、数量和范围等领先全国；在全国率先开展资本市场金融科技创新试点工作，为培育北京资本市场营造金融科技良好创新生态；在中国人民银行指导下，数字人民币试点加紧推进，2022年春节期间，以“数字王府井冰雪购物节”为主题的北京首个全场景应用试点落地东城，并取得全国“四个第一”的优异成绩；基于区块链的企业电子身份认证（eKYC）系统和eKYC金融码落地，金融信贷营商环境不断优化；产业链释放聚集效应，国家金融科技认证中心、金融科技标准研究院、金融风险监测和监管创新联合实验室、金融网关、农银金科、中债金科、工银金科等相继落地；金科新区加紧建设，金融科技国际竞争力、影响力稳步提升，在2019年和2020年全球金融科技中心城市排名中，北京连续两年夺得头名。

第三，金融助力“两区”建设。“两区”建设是“十四五”期间北京的关键任务。金融业在助力国家服务业扩大开放综合示范区建设方面成就颇多。截至2021年6月，共落地中外金融机构68家，北京已成为金融机构开展中国业务的首选之地。成立了一批具有国际视野、立足国内的创新交易平台，如国际大数据交易所、北京绿色交易所等，为国际用户提供私募股权、

---

① 《北交所开市首月市场运行总体平稳》，http：//jrj.beijing.gov.cn/jrgzdt/202112/t20211215_2561708.html，2021年12月15日。

大数据、自愿碳减排交易等服务，将成为全球创新要素流动的全新功能载体。近年来北京金融科技创新不断，国家金融科技检测认证中心和国家金融标准化研究院已成为全球金融科技标准制定的引领者。

第四，防范化解金融风险。重点领域风险方面，制定针对网贷平台风险整治工作的“时间表”与“路线图”，压实网贷平台主体责任，制定“一企一策”清退方案与工作台账，“一平台一专班”推动大型重点平台降压，平稳有序推动190家网贷平台实现清退。目前，北京市整体P2P网贷平台存量余额已由高峰期6490.5亿元压降至890.7亿元，压降86.3%；出借人数已由高峰期733.9万人压降至55.9万人，压降92.4%。制定《北京市贯彻落实〈防范和处置非法集资条例〉实施办法》，市、区两级处置非法集资牵头部门、执法主体和执法模式进一步明确。目前，北京市存量高风险企业46家，已处置21家。稳步对10个挂账案件进行专项推进，组织市公安局、市检察院等部门和相关区研究北京习鼎阁资产管理有限公司、国商企业集群、金康安泰等非法集资风险，推进处置进展。债券市场风险方面，北京在保持最大债券存量市场地位的同时，违约率仅0.64%（违约债券18只、违约金额118.1亿元、涉11家发行人），低于全国平均水平。目前，北京1548家私募机构已被纳入整治范围，涉及管理规模约8700亿元，牵头处置9家集团化私募机构风险，“一企一策”对跨地域、跨领域等复杂风险情况进行压降。虚拟货币风险方面，联合国家互联网应急管理中心、人行营管部等部门对北京市213家虚拟货币领域违规企业线索及“矿场”“矿池”等基本情况开展摸排，对核定线索后的风险主体开展清理处置；对涉币炒作的25个热度关键词进行互联网处置；对部分涉币交易软件链接进行屏蔽；协同通信管理、网信等部门关停“币世界”等近20家虚拟货币主流媒体网站；会同经济和信息化局与属地消防、公安等部门及时摸排处置个人“挖矿”风险隐患，多措并举，严防严控虚拟货币风险死灰复燃。地方交易场所风险方面，北京市累计关停22家地方交易场所，集中处置9家邮币卡类交易场所风险，目前北京9家邮币卡类交易平台已按照清理整顿交易场所攻坚战方案要求，利用市场化手段妥善化解了平台存量风险，经纪会员存量化解率 100%，持仓市值的化解率 99.9%，持仓人的化解率 99.8%。外部输入风险方面，受各省市税收等政策影响，大量金融机构存在注册地与经营地分离、在京注册异地运营的现象。从事违法违规金融活动机构千方百计争取在北京注册，想借助北京作为首都和国家金融管理中心地位扩大影响，便于在全国开展业务。目前，北京市针对部分在京经营异地注册金融类企业积极开展综合措施，推动上述企业注册地与实际经营地保持一致，防范区域性金融风险。房地产试产金融风险方面，从严实施差别化个人住房信贷政策，加强地方法人银行房地产贷款集中度管理，人行营业管理部联合多部门开展信贷资金违规进入房地产专项检查，北京地区各银行稳健开展房地产贷款业务，保持房地产信贷平稳有序投放。

（5）高水平扩大开放与自主发展

党的十八大以来，国际形势日益复杂、逆全球化浪潮不断扩大，面对这些严峻挑战，以习近平同志为核心的党中央坚持统筹国内、国际两个大局，统筹发展和安全，提出加快构建新发展格局，加快开放型经济体系建设，更加积极推进改革开放。2015 年 5 月，国务院批复《北京市服务业扩大开放综合试点总体方案》，同意在北京市开展为期三年的服务业扩大开放综合试点；2020 年 8 月，国务院批复同意设立中国（北京）自由贸易试验区；2020 年 9 月，习近平总书记在第一届中国国际服务贸易交易会上宣布，为更好发挥北京在中国服务业开放中的引领作用，将支持北京打造国家服务业扩大开放综合示范区，加大先行先试力度，探索更多可复制可推广经验；随后，国务院批复《深化北京市新一轮服务业扩大开放综合试点建设国家服务业扩大开放综合示范区工作方案》，北京市服务业扩大开放正式由“试点”升级为“示范区”。自此，北京“两区”建设正式拉开帷幕，北京也由此开启了进一步扩大开放、积极融入新发展格局的新征程。

以“两区”为引领全面深化改革开放。蔡奇书记在 2020 年 12 月构建新发展格局讲座上强调，“‘两区’建设，就是园区开放和产业开放，都属自主开放，核心任务是制度创新，推动贸易、投资和人才流动自由化便利化，营造国际一流营商环境；特色是科技创新、服务业开放、数字经济、区域协同开放；目的是以开放促改革、促发展，形成可视化成果”[①]。“两区”建设为北京高质量发展注入了强大动力，从服务业扩大开放综合试点阶段起，北京在贸易、投资、人才、营商环境、科技创新、数字经济、区域协同等方面取得了令人瞩目的成绩。积极对接国际先进规则和最佳实践，率先实施 34 项全国引领性政策，上百个标志性项目落地，10 项最佳实践案例在全国复制推广，金融等重点领域开放明显提速。截至 2021 年 12 月底，“两区”方案所涉及的 251 项任务已落实 229 项，完成率达 91.2%。[②]

积极推进服务业扩大开放。一是推进科技服务体系建设。通过建设全球科技创新数据库，加强资源共享，大幅提升信息交流和科技创新效率；开展市场化运营，提供科技创新全产业链服务，使科技成果转化能力显著增强；推出创新指数评价体系，为决策参考提供有力支撑；形成科技成果转化对接长效机制，促进国内外科技成果交流；印发《北京市知识产权保险试点工作管理办法》，坚持政府引导与市场机制相结合，提升知识产权保护水平和风险防控能力。二是文旅服务提质升级。通过数字资产增信，夯实企业信贷基础，形成文旅产业融资新模式；使科技赋能监管，加强风险防控，增强文旅企业发展能力；创新推出允许企业通过告知承诺方式取得旅行社业务经营许可证措施，加强线上服务，提高审批效率。三是金融服务创新不断加强。2020 年 12 月，北京股权交易中心份额转让试点开启，创新股权投资和创业投资退出渠道，完善私募股权基金二级市场生态体系；北京金融法院成立，成为全国首家金融案件多元解纷一体化平台，纠纷处理质效显著提升，专业化优势初见成效。四是公共服务数字化水平不断提高。创新实施“区块链+电子证照”政务服务模式，加大统筹协调力度，优化服务保障机制，不断拓展应用范围；推进基于区块链技术的数据资产保管箱，促进外贸企业数据与金融、海关等部门共享共用，贸易治理的规范性与合规性增强，外贸企业

---

① 《构建新发展格局讲座聚焦“两区”建设，蔡奇要求打造北京改革开放新高地》，《北京日报》2020 年 12 月 23 日。

② 侯琳良、赵展慧、常碧罗：《耕好改革开放试验田（以更大力度谋划和推进自贸试验区高质量发展）》，《人民日报》2021 年 12 月 28 日。

融资服务水平得到提升。五是优化区域合作模式。2020 年首个综合类国家技术创新中心——京津冀国家技术创新中心获批建设，旨在构建多层次原始创新科研体系，打造项目产业化内生机制，实行融合化创新人才培养模式，以及建立京津冀协同创新发展模式。

2. 经济发展和安全面临新风险新挑战

（1）产业链供应链安全风险

产业链供应链安全是经济安全的主要领域。习近平总书记指出，“要牢固树立安全发展理念，加快完善安全发展体制机制，补齐相关短板，维护产业链、供应链安全，积极做好防范化解重大风险工作”，“产业链、供应链在关键时刻不能掉链子，这是大国经济必须具备的重要特征”。产业链供应链安全对首都新发展具有重要意义。实现产业链供应链安全发展是北京发挥首都功能定位的必然要求，北京是国内国际大循环的核心枢纽，处于我国国内产业链价值链的高端位置，北京产业链供应链安全将通过产业链上下游关系等渠道影响全国的产业链供应链安全。同时，实现产业链供应链安全发展与金融安全、能源安全、经济运行等具有内在紧密关联，是首都经济安全发展的关键环节和重要保障。

第一，产业链关键核心技术缺失导致被“卡脖子”的风险。“卡脖子”问题是我国产业经济面临的共性、难点问题。产业链供应链被“卡脖子”，主要表现在产业发展的关键共性技术、前沿引领技术、现代工程技术、颠覆性技术等创新不足，重大原创性成果缺乏，底层基础技术、基础工业能力供给不足，导致关键材料、关键元器件、核心设备、工业母机、高端芯片、开发平台、基本算法、工业软件等产业链关键环节面临国外企业的垄断，存在产业链供应链断链风险。① 这在战略性新兴产业领域表现尤为突出。例如，在信息、生物、高端装备、新能源汽车等领域，我国存在 600 多项关键核心技术短板，其中，近 400 项国产化率低于 20%，对外完全依赖；近 200 项国

① 张于喆、王海成、杨威等：《中国关键核心技术攻坚面临的主要问题和对策建议》，《宏观经济研究》2021 年第 10 期。

产化率不足40%，对外严重依赖。北京的重点优势产业集中于战略性新兴产业，重点优势产业链存在关键核心技术短板。例如，在集成电路产业领域，北京在设计、制造、装备、材料等方面已形成较好基础，但与国际先进水平相比，产业技术水平存在短板，核心技术受制于人，上游的关键材料、核心设备面临国外企业垄断制约，部分高端核心芯片产业仍然依赖进口，没有形成设计拉动制造、制造支撑设计的良性互动发展格局。在工业机器人领域，核心零部件精密减速机被两家日本公司长期占据75%以上份额。在智能制造领域，核心部件制造能力不足，核心传感器及高端功能部件依赖进口。重点优势产业链供应链面临被“卡脖子”的风险，制约了自主可控产业生态体系的建立。同时随着中美战略竞争的加剧，关键核心技术差距有被固化甚至拉大的风险。

第二，嵌入全球供应生产网络造成供应链中断风险。一方面，基于产业分工细化，中间投入品对外依赖度高，造成供应链中断风险。在全球价值链的发展模式下，北京的高科技产业供应链、复杂制造产品及数字经济等重点产业供应链，都高度融入全球供应链网络，在疫情冲击及中美贸易摩擦影响下，北京相关产业供应链存在中断风险。这主要存在于产业链条长、技术复杂度高的汽车、装备制造、机电、计算机与电子信息等产业，发达国家集中于产业链上游环节，我国集中于产业链中下游环节，部分中间产品全球集中度较高，供应链来源单一，一旦受到疫情等冲击，核心关键零部件、中间产品供给不足，将给北京相关行业带来不利影响。以汽车产业为例，疫情影响国外汽车芯片供应厂商的正常生产，通过产业链传导效应影响北京奔驰等汽车生产厂商的运营。2021年，全市规模以上工业增加值按可比价格计算，同比增长31%，但汽车制造业下降12%。

另一方面，关键核心技术被“卡脖子”，中间产品的供应链面临中断风险。中美贸易摩擦背景下相关高新技术企业进口产品受到限制，给企业发展带来冲击，产业链韧性不足问题更加凸显。美国对芯片、传感器等核心零部件进行出口管制，不断扩大出口管制范围，涵盖智能化传感器和其他自动化设备的目标识别软件，管制政策从“产品”管制向“技术”管制升级；同时利用清单实施精准打击，聚焦前沿科技，出台《特定新兴技术管制审议》，对人工智能、芯片、量子计算、机器人和脸部识别等 14 类新兴技术的出口、再出口或国内转让加强管制，2020 年 7 月、2021 年 4 月，美国分别将人工智能、智能安防等 23 家中国实体和 7 家超级计算机领域龙头企业列入实体清单。[①] 据不完全统计，在人工智能领域，包括北京人工智能领军企业旷视和商汤在内的 8 家中国企业被列入美国贸易管制黑名单。北京数字经济、电子信息技术产业等领域相关高新技术企业受到直接或间接冲击，高新技术产业链受到断供和封锁、围堵，对行业研发、制造、销售等产业链上下游各环节造成一系列连锁反应。同时，即使有自主知识产权的国产产品仍可能包含受制于人的技术“命门”，部分核心元器件严重依赖进口，供应链的“命门”掌握在别人手里。2020 年，北京集成电路贸易逆差达到 6.36 亿美元。产业供应链一旦被跨国公司断供“卡脖子”，将给产业发展带来严重制约。

第三，缺乏具有核心竞争力的本土企业集群，产业链供应链主导权不足。企业集群是产业链核心竞争力的关键核心载体，拥有结构合理，大中小企业、产业链上中下游协同创新、紧密联动的企业集群，能够保障产业链供应链稳固可控。疫情冲击下，需要统筹发展产业链安全与效率，全球价值链分工体系面临重构，本土化、区域化、多元化特征突出，产业链集群化发展将带来竞争优势。具有全产业链控制能力的产业链主导企业和具有关键环节控制能力的“专精特新”企业成为决定产业链自主可控能力、实现安全高效治理的关键力量。北京缺乏具有产业链主导权的本土企业集群，尚未在此基础上形成具有核心竞争力的产业链集群。没有具备核心竞争力的企业集群和产业链集群，产业链供应链主导权成为无源之水、无本之木。一方面，缺乏具有产业生态主导能力的本土龙头企业。规模化的龙头企业能够提高产业生态的自主可控能力，提高产业链的稳固性可靠性。北京在重点优势行业仍

① 张于喆、王海成、杨威等：《中国关键核心技术攻坚面临的主要问题和对策建议》，《宏观经济研究》2021 年第 10 期。

然缺乏具有产业生态主导能力的本土“链主”企业，导致产业链主导力、整合力不足，产业集群的内生动力不足。例如，在医药健康产业领域，根据2019年的数据，除了大型跨国公司，本土企业以中小企业为主，产业规模在5亿元以下的占77.2%，产业规模超过50亿元的仅3家，缺乏千亿级领军企业，产业创新能力不足。智能装备产业等缺少龙头企业，也没有形成完整的分工协作体系，产业链本地配套率低，如龙头企业三一，超过95%的供应商在外地。大企业龙头带动能力不足，大中小企业没有基于创新链、产业链、供应链形成紧密关联，电子信息、汽车等行业已经形成的龙头企业，建立在自主创新能力基础上的核心竞争力仍需提升，并未主导形成供应链集群，具有核心竞争力的产业链集群仍然缺失。另一方面，缺乏具有核心竞争力的隐形冠军企业、“专精特新”企业，对产业链自主发展的支撑能力不足。在重点优势产业链中，能够真正实现中间产品创新和自主发展的隐形冠军企业、“专精特新”企业不多，围绕龙头企业形成的产业链配套能力不够，在周边区域尚未形成水平分工和垂直整合相结合的开放式协同发展产业链集群，产业链供应链柔性与韧性不足。

第四，产业链与创新链脱节的风险。产业链与创新链深度融合与对接是产业链供应链可持续发展、实现发展和安全相统一的重要保障条件，但北京仍然存在产业链与创新链不能有效对接甚至脱节的问题，给产业链安全发展带来了风险。一是要素成本高企、发展空间与产业配套支持不足等对新技术新产业落地转化和发展壮大造成一定影响。新孵化创新企业在北京发展，与其他一线城市相比面临更高的要素成本和人才落户等制约，影响北京创新型中小企业的落地与聚集发展。部分高新技术企业由于空间等因素影响规模扩张，加上产业生态中来自北京本地及京津冀区域的配套支撑不足，产业规模经济、范围经济和创新协同效应不能有效实现，造成创新型龙头企业根植北京发展的动力不足，成长潜力好的优秀创新企业外迁长三角、珠三角等区域的问题持续存在。二是包括应用场景在内的产业创新生态有待完善。新技术新业态新模式发展的应用场景建设仍然存在不足，制约了产业链对创新链的有效承接。例如，在人工智能应用的无人驾驶领域，按照法律规定，目前无人驾驶未被赋予道路通行权，尽管《北京市关于加快推进自动驾驶车辆道路测试有关工作的指导意见（试行）》等为无人驾驶上路开了绿灯，但在责任主体认定、隐私安全、网络安全等配套措施方面还不完善。再如，在首台（套）重大技术装备示范应用方面，当前政策的风险补偿机制，无法覆盖因使用首台（套）装备可能引致的系统性安全风险，影响了政策实施效果。[①] 再就是总部资源与北京本地产业的关联度不高，没有形成总部管理服务与创新资源对本地产业链的直接带动，首都创新与服务资源优势没有转化为产业链发展优势。

（2）金融发展安全风险

第一，重点领域风险整治。重点领域风险整治主要包括信贷风险、流动性风险、私募基金风险等。信贷风险狭义上主要表现为金融机构不良贷款。2021 年，北京市银行业全年处置不良资产 471.7 亿元，截至 2021 年第四季度末，北京银行业不良贷款率为 0.27%，远低于同期全国平均水平的 1.73%。由此可见，北京市金融领域信贷风险相对较低，但其不良贷款体量大，贷款对象多为科技型中小企业或房地产、基建领域，存在一定的信用风险隐患。流动性风险一直是金融机构面临的重大风险之一，尤其是近年来受新冠疫情影响，流动性的重要地位更加凸显。2021 年末，北京市银行业存贷比为 56.2%，总体来说，金融机构的流动性充足且合理。但是在疫情防控新阶段，活期存款占流动性的比例极大，存款具有明显波动性；中小商业银行的资产负债错位问题仍然严重。近年来，北京私募基金飞速发展，风险点也持续扩大，包括基金管理人资质、合规操作问题，尤其是在资金池业务、通道业务方面存在较大的违规风险。

第二，地方交易场所存在风险。2011 年 11 月，国务院发布的《关于清理整顿各类交易场所切实防范金融风险的决定》指出："目前，一些交易场所未经批准违法开展证券期货交易活动；有的交易场所管理不规范，存在严

① 张于喆、王海成、杨威等：《中国关键核心技术攻坚面临的主要问题和对策建议》，《宏观经济研究》2021 年第 10 期。

重投机和价格操纵行为；个别交易场所股东直接参与买卖，甚至发生管理人员侵吞客户资金、经营者卷款逃跑等问题。这些问题如发展蔓延下去，极易引发系统性、区域性金融风险，甚至影响社会稳定，必须及早采取措施坚决予以纠正。”近年来，北京市交易场所快速发展的同时，部分交易场所违规问题不断、风险频发，且漠视监管的问题较为严重，扰乱了经济金融秩序，损害投资人切身利益和政府公信力，造成了不良的社会影响。为有效遏制交易场所风险高发蔓延势头，切实保障投资人合法权益，针对本市交易场所存在的主要问题和风险点，2019 年 3 月，北京市人民政府发布《北京市交易场所管理办法》，旨在通过对交易场所作出创新性制度安排和更加严格的规定，实行公平的市场准入和监管，最大限度地减少监管真空，消除投机空间，有效维护首都金融安全稳定，为交易场所健康发展创造良好的制度环境。

3. 经济发展和安全面临新任务

（1）经济高质量发展是统筹发展和安全的发展

党的十九大报告指出，“我国经济已由高速增长阶段转向高质量发展阶段，正处在转变发展方式、优化经济结构、转换增长动力的攻关期”。高质量发展，是我国当前全面建设社会主义现代化国家的基本方略，也是解决当前社会主义基本矛盾的主要抓手，是确保国民经济健康发展的基本保障。经济发展的不平衡不充分，带来产业链供应链风险、系统性金融风险、民生等领域安全风险，是“十四五”乃至今后更长时期需要着力解决的问题。因此统筹经济发展和安全，是高质量发展的内在要求。

（2）融入新发展格局对首都经济发展和安全提出了更高要求

加快构建以国内大循环为主体、国内国际双循环相互促进的新发展格局，是以习近平同志为核心的党中央根据我国经济社会发展历史经验，国际大环境以及中华民族崛起历程而作出的正确抉择，是重新树立我国国际竞争优势和合作基础的战略考量。作为首善之区的北京，必须率先融入新发展格局，探索新发展的路径和方式。

一是新发展格局更加注重国内大循环主体地位。随着内外部环境和基本情况不断变化，以国际市场和国际资源为支撑的大循环动力显著下降，北京市外贸依存度从 2011 年高点的 147. 21%下降至 2020 年的 64. 31%（见表 11-1）。与此同时，北京市内需潜力对地区经济增长的贡献不断提高，“两区”建设的扩大开放成效不断提升，国内国际双循环趋势不断显现。

表 11-1 2010~2020 年北京外贸依存度

单位：亿元，%

年度	地区 GDP	进出口总额	外贸依存度
2010	14964. 00	20478. 20	136. 85
2011	17188. 80	25303. 90	147. 21
2012	19024. 70	25765. 20	135. 43
2013	21134. 60	26691. 00	126. 29
2014	22926. 00	25517. 90	111. 31
2015	24779. 10	19827. 70	80. 02
2016	27041. 20	18652. 20	68. 98
2017	29883. 00	21923. 90	73. 37
2018	33106. 00	27182. 50	82. 11
2019	35445. 10	28663. 50	80. 87
2020	36102. 60	23215. 90	64. 31

资料来源：根据《北京统计年鉴 2021》数据计算。

二是新发展格局更加强调自立自强。习近平总书记指出：“构建新发展格局最本质的特征是实现高水平的自立自强。”统筹经济发展和安全，加快融入新发展格局更加强调自主创新。要坚持创新在首都现代化建设全局中的核心地位，强化国家战略科技力量，加快怀柔综合性国家科学中心建设，全面加强对科技创新的部署，集合优势资源，有力有序推进创新攻关的“揭榜挂帅”体制机制，加强创新链和产业链对接，把发展的主动权掌握在自己手中，实现高水平自立自强。

（3）“五子联动”为首都经济发展和安全提供了现实支撑

“五子联动”是北京融入新发展格局的重要举措和有力抓手，为首都经济发展和安全提供了基础保障。国际科技创新中心的建设立足于科技自立自强，服务国家战略与产业、科技安全，强化国家战略科技力量，为统筹首都经济发展和安全提供科技支撑。“两区”建设的推进，是首都扩大开放的重要抓手，越是开放越要重视安全，完善“两区”建设制度保障体系，健全开放型经济风险防范体系，健全金融风险监测和预警机制，是保障首都经济发展和安全的制度支撑。建设全球数字经济标杆城市，要求保护信息隐私打击网络犯罪、打造健康安全的数字生态、完善网络和数字经济安全制度，为首都经济发展和安全营造开放、健康的网络环境与信息保障。推进京津冀协同发展，强化京津冀多领域协同治理，为首都发展筑牢安全屏障。

（三）新发展阶段统筹首都经济发展和安全的路径

1. 机制

（1）将习近平总书记重要论述作为统筹首都经济发展和安全的根本遵循

统筹首都经济发展和安全，最根本的是要以习近平新时代中国特色社会主义思想为指导，从发展理念、方法路径、战略对策等方面全方位遵循并落实习近平总书记关于统筹经济发展和安全的重要论述，谱写首都经济安全发展的新篇章。

首都经济安全发展理念上要以习近平总书记相关论述为根本遵循。习近平总书记强调新时代推动经济社会发展，必须坚定不移贯彻创新、协调、绿色、开放、共享的新发展理念，推动高质量发展。同时指出，要牢牢守住安全发展这条底线，并将其作为构建新发展格局的重要前提和保障、畅通国内大循环的题中应有之义。首都推进经济高质量发展与高水平安全的有机统一，要在深入贯彻创新、协调、绿色、开放、共享新发展理念的同时，将安全发展理念深度融入首都创新发展、区域协同发展、绿色发展、开放发展、以人民为中心的发展之中，将统筹发展和安全贯穿经济发展的全过程各领域。要加快融入新发展格局，在各种可以预见和难以预见的狂风暴雨、惊涛骇浪中，增强首都经济竞争力、发展力、持续力。

首都经济安全发展的方法路径要以习近平总书记相关论述为指导。在实现首都经济高质量和安全发展的根本路径上，要增强忧患意识，坚持底线思维，随时准备应对更加复杂困难的局面，着力防范化解首都经济领域重大风险。要坚定不移走自主创新道路，突破关键核心技术，努力在关键领域实现自主可控，保障产业链供应链安全，增强以科技创新应对国际风险挑战的能力。确保产业链供应链稳定安全，防止资本无序扩张、野蛮生长。坚持越开放越要重视安全，越要统筹好发展和安全，着力增强自身竞争能力、开放监管能力、风险防控能力。

首都经济安全发展的战略对策要贯彻习近平总书记相关论述。坚持金融是现代经济的核心，遵循市场化法治化原则，统筹做好首都重大金融风险防范化解工作。坚持优化和稳定产业链供应链，产业链供应链在关键时刻不能掉链子，把增强产业链韧性和竞争力放在更加重要的位置，以首都发展为引领，着力打造自主可控、安全高效的产业链、供应链，形成必要的产业备份系统。对重点发展的高精尖行业产业链供应链进行系统梳理，摸清薄弱环节、找准风险点，分行业做好战略设计和精准施策，加快补齐短板；采取有力措施提高企业根植性，想方设法把产业链关键环节留下。

（2）加强创新对经济发展和安全的核心支撑

习近平总书记指出，创新是引领发展的第一动力。抓住了创新，就抓住了牵动经济社会发展全局的“牛鼻子”。知识资本、人才资本等创新要素在经济发展中起到主导作用，对其他要素产生知识技术外溢效应，能够提高要素生产率。同时创新要素投入增加，促进要素配置结构效益提高，促进全要素生产率提升，经济发展实现报酬递增。在以科技创新为核心的全面协同创新驱动下，以科学发现、知识创新、技术创新、技术扩散、产业应用为主线，创新链与产业链深度融合，知识积累和技术进步成为经济发展的核心支撑，实现基于创新和技术进步的内生可持续经济增长。

基于发展的创新驱动本质特征，统筹首都经济发展和安全，必须依靠科技进步和全面创新，发挥科技创新的引领作用，实现以科技创新为核心，产业创新、制度创新有效协同，创新生态有力支撑的全面创新格局。充分发挥北京国际科技创新中心的功能定位，在科技创新和制度创新双轮驱动下，统筹好经济发展和安全。切实发挥科技创新对重点领域安全发展的支撑作用，用科技创新保持产业链供应链安全运行，用加快突破“卡脖子”的关键核心技术保证经济安全，用科技创新保障金融安全发展和有效监管。同时坚持制度创新，与科技创新形成合力。面向新经济业态创新发展，坚持及时加强机制创新和制度保障，消除经济运行、产业金融发展等领域风险隐患；完善产业链供应链、金融安全等领域的风险防控制度体系，加强经济发展的风险预警机制、风险防控机制建设，为及时发现和化解相关风险提供制度保障。

（3）改革开放提供了制度创新与保障

2015 年 9 月 24 日，习近平在华盛顿同美国时任总统奥巴马举行中美元首会晤时指出，改革开放是中国的基本国策，也是今后推动中国发展的根本动力。当前国内、国际形势发生了激烈变化，这一基本制度与路线方针却更显其真理性。2020 年 9 月，习近平总书记在中央全面深化改革委员会第十五次会议重要讲话中提出要“推动更深层次改革，实行更高水平开放，为构建新发展格局提供强大动力”。进一步深化改革开放，为构建新发展格局提供新的优势和动力。逆全球化浪潮倒逼国内改革加速，深化改革激发新发展活力，进而畅通国内大循环，联结更多的国内、国际循环；扩大对外开放，倒逼国内各领域安全建设，补短板锻长板，发展的同时保障经济安全。当前，中央支持北京三项开放政策——北京证券交易所、环球主题公园、“双枢纽”国际消费桥头堡——皆取得显著优势，经济发展信心得到提振、消费新引擎得到扩大、应对风险和挑战的竞争能力得到提升，改革开放将持续为统筹经济发展和安全提供制度支撑。

（4）京津冀协同发展夯实了经济发展和安全的区域支撑

以疏解北京非首都功能为“牛鼻子”，推进京津冀协同发展，是党中央为解决区域发展不平衡问题、破除区域发展瓶颈、激活区域发展新引擎而作出的重大战略部署。京津冀协同发展，是优化京津冀资源配置，扩大创新、生态、产业的三地协同治理的明确指引，是取彼之长、补我之短的可持续、安全发展。统筹首都经济发展和安全，维护产业链供应链稳定是重中之重；

京津冀协同发展，产业链的重构是核心内容。京津冀协同发展战略的实施，为首都产业链供应链安全提供了区域支撑。

2. 战略路径

（1）提升产业链供应链现代化水平

新时期，北京要面向新情况新任务，坚持自主可控、安全高效，打好产业基础高级化、产业链现代化攻坚战，打造产业发展和竞争新优势。

第一，促进创新链与产业链供应链融合对接，补齐产业链供应链短板。"十四五"时期，坚持创新在现代化建设全局中的核心地位，将科技自立自强作为发展的战略支撑，这为突破制约产业链供应链现代化水平提升的"卡脖子"问题提供了重要契机。北京要进一步发挥科技创新对提升产业链供应链现代化水平的作用，促进产业链供应链和创新链深度融合，加强资金链、人才链支撑，提高产业创新体系效能，夯实自主创新基石，补齐产业链供应链短板。加大关键核心技术和产品攻关力度，聚焦我国受制于人的集成电路、关键软件、重大装备、关键新材料、工业互联网等领域，增强关键领域、关键环节、关键产品的保障能力。实施产业基础再造工程，率先加快补齐核心基础零部件、关键材料、先进工业技术等短板。加强对产业链供应链关键核心技术节点的安全性评估，建立产业链安全监测和预警机制，梳理重点领域产业链，绘制供应链风险地图[①]，精准分析存在断链风险的薄弱环节。完善重点领域产业链供应链技术路线设计，创新科研攻关组织模式，加强关键共性技术研发体系建设，发挥市场经济条件下的新型举国体制优势，集中优势创新资源与要素对"卡脖子"技术开展攻关。对于存在断供风险的重要技术与产品供应构建创新备份系统，确保供应链安全。完善协同共生的区域创新体系，建设面向产业链供应链现代化的创新链体系。[②] 依托科技创新中心建设，聚焦产业链供应链关键共性技术节点，推动重大科技创新平台与产业创新的有效对接，推动国家重点实验室、国家工程研究中心等战略

① 黄汉权：《多措并举增强产业链供应链自主可控能力》，《中国经济时报》2020 年 12 月 31 日。

② 中国社会科学院工业经济研究所课题组：《提升产业链供应链现代化水平路径研究》，《中国工业经济》2021 年第 2 期。

科技力量与战略领域产业链供应链实现协同创新，加强产学研联合科研项目攻关与科技成果转移转化，推动产业链供应链关键环节实现创新突破与自主可控。

第二，打造战略性新兴产业集群，锻造产业链供应链长板。产业集群化发展能够加强企业上中下游协作配套、促进形成企业集群的生产和技术网络，放大规模经济、范围经济、知识外溢效应，增强产业链供应链的韧性和稳健性。[①] “十四五”时期，要立足产业规模优势、配套优势和先发优势，打造新兴产业链，锻造产业链供应链长板。抓住新一轮科技革命和产业变革机遇，依托国际科技创新中心建设，培育人工智能、生物医药、高端装备等战略性新兴产业集群，促进量子信息等前沿技术和颠覆性技术创新与产业变革，培育未来产业先发优势。以深入推进实施国家战略性新兴产业集群工程为引领，加强战略性新兴产业集群布局，进一步优化提升战略性新兴产业集群生态，聚焦新一代信息技术产业等重点领域提升集群的创新引领力和集聚发展能力，打造区域高质量发展新动能。完善战略性新兴产业集群组织管理和专业化推进机制，探索实施“链长制”，为产业链供应链市场协调机制发挥重要补充作用，协调上下游供需对接和有效衔接，分析掌握关键环节瓶颈，促进多链融合。[②] 加强京津冀区域产业融合和产业配套，促进企业链、创新价值链、供需链在区域优化配置，推动产业链在纵向上下游各环节和横向多种功能互补间实现协同效率提升和立体网络式转变，打造区域产业链集群，构建协同创新、完整配套的区域产业链分工体系。[③]

第三，培育企业集群，优化产业链供应链治理结构。拥有具备核心竞争力的企业集群，为优化产业链供应链治理结构提供了核心能力，是产业链供应链现代化的重要基础。其中，具有全产业链控制能力的产业链主导企业和

① 刘志彪、姚志勇、吴乐珍：《巩固中国在全球产业链重组过程中的分工地位研究》，《经济学家》2020 年第 11 期。

② 刘志彪、孔令池：《双循环格局下的链长制：地方主导型产业政策的新形态和功能探索》，《山东大学学报》（哲学社会科学版）2021 年第 1 期。

③ 罗仲伟、孟艳华：《“十四五”时期区域产业基础高级化和产业链现代化》，《区域经济评论》2020 年第 1 期。

具有关键环节控制能力的“专精特新”企业是决定产业链自主可控能力的微观力量。要加强产业生态主导企业培育，推动领军企业通过颠覆性突破性前沿性技术创新和系统集成创新，增强综合竞争力，带动形成根植区域的高精尖产业链供应链集群，提升本土企业对全产业链的领导能力，推动领军企业成为“链主”，增强产业链供应链稳定性。培育产业链“专精特新”企业，鼓励企业聚焦基础零部件、关键材料等知识技术密集的产业基础领域和关键环节，实现专业化发展，联合上下游企业和科研院所协同攻关、推进持续创新。鼓励发扬企业家精神和工匠精神，推动“专精特新”企业成长为产业链上游的“隐形冠军”企业，把握产业链关键环节主动权。[①] 同时，推动大中小企业实现融通发展，支持大企业开放供应链资源，构建企业生态圈，发挥引领支撑作用，加强对中小微企业技术创新和专业化发展的带动，通过上中下游业务协作、资源共享和系统集成，打造良好的产业链互动机制。[②]

第四，加强数字化融合，优化提升产业链供应链组织治理模式。党的十九届五中全会提出，要加快数字化发展，推进产业数字化，推动数字经济与实体经济深度融合。产业链供应链数字化是产业数字化的必然趋势和内在要求，数字化融合能够有效促进产业链治理模式优化和组织效率提升。要充分发挥数字要素在产业链供应链现代化提升中的作用，依托产业链供应链匹配数据链，推动对数据要素的培育提取、价值挖掘，实现产业链供应链各环节之间的信息流通；加强新一代信息技术的融合应用，促进数据要素融入产业链供应链各环节，与劳动、资本等要素的协同联动，加快产业链供应链的数字化和智能化转型。要加强以工业互联网为代表的数字化网络平台建设，聚合产业链各环节各企业，提供产业链供应链数字化连接和智能化供需匹配服务，打造产业链供应链网链，构建产业链实时监测体系，加强上下游安全协作，提高产业链稳定性，实现固链、补链、强链。推动生产方式和企业形态

---

① 刘志彪：《产业链现代化的产业经济学分析》，《经济学家》2019 年第 12 期。

② 《〈中共中央关于制定国民经济和社会发展第十四个五年规划和二〇三五年远景目标的建议〉辅导读本》，人民出版社，2020，第 192~197 页。

变革，发展智能制造系统，龙头企业引领带动中小企业基于工业互联网平台实现全流程跨领域融通共享，促进制造业服务化价值共创，建设高效的协同创新、协同制造、协同服务一体化的价值创造体系，优化制造业与服务业数字化融合治理模式。运用大数据、云计算、开源地图引擎与机器学习等数字化技术，开发区域产业链供应链地图系统，对先进制造业集群、战略性新兴产业集群、产业园区等进行全景绘制与动态监测，推动重点领域产业链供应链入图上“云”，促进地图系统为产业链供应链全景动态治理提供基础保障，为区域决策、链群决策、企业决策提供有效依据，提升区域产业链供应链治理水平。①

（2）确保金融安全与发展

在新发展阶段，必须妥善处理好金融发展与金融安全之间的动态平衡关系，要把金融发展作为金融安全的底座和保证，将金融安全作为金融发展的保护与底线，使得金融发展和金融安全能够比翼齐飞、共同进步。习近平总书记高屋建瓴地指出，推动服务业开放合作具有重要的现实意义和经济价值，特别是在金融领域提出进一步深化新三板改革、设立北京证券交易所、更好支持创新型中小企业的发展，为北京激发市场活力培育发展动能指明了方向。

一是在国家金融监管部门的支持下，积极稳妥地推进金融开放。要按照国际高标准，采用各种创新性措施，不断优化营商环境，努力做好外资金融机构、内资金融机构的服务保障工作，为境内外金融组织在首都北京的蓬勃发展提供全球一流、效率领先的服务。然而金融开放并不意味着一放了之，要不断完善对系统性风险的评估、防范、预警和金融风险处置机制。在外汇市场方面，要防止大规模不稳定跨境资本流动引发系统性金融风险，不断建立完善相关风险的监测、预警和响应机制。跨境资本流动监管应成为管理体制建设重点，要进一步建立和完善“宏观审慎+微观监管”两位一体管理框架，把服务实体经济和防范跨境金融风险作为安全排查的重要目标，时刻警

① 中国社会科学院工业经济研究所课题组：《提升产业链供应链现代化水平路径研究》，《中国工业经济》2021 年第 2 期。

惕国际短期投机性资本肆意进出，扰乱金融秩序。与此同时，还要与境外金融监管机构建立良好的合作关系，提高跨境监督监管和风险协作处置能力，扎实推进金融领域国际标准和准则的落地实施，建立跨境套利和风险传染隔离机制，坚决维护好首都金融市场安全与稳定。①

二是推进数字金融治理能力和数字金融基础设施建设。对数字金融各个细分领域进行制度补位，增强对网络小额贷款公司、互联网保险机构、第三方存款平台等数字金融机构的治理能力。配合国家金融监管部门，强化金融数据安全生命周期质量管控，探索人工智能、物联网、元宇宙、数字孪生、边缘计算等新型信息技术在金融监管、数据安全治理等方面的广泛应用。

三是扎实推动金融科技创新监管先行先试。金融科技是金融事业的技术保障和业务支撑，但金融科技的滥用会导致已有监管制度、体制和机制的失灵，增加了金融工作的风险与隐患。北京作为全国金融管理中心，稳步推进金融科技创新监管试点，是统筹金融发展和安全，防范金融科技风险的前瞻性举措。互联网金融治理、P2P 贷款平台集中整治、叫停 ICO、强化联合贷款监管等措施，表明目前我国的金融监管理念尚处于被动式监管与响应式监管。推进金融科技创新监管试点，在金融科技监管过程中更具有前瞻性和主动性，注重在预防风险和鼓励创新之间寻求平衡，以主动出击、兼容并蓄的监管取代被动相应的监管。试点内监管当局既要将技术作为提升金融服务效率和监管智能化水平的核心手段，又要注重防范技术所带来的风险，由机构监管、审慎监管扩展到数据治理和技术监控。②

（3）确保开放发展与自主发展相辅相成

进入新发展阶段，面对复杂动荡的国际形势和融入新发展格局的艰巨任务，必须增强忧患意识，统筹经济发展和安全，确保开放发展与自主发展相辅相成。③ 习近平总书记指出，改革开放“是决定当代中国命运的关键一

① 陈雨露：《“双循环”新发展格局与金融改革发展》，《中国金融》2020 年第 19 期。

② 胡滨、任喜萍：《金融科技发展：特征、挑战与监管策略》，《改革》2021 年第 9 期。

③ 王跃生：《统筹开放发展和经济安全的内在逻辑与路径选择——学习习近平总书记在庆祝中国共产党成立 100 周年大会上的重要讲话》，《新视野》2021 年第 5 期。

招，也是决定实现‘两个一百年’奋斗目标、实现中华民族伟大复兴的关键一招”。首都的高水平对外开放要在最能够促进经济高质量发展的领域、以有利于经济安全风险可控的形式和步骤展开，保障开放发展和自主发展协调推进。也就是说，在确保首都经济运行安全的基础上，紧密围绕推进国家服务业扩大开放综合示范区和自由贸易试验区两大平台建设，多层次、多角度、广范围地推动高水平对外开放。

一是进一步扩大服务领域。对标国际标准，全方位参与服务业国际合作，加强与国际服务组织、国际贸促机构的深入合作，以服贸会为主要平台和关键机遇，在数字经济、数字贸易、数字社会、数字政府等领域推动开放升级。具体而言，要从服务贸易的领域、政策、发展环境、主打特色四个方面，全面推进北京服务业扩大开放的新篇章。

二是以数字经济为突破口和抓手，在北京自贸区先行先试探索发展路径。认真对照《中国（北京）自由贸易试验区总体方案》中的任务要求和方案目标，制定细化实施方案和路线图，建设具有国际标杆水平的信息技术产业和数字贸易示范区，全面推进规则创新，有效破解体制机制桎梏，进一步奠定数字经济发展的良好基础。围绕硬件基础设施，开展数字产业化和产业数字化、数字化治理、数据价值化等业务，构筑全天候、多方位的全域网络体系，建设世界一流的新一代超级计算中心、数据处理中心和数字孪生等数据人工智能系统，从多个维度出发完善跨境数据流动、数据交易等领域安全防护基础设施。

十二 统筹首都社会发展和安全

社会发展和安全与人民群众切身利益关系最密切，是人民群众全面发展和安全感提升的晴雨表，是社会大局长期稳定的风向标。随着社会主要矛盾的转变，人民群众对过上美好生活有了更高的期待，对社会发展和安全有了更高的要求，“现在，已经到了扎实推进共同富裕的历史阶段”①。但是，“发展起来以后的问题不比不发展时少”②，“物质丰富了，但发展极不平衡，贫富悬殊很大，社会不公平，两极分化了，能得人心吗?”③ 与此同时，世界百年未有之大变局和新冠疫情全球大流行交织影响，世情国情民情都发生了新的变化，社会诸多矛盾叠加，社会风险隐患增多，作为“两大奇迹”的社会稳定大局受到挑战。党的十八大以来，北京以首都发展为统领，聚焦首都城市功能定位，始终践行以人民为中心的发展思想，围绕“七有”“五性”精准发力，人民生活不断改善，人民获得感安全感幸福感显著增强。北京作为大国首都，面对新变化新形势，社会发展和安全同样面临新挑战，尤其在经济下行压力加大的情况下，人口红利衰减、“半市民化”问题突出、收入差距过大风险、中等收入群体下滑风险、基层社会治理失序风险等，成为统筹首都社会发展和安全的重要方面和内容。

---

① 习近平：《扎实推动共同富裕》，《求是》2021年第20期。

② 中共中央文献研究室编《邓小平年谱：一九七五——九九七》，中央文献出版社，2004，第364页。

③ 中共中央文献研究室编《习近平关于社会主义社会建设论述摘编》，中央文献出版社，2017，第32页。

（一）社会发展和安全的基本内涵

社会发展和安全是一个社会进步永恒的主题，在总体国家安全观语境下，既需要准确回答社会发展问题，也需要准确回答社会安全问题，更需要回答社会发展和安全之间的关系问题。

近半个世纪，尤其是20世纪90年代以来，社会发展和安全问题一直是学术界研究和讨论的热点。按照发展社会学的定义，社会发展是人类社会合乎规定地由低级向高级的前进运动。[①] 从哲学角度分析，社会发展是社会系统在社会实践的基础上所呈现的包含前进性、上升性成分在内的运动变化过程。[②] 也就是说，社会发展具有两层含义：一是指社会历史观意义上的发展，即人类社会由低级形态向高级形态运动的过程；二是指发展理论或现代化理论意义上的发展，特指“后发展”，亦即非西方发展中国家实现现代化的运动过程，而是实现“五位一体”的中国式现代化的运动过程。就社会大系统而言，本文所强调的统筹社会发展和安全所指的社会是小社会，也即与经济、政治、文化、生态相并列的社会。因而，社会发展也可以在一定程度上理解为社会建设的发展。按照党的十九届五中全会决定，新时代作为“五位一体”的社会建设是由民生保障制度和社会治理制度共同构成的。所谓社会发展，即民生保障的发展和社会治理制度的创新发展。

2015年7月1日，中华人民共和国第十二届全国人民代表大会常务委员会第十五次会议通过《中华人民共和国国家安全法》（以下简称《国家安全法》）。这部新的《国家安全法》第三条规定：“国家安全工作应当坚持总体国家安全观，以人民安全为宗旨，以政治安全为根本，以经济安全为基础，以军事、文化、社会安全为保障，以促进国际安全为依托，维护各领域国家安全，构建国家安全体系，走中国特色国家安全道路”[③]，强调“构建集政治安全、国土安全、军事安全、经济安全、文化安全、社会安全、科技

---

① 邓伟志编《社会学辞典》，上海辞书出版社，2009，第436页。

② 邱耕田：《社会发展与社会进步关系辨析》，《教学与研究》2006年第1期。

③ 《总体国家安全观干部读本》，人民出版社，2016，第257页。

安全、信息安全、生态安全、资源安全、核安全等于一体的国家安全体系”[①]。由此，我们可以看到，社会安全是总体国家安全观的保障，同时也是国家安全体系的重要组成部分。那么，什么是社会安全呢？这个概念最早见于巴瑞·布赞的《人民、国家和恐惧》一书。[②] 20 世纪 90 年代，社会安全开始作为一个理论得到发展和完善。有学者认为，社会安全就是不同程度地涉及社会秩序、社会稳定，特别是社会公众的正常生活、切身利益乃至生命安全，并连带影响到普遍的社会心理安定程度的一种安全。[③] 还有学者认为，对社会安全的理解有狭义和广义之分，狭义的社会安全指的是社会保障体系，广义的社会安全指的是全社会各个群体避免伤害的能力和机制。[④] 也就是说，就社会安全概念而言，主要是指影响社会公共秩序和人民生命财产安全的安全问题。结合本文研究，社会安全，主要是因显性的或隐性的社会风险而影响普通社会成员和群体的安全问题。

与社会安全相对的是社会不安全，导致社会不安全的因素也有多种，比如社会不发展或停滞不前，或者是存在诸多确定或不确定的社会风险，都会导致社会不安全。在一个社会复杂大系统中，社会不安全是常态，在此状况下保持警惕、预防和化解社会不安全，只有在社会发展中才能解决社会发展存在的问题，同时在社会发展中规避社会风险。因此，在统筹社会发展和安全辩证关系中，社会安全既属于安全问题又属于发展问题，是与发展最密切相关的安全问题。[⑤] 就影响社会发展和安全的类型因素而言，包括自然风险、事故风险、公共卫生风险、社会治安风险等，这些风险往往是显性的，直接会诱发社会的不稳定性。同时有一些影响社会发展和安全的风险属于隐性的，这些方面本身或者处理不好很可能由隐性风险演变为显性风险，进而影响社会发展和社会安全稳定大局。

---

① 中共中央党史和文献研究院编《习近平关于总体国家安全观论述摘编》，中央文献出版社，2018，第 5 页。

② 转引自李明明《社会安全理论探析》，《欧洲研究》2006 年第 5 期。

③ 李忠杰：《切实加强社会安全建设》，《科学社会主义》2012 年第 4 期。

④ 转引自杨雪冬《全球化、治理失效与社会安全》，《中国人民大学学报》2004 年第 2 期。

⑤ 郭强：《论新形势下的社会安全》，《学习与探索》2016 年第 12 期。

为与城市发展和安全等章节相区分，在寻求社会发展和社会安全最大公约数的内容体系中，本文研究认为，民生保障问题和社会治理问题，既涉及社会发展问题，也涉及社会安全问题，属于相对隐性的社会风险，如人口红利衰减、“半市民化”问题突出、收入差距过大风险、中等收入群体下滑风险、基层社会治理失序风险等。这些影响社会发展和安全的隐性变量，均属于社会建设的重要方面，与经济高质量发展、人的全面发展、共同富裕、社会治理体系和治理能力现代化等时代主题紧密相关，与人民对美好生活向往直接相连，直接体现群众获得感、安全感、幸福感，属于社会发展和安全的重要范畴，必须加以统筹考虑和应对。

（二）首都社会发展和安全的阶段性特征

一个国家或地区在发展的不同阶段，其社会发展形态呈现阶段性特征。[①]“如果人们不去注意事物发展过程中的阶段性，人民就不能适当地处理事物的矛盾。”[②] 新发展阶段，首都北京将以率先基本实现社会主义现代化为目标，坚持总体国家安全观，“增强忧患意识，防范风险挑战要一以贯之”[③]，进入统筹社会发展和安全关键期，必须深刻认识和把握人口红利衰减、“半市民化”问题突出、收入差距过大风险、中等收入群体下滑风险、基层社会治理失序风险等首都社会发展和安全面临的阶段性特征，以着力解决关切民生保障和社会治理的发展中不平衡不充分的矛盾。

1. 人口红利衰减

高密度人口是城市发展活力的重要基础，人口问题是经济社会发展和安全的基础性问题。据著名经济学家蔡昉分析，中国社会老龄化经历 2010 年第一个人口转折点，并将于 2025 年迎来第二个人口转折点，总人口到达峰值后

① 〔美〕丹尼尔·贝尔：《后工业社会的来临（简明本）》，彭强编译，科学普及出版社，1985，第 1 页。美国学者丹尼尔·贝尔认为，美国社会发展经历了三个阶段：前工业社会、工业社会和后工业社会。

② 《毛泽东著作选读》（上册），人民出版社，1986，第 153~154 页。

③ 中共中央党史和文献研究院编《习近平关于防范风险挑战、应对突发事件论述摘编》，中央文献出版社，2020，第 1 页。

转向负增长。如果第一个人口转折点带来供给侧冲击，导致潜在增长率下降以及实际增长率下行，第二个人口转折点将带来需求侧冲击，有可能导致社会总需求对经济增长的持续性制约。[①] 2010 年以来，受到全国人口格局变化、政策调整等因素影响，北京人口发展呈现规模、结构方面的诸多转折性变化。

一是人口规模持续下降。2015 年，北京以疏解非首都功能为抓手，开始实施“疏解整治促提升”专项行动，开展了强有力的人口规模调控，加速了北京人口增速下降趋势，常住人口规模由增转稳，且稳中有降。图 12-1 的统计数据显示，北京常住人口规模从 2000 年的 1363.6 万人持续增加到 2016 年的 2172.9 万人，2017 年开始连续四年小幅下降，到 2020 年为 2189.3 万人。2000~2010 年、2010~2016 年、2016~2020 年年均增幅分别为 3.7%、1.9%、-0.07%。其中，2016 年以来每年平均减少人口量仅为 1.6 万人，相对于 2000 多万的人口基数，可以说，北京人口已经进入平稳发展区间。常住外来人口规模和占比从 2015 年开始均有所下降。到 2020 年达到 839.6 万人，占常住人口的 38.4%[②]，与 2015 年相比，人数减少 22.9 万人，占比下降 1.06 个百分点。

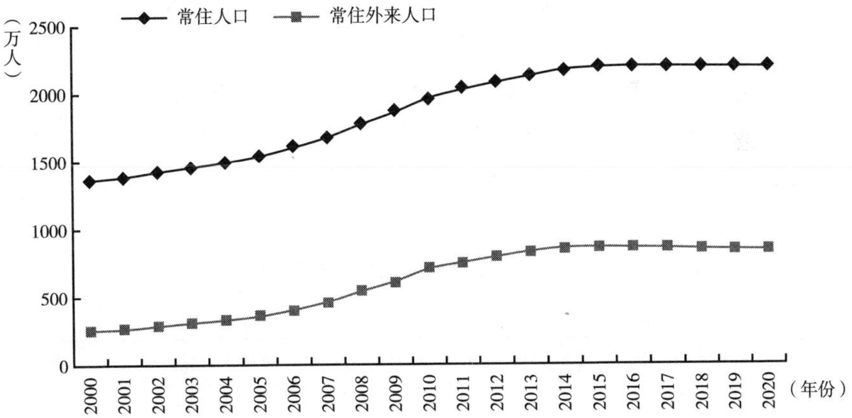

图 12-1　2000~2020 年北京常住人口和常住外来人口变化

① 蔡昉：《成长的烦恼：中国迈向现代化进程中的挑战及应对》，中国社会科学出版社，2021，第 14 页。

② 数据来源：北京市统计局、国家统计局北京调查总队编《北京统计年鉴 2022》（电子版），https://nj.tjj.beijing.gov.cn/nj/main/2022-tjnj/zk/indexch.htm。

二是临近外围省份劳动力人口下降。改革开放以来，北京常住人口保持年轻型社会主要得益于河北、河南、山东等临近外围省份的劳动力不断补充供给。第七次全国人口普查北京数据显示，2020 年北京常住外来人口数量达到 841.84 万人，占常住人口总量的 38.5%①，在京的常住外来人口中河北籍占 25.7%、河南籍 15.1%、山东籍占 8.3%；北京昌平区、大兴区常住外来人口所占比例超过 50%，意味着这两区一半以上都是常住外来人口。同时，通过表 12-1、表 12-2、表 12-3 也可以看到，第六次与第七次全国人口普查数据显示，河北省、河南省、山东省的 15~59 岁人口占比下降比较明显，下降 10 个百分点左右，而 60 岁及以上、65 岁及以上人口占比明显提高，提高 5 个百分点左右。这意味着，作为补充北京劳动力的河北省、河南省、山东省人口结构也发生了深刻变化，青壮年劳动力下降明显，能够为北京补充劳动力资源的动力支撑出现了明显的下降迹象。

表 12-1 第六次、第七次全国人口普查河北省人口构成

单位：%

年份	0~14 岁占比	15~59 岁占比	60 岁及以上占比	65 岁及以上占比	合计
2010	16.8	70.1	13.0	8.1	100
2020	20.2	59.9	19.9	13.9	100

表 12-2 第六次、第七次全国人口普查河南省人口构成

单位：%

年份	0~14 岁占比	15~59 岁占比	60 岁及以上占比	65 岁及以上占比	合计
2010	20.7	66.3	12.7	8.4	100
2020	23.1	58.8	18.1	13.5	100

① 数据来源：北京市统计局、国家统计局北京调查总队，《北京市第七次全国人口普查公报（第一号）——常住人口情况》，http://tjj.beijing.gov.cn/tjsj_31433/tjgb_31445/rpgb_31449/202105/P020210519338453665400.pdf。

表 12-3　第六次、第七次全国人口普查山东省人口构成

单位：%

年份	0~14 岁占比	15~59 岁占比	60 岁及以上占比	65 岁及以上占比	合计
2010	15.7	70.2	14.8	9.8	100
2020	18.8	60.3	20.9	15.1	100

三是北京人口少子老龄化加速演进。2010 年以来先后实施的“双独二孩”“单独二孩”“全面二孩”政策，推动了人口生育水平的提升，北京出生人口数在 2014 年和 2016 年出现了两次高峰，分别达到 21.0 万人和 20.3 万人，此后的 2017 年也保持了 19.7 万人的高位。但随着二孩政策效应的减弱，出生人口数也呈快速下降趋势，到 2020 年已经降至 15.3 万人，比 2019 年减少 2.2 万人，比 2017 年减少 4.4 万人（见表 12-4）。考虑到全面二孩政策效应的消失和生育堆积效应的消退，以及全市育龄妇女数量的下降，预计三孩生育政策带来的出生人口数量增加幅度是有限的。按照现有生育水平估算，未来几年北京出生人口数将呈现稳中有降态势。

表 12-4　2010~2020 年北京常住人口生育情况

单位：万人，‰

年份	常住人口	出生率	自然增长率	出生人数
2010	1961.9	7.27	2.98	14.3
2011	2023.8	8.28	4.02	16.8
2012	2077.5	9.02	4.72	18.7
2013	2125.4	8.89	4.39	18.9
2014	2171.1	9.69	4.80	21.0
2015	2188.3	7.89	2.98	17.3
2016	2195.4	9.23	4.07	20.3
2017	2194.4	8.97	3.73	19.7
2018	2191.7	8.13	2.63	17.8
2019	2190.1	7.98	2.58	17.5
2020	2189.0	6.98	2.39	15.3

同时，我们看到，北京老龄化程度加速演进，2010~2020 年，北京 65 岁及以上人口数量从 171.0 万人增长到 291.2 万人，占常住人口的比重从

8.4%提高到11.4%，略低于全国13.5%的平均水平，已经接近深度老龄化14%的标准[①]。其中，户籍人口中65岁及以上人口占比为18.9%，即约平均每5个户籍人口中就有1个65岁及以上的老年人口，较2011年[②]提高了4.8个百分点，已经达到深度老龄化标准。从2022年开始的10年，将会迎来1962~1972年生育高峰期的退休潮，人口的堆积效应加上超少子状态的持续、新增外来劳动力的减少，北京的人口老龄化将进入快速发展轨道。根据现有人口年龄结构估算，到2025年，北京65岁及以上常住老年人口占比将达到17%，达到深度老龄化标准。从表12-5可以看出，北京16个区中城市核心区已经接近了超老龄化社会，7个区达到了深度老龄化社会，2个区接近深度老龄化社会，其余也是老龄化社会，总体呈现“两头高、中间低”的状态。

表12-5　北京市人口构成情况

单位：万人，%

地区	常住外来人口	外来人口占比	老年抚养比	0~14岁	少子化程度	65岁及以上	老龄化程度
东城区	15.8	22.3	26.9	13.9	超少子化	18.2	接近超老龄化社会
西城区	24.4	22.1	26.9	14.3	超少子化	18.2	接近超老龄化社会
朝阳区	128.1	37.1	19.2	11.4	超少子化	14.3	深度老龄化社会
丰台区	64.5	31.9	21.6	10.9	超少子化	15.8	深度老龄化社会
石景山区	16.6	29.2	22.7	11.4	超少子化	16.4	深度老龄化社会
海淀区	111.8	35.7	17.4	11.8	超少子化	13.1	接近深度老龄化社会
房山区	43.8	33.4	17.9	12.9	超少子化	13.2	接近深度老龄化社会

① 按照国际通行划分标准，当一个国家或地区65岁及以上人口占比超过7%时，意味着进入老龄化社会；达到14%，为深度老龄化；超过20%，则进入超老龄化社会。

② 2010年统计数据没有公布户籍人口年龄结构，故此处用2011年的数据作对比。

续表

地区	常住外来人口	外来人口占比	老年抚养比	0~14岁	少子化程度	65岁及以上	老龄化程度
通州区	89.8	48.8	15.1	12.1	超少子化	11.5	老龄化社会
顺义区	59.9	45.2	14.0	11.7	超少子化	10.8	老龄化社会
昌平区	131.0	57.7	12.2	10.4	超少子化	9.7	老龄化社会
大兴区	101.8	51.1	12.4	11.9	超少子化	9.7	老龄化社会
门头沟区	11.5	29.3	20.0	11.8	超少子化	14.8	深度老龄化社会
怀柔区	15.6	35.4	16.9	11.8	超少子化	12.8	老龄化社会
平谷区	7.8	17.1	23.4	13.3	超少子化	16.4	深度老龄化社会
密云区	11.2	21.2	21.0	12.6	超少子化	15.2	深度老龄化社会
延庆区	8.1	23.4	21.6	11.7	超少子化	15.7	深度老龄化社会

以上分析表明，北京人口规模缩减，人口红利衰减，不仅会给自身的人口可持续发展带来风险挑战，潜在增长率下行，需求制约还可能导致实际增长率达不到增长潜力，同时也会给构建新发展格局、高质量发展带来不利影响，预期中的经济发展速度和目标更难以实现。

2. “半市民化”问题突出

习近平总书记强调，“现在，已经有两亿多农民工和其他人员在城镇常住，但他们处于‘半市民化’状态、‘两栖’状态，这些人比还在农村的人口更具备条件在城镇定居，应该尽量把他们稳定下来。如果几亿城镇常住人口长期处于稳定状态，不仅他们潜在的消费需求难以释放、城乡双重占地问题很难解决，而且还会带来大量社会矛盾和风险”①。一是北京实际城镇化率只有65.4%左右。数据显示，2021年北京城镇人口1916.1万人，占常住人口的比重为87.5%，早已达到城市化的成熟期。但是，如此高的城镇化

① 中共中央文献研究室编《十八大以来重要文献选编》（上），中央文献出版社，2014，第593页。

率背后包含了大量居住在城镇中半年以上的农村户籍人口。根据2017年国家卫生健康委流动人口动态监测北京调查数据，居住半年以上的常住人口中，56.4%的常住外来人口是农村户籍人口。也就是说占北京常住人口总量38.5%的常住外来人口一半多是农村户籍，那么实际北京城镇化率只有65.4%，与87.5%的名义城镇化率相比，两者相差22.1个百分点。二是“内外”有别的福利待遇差距。上述数据显示，大量常住外来人口为推动首都城市发展作出了重要贡献，却受户籍所限未能被纳入城市社会保障体系，难以均等享有住房保障、医疗保障、子女教育等基本公共服务权益。同时，常住外来人口大多职业不稳定、工资收入低、发展通道窄、家庭负担重，成为生活在大城市中的隐形困难群体。由此可见，如此多的农村户籍人口被计算到城镇户籍中，但城与乡的户籍身份不同，因而并未完全享有城镇人口的待遇，更无法享受到户籍人口的福利待遇，“劳动吸纳、福利排斥”问题久解不决，常住外来人口的基本权益保障不足。如表12-6显示，我们通过量化方法，对全国15个特大城市常住外来人口社会融合程度进行测量，得出北京社会融合程度的综合指数达到60.30，刚刚及格的水平。三是社会阶层固化倾向明显。现有积分落户政策受惠面较窄，绝大多数外来人口可望而不可即，客观上造成大量常住外来人口既无法返回乡土，又不能很好地融入城市，农二代、农三代“留不下、回不去、无所归依”。长此以往，一些人生活没有“奔头”，不满情绪累积，很容易成为缺乏认同感、归属感的“失落群体”和“绝望人群”。一旦出现个案性质的导火索，极易形成连锁反应，引发大规模社会冲突事件。

表12-6　2017年特大城市常住外来人口社会融合程度测量情况

城市	经济立足	社会融入	身份认同	文化接纳	综合指数	总排名
北京市	70.03	49.13	87.25	35.53	60.30	2
广州市	66.80	47.90	75.74	31.88	55.94	10
上海市	70.42	50.83	79.28	32.75	58.78	4
深圳市	68.73	51.37	78.48	30.09	57.75	5
天津市	61.67	51.86	82.77	29.96	56.60	9

续表

城市	经济立足	社会融入	身份认同	文化接纳	综合指数	总排名
重庆市	60.59	52.20	88.24	44.67	60.42	1
成都市	62.42	44.82	85.60	39.34	57.16	7
东莞市	68.18	45.62	80.75	26.69	55.63	11
杭州市	64.72	48.18	78.88	29.16	55.48	12
南京市	66.79	47.64	79.20	33.86	56.94	8
青岛市	63.38	52.60	89.45	36.70	60.02	3
沈阳市	58.72	41.21	88.71	37.42	55.21	13
武汉市	60.17	50.38	85.71	37.04	57.72	6
西安市	57.58	40.87	80.65	30.85	51.84	15
郑州市	62.28	42.83	77.09	27.05	52.36	14
分维度指数	64.16	47.83	82.52	33.53	56.81	—

北京这类特大城市，一个突出特点是户籍人口和常住外来人口并存，形成了典型的“动态城乡二元结构”。受“一城两策”政策影响，常住外来人口无法享受“市民待遇”，成为社会结构性风险，如果长期得不到解决，极易引发矛盾冲突。

3. 收入差距过大风险

习近平总书记强调，“发展仍然是我们党执政兴国的第一要务，仍然是带有基础性、根本性的工作，但经济发展、物质生活改善并不是全部，人心向背也不仅仅决定于这一点。发展了，还有共同富裕问题。物质丰富了，但发展不平衡，贫富悬殊很大，社会不公平，两极分化了，能得人心吗？”① 实现共同富裕是社会主义的本质要求，是中国式现代化道路的基本特征，是人民群众对美好生活的热切期盼。数据显示，2021 年北京经济总量已经超过 4 万亿元，按常住人口计算，全市人均地区生产总值为 18.4 万元，约合 2.7 万美元，已经达到发达国家收入水平。但是，北京城乡之间、区域之间、行业之间收入差距仍然较大。一是城乡收入差距缩小缓慢。按照人均

① 中共中央党史和文献研究院编《习近平关于总体国家安全观论述摘编》，中央文献出版社，2018，第 135 页。

GDP来看，2020年北京达到164889元，上海市为155768元，江苏省为121231元，浙江为100620元，天津为101614元。而在城乡居民可支配收入比方面，与同等经济发展水平的地区相比，浙江省为1.96，江苏省和上海市为2.19，天津市为1.86，北京则达到了2.51，在全国仅排到第22位。如果按照平均每年减少0.05计算，北京也需要10年左右的时间才能达到共同富裕示范区浙江省的水平（见图12-2）。

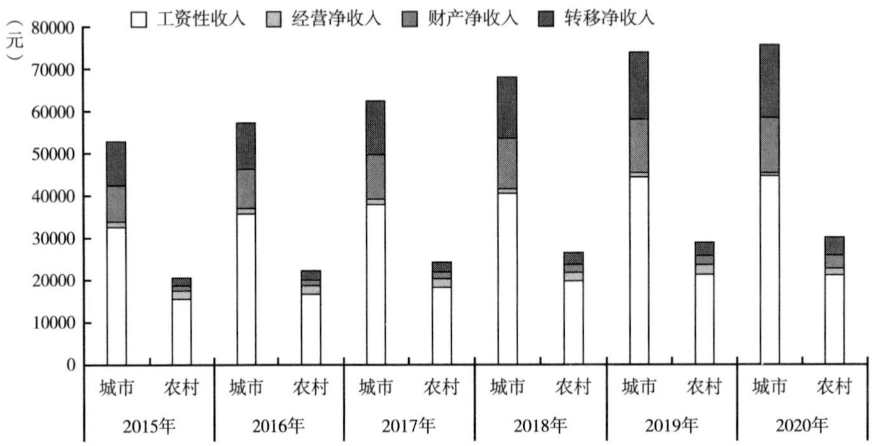

图12-2 2015~2020年北京市城乡居民可支配收入对比

二是经济规模持续扩大，区域发展差距较大。2020年，北京全年实现地区生产总值36102.6亿元，人均GDP由2016年的11.5万元增至2020年的16.5万元。通过表12-7可以看出，2005~2020年北京GDP持续扩大，但各区GDP、对北京GDP的贡献出现了一些新情况新问题。

表12-7 北京市地区生产总值情况

单位：亿元，%

各区	2005年	占比	2010年	占比	2015年	占比	2019年	占比	2020年	占比	升降情况
全市	7149.8		14964.0		24779.1		35445.1		36102.6		
东城区	656.1	9.2	1291.6	8.6	2099.2	8.5	2910.4	8.2	2954.7	8.2	↓
西城区	1079.5	15.1	2086.4	13.9	3553.2	14.3	5007.3	14.1	5061.1	14.0	↓
朝阳区	1357.0	19.0	2944.0	19.7	5073.0	20.5	7116.4	20.1	7037.9	19.5	↓

续表

各区	2005 年	占比	2010 年	占比	2015 年	占比	2019 年	占比	2020 年	占比	升降情况
全市	7149.8		14964.0		24779.1		35445.1		36102.6		
丰台区	386.5	5.4	770.5	5.1	1283.7	5.2	1829.6	5.2	1854.2	5.1	↓
石景山区	211.7	3.0	321.7	2.1	532.3	2.1	808.0	2.3	855.5	2.4	↓
海淀区	1443.6	20.2	3097.9	20.7	5359.7	21.6	7954.6	22.4	8504.6	23.6	↑
门头沟区	46.7	0.7	95.8	0.6	171.0	0.7	249.3	0.7	251.0	0.7	—
房山区	210.8	2.9	374.4	2.5	568.4	2.3	811.0	2.3	759.9	2.1	↓
通州区	152.0	2.1	394.8	2.6	689.7	2.8	1059.3	3.0	1103.0	3.1	↑
顺义区	261.8	3.7	878.4	5.9	1471.5	5.9	1993.0	5.6	1873.7	5.2	↓
昌平区	201.1	2.8	417.6	2.8	755.1	3.0	1082.5	3.1	1147.5	3.2	↑
大兴区	166.8	2.3	368.5	2.5	614.2	2.5	907.6	2.6	932.8	2.6	↑
怀柔区	85.7	1.2	160.7	1.1	281.3	1.1	399.9	1.1	396.6	1.1	—
平谷区	57.7	0.8	119.8	0.8	214.3	0.9	293.6	0.8	284.1	0.8	—
密云区	79.5	1.1	142.7	1.0	234.9	0.9	341.0	1.0	338.6	0.9	—
延庆区	40.5	0.6	73.8	0.5	127.4	0.5	195.3	0.6	194.5	0.5	—

资料来源：根据相关年份《北京区域统计年鉴》（电子版）整理。

与此同时，随着经济规模发展的梯度化反应，各区之间的人均 GDP 差距逐渐拉大。例如，北京人均 GDP 最高值为西城区的 440398 元，昌平、大兴、延庆、通州、平谷、密云等郊区经济发展水平相对滞后，人均 GDP 不足 7 万元，最低值为大兴区的 48069 元，最高值是最低值的约 9 倍（见图 12-3）。

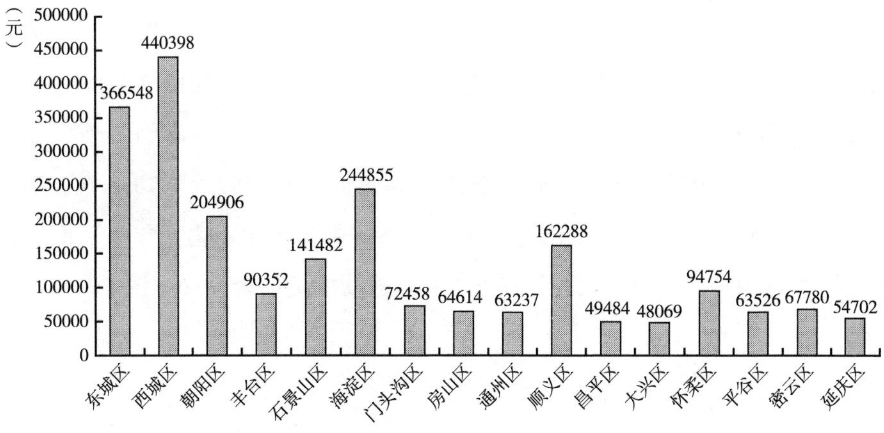

图 12-3　北京 2020 年各区人均 GDP 对比

三是行业差距全国排名第27位。北京市社会科学院共同富裕研究课题组研究成果显示，2020年北京市各行业平均工资的基尼系数为0.195，高于全国中位数水平0.161，居全国第27位，若剔除信息技术业，浙江行业平均工资的基尼系数为0.186，北京为0.188。2020年，北京市城镇单位平均工资超过20万元的行业有5个，分别是金融业，信息传输、计算机服务和软件业，文化、体育和娱乐业，卫生、社会保障和社会福利业，科学研究、技术服务和地质勘查业。其中，金融业平均工资更是超过26万元。同时，还有3个行业的平均工资不足10万元，分别是农、林、牧、渔业，居民服务和其他服务业，住宿和餐饮业。北京市城镇单位各行业平均工资最高与最低差值在4倍以上（不考虑最高的金融业也在4倍以上），浙江该项差值不到3倍（不考虑最高的信息传输、计算机服务和软件业），广东该项差值也不到4倍。

4. 中等收入群体下滑风险

习近平总书记强调，“我多次讲，我们要注意跨越‘修昔底德陷阱’、‘中等收入陷阱’。前一个是政治层面的，就是要处理好同美国等大国的关系。后一个是经济层面的，就是要提高我国经济发展质量和效益”①。“扩大中等收入群体，关系全面建成小康社会目标的实现，是转方式调结构的必然要求，是维护社会和谐稳定、国家长治久安的必然要求。”② 一是中等收入群体规模比重扩大趋缓。国家标准将绝对标准与相对标准相结合，以居民家庭人均可支配收入为主要依据，确定2020年中等收入群体标准为10.2万~51.2万元。依据这个标准，北京中等收入群体规模比重从2015年的65.3%提高到2019年的70.2%，5年间提高了4.9个百分点，每年提高约1个百分点（见表12-8）。2020年，中等收入群体规模比重为68.5%，与2018年、2019年相比，分别下降1.1个、1.7个百分点，下降幅度高于过去5年年平均增长幅度，这反映扩大中等收入群体正处在爬坡过坎的关键阶段（见图12-4）。

① 中共中央文献研究室编《习近平关于全面建成小康社会论述摘编》，中央文献出版社，2016，第48页。

② 中共中央党史和文献研究院编《习近平关于总体国家安全观论述摘编》，中央文献出版社，2018，第147页。

表 12-8　2015~2020 年北京不同群体规模变动情况

单位：%

类别	2015 年	2016 年	2017 年	2018 年	2019 年	2020 年
低收入群体	33.3	31.5	30.7	28.2	27.1	28.3
中等收入群体	65.3	67.4	67.6	69.6	70.2	68.5
中等收入群体脆弱层	12.3	11.9	11.6	10.8	10.7	10.1
高收入群体	1.4	1.1	1.7	2.2	2.7	3.2

资料来源：国家统计局北京调查总队。

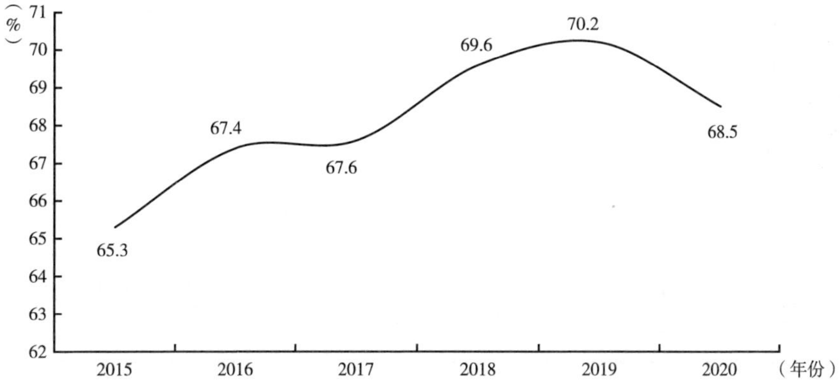

图 12-4　2015~2020 年北京中等收入群体规模

二是最低、最高收入组别差距拉大。从不同组别差距看，2015~2020 年北京市居民人均可支配收入 20%高收入组与 20%低收入组倍差从 2015 年的 5.43 扩大到 2020 年的 5.75，绝对差值由 2015 年的 8.1 万元扩大到 2020 年的 12.1 万元，呈现“先抑后扬”的“U”形结构，如表 12-9、图 12-5 所示。

表 12-9　2015~2020 年北京市居民人均可支配收入分组别情况

单位：元

类别	2015 年	2016 年	2017 年	2018 年	2019 年	2020 年
低收入户（20%）	18343	20204	22170	23926	25723	25394
中低收入户（20%）	32968	36277	38452	41886	44971	44855
中等收入户（20%）	45239	49342	53023	57864	62596	63969

续表

类别	2015 年	2016 年	2017 年	2018 年	2019 年	2020 年
中高收入户(20%)	60627	65555	71451	77910	85170	88026
高收入户(20%)	99621	105425	116018	126970	139298	145915
高收入户与低收入户绝对差	81278	85221	93848	103044	113575	120521
高收入户与低收入户倍差	5.43	5.22	5.23	5.31	5.42	5.75

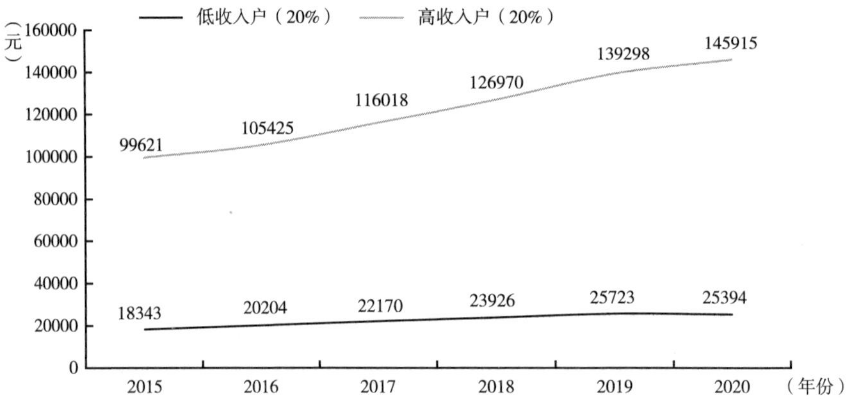

图 12-5　2015~2020 年北京市人均支配收入分组别情况

三是中等收入群体底盘基础还不坚实。疫情之下社会结构分化加速社会心态分化，不同社会群体对个人及家庭未来预期的不确定性不稳定性表示担忧，社会心态展现一定脆弱性。在此情况下，不同社会群体对经济利益和民生诉求的价值关切会有所提升，要求获得感安全感幸福感不断提升，对美好生活向往会更加期待，由此引发不同社会群体不安、不稳等心理反应。2020年全国社会心态调查数据显示，受访群体认为收入、就业、教育、住房等经济利益和民生诉求是导致压力感焦虑感的直接因素。例如，有媒体报道，娃（生育）、房、教育、空气成为北京“中产”阶级集体重度焦虑的主要影响因素。同时，不同社会群体社会心态呈现高收入群体求安全、中等收入群体求安稳、低收入群体求安慰的结构性特征，亟须引起高度重视。

5. 基层社会治理失序风险

习近平总书记强调，“社会治理是一门科学，管得太死，一潭死水不行；管得太松，波涛汹涌也不行。要讲究辩证法，处理好活力和秩序的关系，全面看待社会稳定形势，准确把握维护社会稳定工作，坚持系统治理、依法治理、综合治理、源头治理”。[①] 社会安全是社会发展的基本保障，是社会建设发展水平和运行健康程度的重要体现，实现社会安全有序、提升社会治理现代化水平并达到长治久安，是社会治理追求的重要价值目标。[②] 一是城乡基层基础还不够牢固。习近平总书记在京参加十二届全国人大二次会议上海代表审议时强调，“加强和创新社会治理，核心是人、重心在城乡社区、关键在体制机制创新，要尽可能把资源、服务、管理放到基层，使基层有职有权有物，更好为群众提供精准有效的服务和管理”。但是，近年一些地方基层治理实例证明，城乡基层基础还不够牢固。二是党建引领基层治理存短板。笔者在北京基层调研发现，北京城市基层党组织偏弱，主要表现在城市基层党组织架构，“纵向尚可、横向薄弱”；在基层党员队伍方面，社区党员队伍表现出老龄化、断档化特点；在基层党组织能力方面，存在领导弱化、虚化、淡化、边缘化问题；在基层党组织服务方面，存在“议而不决、决而不动”的问题。同时，在基层治理方面存在二元结构，主要表现在社会二元，即乡土社会与城市社会；功能二元，即社区自治与行政化；个体二元，即居民个人存在公与私；群体二元，即存在阶层与居民或业主之分。三是基层治理的实践性与价值目标有距离。当前，基层治理已经进入政治、德治、法治、自治、智治的“五治时代”，但是在疫情检验下，城乡基层在“五治”方面还存在很多短板弱项。例如，城乡社区的伦理、道德缺位，法治缺失，自治不足，智治还未得到充分应用，使得基层治理实践能力不足。同时，新时代，基层社会治理已经

---

① 中共中央党史和文献研究院编《习近平关于总体国家安全观论述摘编》，中央文献出版社，2018，第134页。

② 王龙、霍国庆：《社会安全的本源影响因素及其作用机理实证研究》，《管理评论》2019年第11期。

从“治理主体+治理技术”向人人有责、人人尽责、人人享有的社会治理共同体的价值目标跃迁。但是，我们作为社会成员，还未完全形成人人有责、人人尽责的局面，进而也很难实现人人享有，距离形成社会治理共同体还有很长的路要走。

（三）新发展阶段统筹首都社会发展和安全的路径

新发展阶段，向着第二个百年奋斗目标奋勇前进，首都贯彻习近平新时代中国特色社会主义思想，深入践行习近平总书记对北京一系列讲话精神，坚持总体国家安全观，以人的全面发展和安全为底线，统筹发展和安全，防范化解可能影响首都社会发展和安全的显性和隐性风险，在应对人口红利衰减、“半市民化”问题、收入差距过大、中等收入群体下滑、基层社会治理失序等方面下好先手棋，为此针对性提出以下统筹首都社会发展和安全的路径举措。

1. 积极应对人口红利衰减风险

人口红利衰减亟须引起高度重视，其不仅关系人口的可持续发展问题，更关系供给侧结构性改革，尤其是构建以内需为主导的双循环经济格局。因此，需要积极应对人口红利衰减风险，适时调整人口发展战略，防范人口红利衰减潜在风险。

第一，用系统发展思想来协调人口关系。要从优化人口构成的角度，从人口的年龄结构、职业结构、空间结构、区域结构等方面，系统分析不同类型人口之间的关系，重点从对经济社会发展的影响加以综合探讨。比如从职业结构来看，就要改变过去仅“留住‘高层次’人才”的思路，树立合理的人口金字塔结构理念。

第二，以劳动生产率提高带动人口效率提升。随着北京人口规模总量调控和老龄化、少子化等结构性变化，劳动力占比下降将成为必然趋势，在推动产业结构转型升级、促进高质量发展的背景下，提升劳动生产率将是人口效率提升的必然选择。因此，需要推进产业发展从注重规模和体系完整性向注重质量和基础能力转变，重视教育和职业技能培养，着力提高全员劳动素质和技能水平。

第三，从促进生育、保障养老等角度，多措并举，提高人口可持续发展能力。借鉴德国、日本、韩国经验，在带薪产假、生殖健康、婴幼儿保健等方面给予政策性支持，因地制宜对生育两孩、三孩育龄夫妇适当减免税收、增加带薪产假、发放两孩和三孩津贴以及提供普惠托育服务等，促进生育政策和相关经济社会政策配套衔接，实施有效的措施推动生育政策在北京落地见效。继续深化养老保障制度改革，积极发展第二和第三支出养老保障体系，推动形成政府、社会、个人共同参与的养老保障体系，引入多元化养老服务的供给主体，政府、市场和个人三者结合，推动养老产业发展，完善应对人口老龄化的政策体系，做好配套医疗服务，通过政府有计划发展、市场自主扩展等方式为老年群体提供快捷、高效的医疗服务。同时，按照国家政策安排，及时出台延迟退休政策，鼓励企业给活力老年人提供灵活的短期的适宜就业机会，推动更多老年人“老有所为”。

第四，以实施人才战略保障城市人才供给。要在保持人口规模持续稳定的前提下，以建设高水平人才高地为目标，加强人才引进与培养，在重大技术环节和创新领域推动改革创新。同时，做好人才的生活保障工作，解决人才后顾之忧，营造人尽其才、才尽其用的良好氛围，做好人口、人才规模数量、质量双补给。

2. 加快促进常住外来人口市民化进程

现阶段，人口流动以向大城市迁移为主导，“留而不流”将是常态，总量巨大的常住外来人口社会融合程度低，“市民化”严重不足，“半城市化”矛盾突出，任其长期存在和蔓延将隐藏巨大社会风险，是新型城镇化建设和“加快农业转移人口市民化”进程中必须扫除的重大障碍。因此，必须坚持以人民为中心的发展思想，通过针对性政策措施，推动常住外来人口社会融合，提高其市民化水平，提升首都城镇化整体质量，防范常住外来人口潜在风险。

第一，提高首都城市综合承载能力。城市综合承载能力是城市常住人口扩容、扩量的基础保障，以资源环境承载能力为硬约束，探索利用大数据技术建立城市城区常住人口常态化统计机制，科学测定城市人口活动最大合理建设规模。推动城市内部城乡、中心区与远郊区均衡发展，避免人口过度聚集，构建以城市为中心枢纽的城市群，辐射带动津冀周边大中小城市协同发展。

第二，深化积分落户制度改革。在合理确定并严格执行城市人口发展规划、避免人口无序过快增长的前提下，统筹协调户籍人口和外来人口权益，依法有序加快存量常住外来人口市民化进程，可同步采取两种解决方案：一是“有名有实”方式，即对居住时间长、贡献大、城市离不开的常住外来人口，增加积分落户数量，分类、分批吸纳有条件有能力的常住外来人口安家落户。二是“先实后名”方式，即从外来常住人口最关心的住房保障、子女教育等现实困难入手，探索将常住外来人口逐步纳入城市社会保障体系和基本公共服务体系。

第三，优化社会结构促进社会流动破解阶层固化。防止本地人口与外地人口结构性冲突，化解特大城市社会阶层固化是当务之急。加快破除城乡二元体制、城市内部二元结构体制，推进城乡一体化、城市内部一体化。[①] 将常住外来人口融入城市社会生活纳入地方政府绩效考核，逐步消除制度性排斥，弥合社会结构裂痕，促进本地人与外地人社会融合。改革现行人事劳动制度，破除农民工体制，严格落实《劳动合同法》，同工同酬，保障常住外来人口劳动者合法权益。警惕代际传递现象，畅通向上流动渠道，促进常住外来人口社会阶层结构优化，防止阶层固化。

第四，在加强常住外来人口社会融合中提高城市治理能力。常住外来人口是城市治理的重要内容。提高常住外来人口治理智能化水平，推动服务管理精准化、精细化。逐步将常住外来人口纳入城乡社区群众性自治组织，有序推动常住外来人口融入本地政治生活。发挥计生协以及工青妇等群团组

① 李晓壮：《迈向均衡型社会——2020 北京社会结构趋势研究》，中国社会科学出版社，2015，第 156 页。

织、社会组织吸纳作用，提高常住外来人口社会参与能力。

3. 缩小城乡区域行业收入差距

现在，已经到了扎实推动共同富裕的历史阶段。缩小城乡、区域、行业收入差距不仅关系社会均衡充分发展，而且关系如期实现共同富裕。因此，需要缩小城乡区域行业收入差距，研究制定积极的促发展、缩差距的社会政策，防范收入差距过大潜在风险。

第一，缩小城乡区域差距，促进均衡发展是关键。研究制定实施北京市居民人均可支配收入持续稳定增长计划，深化收入分配制度改革，加紧研究精准识别“脆弱层”、弱势人群、特殊家庭的标准方法或监测体系，更加精准制定“提低”务实举措，随发展水平动态调整。

第二，借鉴浙江“千村示范、万村整治”经验，研究制定全域土地综合整治与生态修复试点工作方案，打通绿水青山向金山银山转化通道，研究农业农村发展规划，充分发挥科技创新成果在农村一二三产业中的核心作用，推进农业高新技术产业化，总结科技小院经验，引导高校、科研院所、社会企业等参与乡村振兴，继续深入实施每年 1000 名高素质农民学历提升和村务干部学历提升工程，实施农民创客培育计划，普查、规划、激活闲置农房，推进以古村落为龙头的民宿、乡村旅游高质量发展。

第三，提高薄弱区域、乡镇城市化质量，持续深化城南行动计划，结合“三城一区”建设做强重点区域新增长极，结合“两区”“三平台”“四个中心”建设提升薄弱地区发展能级，进一步完善“强区帮弱区”的对口支援机制，加大对生态涵养区财政转移力度，以空间、系统思维发展镇域经济（特色小镇），借鉴宁波村集体经济“三化一改”改革经验，以产业带动壮大农村集体经济，制定“集体经济年收入低于 10 万元薄弱村”帮扶行动计划，在严守基本农田红线的前提下，以“土地—产业—分红”模式激发“三块地”活力，实施生态涵养区农民收入 10 年倍增行动，绝对数增长快于城市居民，力争 10~15 年内将北京城乡收入倍差缩小到 2 左右，区域倍差拉大态势得到扭转。

第四，发挥社保再分配调节作用，健全返贫监测和精准帮扶机制，将社会救助范围扩大到支出型贫困家庭、最低生活保障边缘家庭等群体，建立集成社保、医疗、教育等领域全市统一的民政大数据平台，推动社会救助由依申请受理向主动发现转变，发挥社保“兜底”和“提低”作用，确保四类重点群体共同富裕不掉队。

4. 不断扩大和稳固中等收入群体

扩大中等收入群体是实现共同富裕的核心要义，这不仅是经济问题，而且是政治问题。对首都而言，要率先扩大中等收入群体，推动共同富裕，就需要防止或者警惕因经济下行、疫情影响可能导致的中等收入群体下滑风险。实践证明，经济发展降速或停滞，都会导致中等收入群体规模下降。因此，首都在扩大中等收入群体方面，应在做大“蛋糕”的同时，着力扩大和稳固中等收入群体，防范“中等收入陷阱”潜在风险。

第一，高质量发展是扩大中等收入群体的根本保障。加快推进“五子”联动成局成势，积极应对“三重压力”，推动“有效市场”和“有为政府”协调共进，适度超前开展基础设施投资，加强对龙头平台企业的审慎监管，稳定各类总部企业的市场预期，加强对中小企业减税降费的政策支持，针对不同行业、不同类型企业提供更有针对性的政策支撑，全面提升市场主体风险化解能力，激发市场主体活力，加快构建新发展格局保障经济安全。

第二，以“扩（固）中”为重点，以“拉低”为着力点，以“控高”为切口，以降低基本公共服务成本避免中等收入群体“脆弱层”下滑为导向，聚焦农民（工）、大学毕业生、新就业形态群体，推行和落实新就业形态领域“全民参保计划”，逐步扩大积分落户人数规模，吸引优秀高校毕业生和外地人才留京就业创业，加快培育行业职业资格认定资质体系建设，完善职称评定标准，持续扩大和稳固中等收入群体，不断提高中等收入群体整体质量。

第三，设定提高中等收入群体比重目标，持续提高居民人均可支配收入与人均 GDP 比例，持续提高劳动报酬占 GDP 比重，按照国家统计局统一标准，家庭年可支配收入 10 万~50 万元，设定到 2030 年北京中等收入群体规模从目前的 68.5%提高并能够稳定在 75%左右。同时，按经济发展水平浮动设定家庭年可支配收入（如提高至 20 万～60 万元）内部衡量标准线，“双线”监测、“双线”推进。

5. 走向积极的社会治理

我们已经走进了治理的时代，事物的复杂性、主体的多元性、利益的交织性、风险的叠加性等因素决定了治理过程和结果的不确定性。因此，更需要在社会建设过程中，同步推进社会治理，更需要在社会治理过程中，同步推进社会建设，防范化解治理风险，走向积极的社会治理。

第一，点线面同步推进社会治理实践。在点上，充分认识推进实施回天地区行动计划，对于落实北京新版城市总体规划的重要意义，对于探索超大型城市治理现代化的重要意义，市区联动合力推动回天大型社区治理，借鉴“三攻坚一示范”的治理成效、公服先行的“软硬兼施”经验，构建区、街镇、村居三级社会组织孵化体系，天北文化艺术中心城市更新活化公共文化服务设施典范，以未来科学城为载体着力推进产城一体、职住平衡的生产生活一体未来之城。在线上，优化基层治理单元，按照地域空间属性具象社区、小区或楼院、楼栋、楼门，将社区党组织体系、群众自治组织体系与地域空间属性配套嫁接、向下延伸，健全治理小型化保障机制，使党组织体系和群众自治组织体系拧成一股绳，合力推进基层治理。在面上，充分认识“接诉即办”，是贯彻落实以人民为中心发展思想，满足人民对美好生活新期待的重大突破；是推动政府工作机制创新，实现以群众需求为导向工作方式转变的重大改革；是完善城市基层治理体系、推动重心下移破解超大城市治理难题的重大创新，继续深化“接诉即办”改革，从被动应付向主动治理转变，从应急治理向常态治理转变，从上级交办向基层先办转变，从“治病”向“治未病”转变，从事件处置向制度安排转变。

第二，以社会信用为抓手促成人人有责局面。社会管理向社会治理理念的转变，使社会治理动力发生了深刻变化，不仅是党和政府一家所为，也不是市场、社会能抵。当前基层治理存在的诸多二元性问题，归结起来还是人的全面发展问题、人的自身约束问题，为降低社会治理成本，针对当前存在的一些社会失德、失序现象，必须对个人原子化、单位组织化的社会加以约束，将社会信用作为新时代社会治理的着力点，将每位社区居（村）民、每个组织法人纳入社会信用系列，“一处失信，处处受限”，提高失信成本，才能降低社会治理成本，才能使社区居（村）民、每个组织法人自觉履行法定或约定义务，才能动员社会成员共同参与社区治理，营造人人有责、人人负责、人人尽责共建共治共享的社会治理共同体生态。

第三，提升全方位的社会动员能力。社会动员，是一种为实现特定目标，通过利益机制或者政策引导，调动人们参与积极性，进而调动社会资源和整合社会力量的工作方法。社会动员机制，是与社会动员主体、程序、方式等相关的制度安排。现代条件下的社会动员机制，是党和政府或社会团体通过多种方式引导、改变社会成员的态度、期望与价值取向，发动和组织社会成员积极参与某一社会治理活动的过程，以实现共同的社会良性秩序目标。为此，要深刻认识社会动员主客体的多元性、社会动员内容的丰富性、社会动员形式的多样性、社会动员流程的规范性、社会动员机制的常态性、社会动员依据的法治性等特点，不断聚合全社会资源和力量，聚焦主体介入、服务供给、能力提升等方面，不断提高领导干部应急处突能力、社会抵御风险能力、居民自救提升能力。

十三　统筹首都生态发展和安全

统筹首都生态发展和安全，关乎“国之大者”。首都北京深入贯彻习近平生态文明思想和习近平总书记对北京重要讲话精神，大力推进生态文明建设，在加快经济高质量发展的同时，不断提升和改善环境质量，守住生态红线，加强首都生态安全保障，统筹生态发展和安全取得了历史性的辉煌成就。新发展阶段，构筑首都生态安全屏障、守护首都生态安全环境，为建设美丽北京、美丽中国保驾护航。统筹首都生态发展和安全，加快生态环境保护、加强生态安全建设与绿色低碳发展两手都要抓，推进首都生态发展与构筑首都生态安全屏障紧密结合，加快建设高水平、高质量的平安北京和绿色北京，加快实现首都高水平保护、高质量发展和高品质生活。

（一）生态发展和安全的基本内涵

党中央明确提出大力推进生态文明建设，推进绿色发展、循环发展、低碳发展，主动提出实现2030年前碳达峰、2060年前碳中和目标等，均充分体现了党中央对生态环境、生态发展、生态安全的高度重视。因此，首都统筹发展和安全离不开统筹生态发展和安全。当然，统筹生态发展和安全并非将生态发展和安全与其他发展和安全问题人为割裂或对立起来，而是更加注重统筹发展和安全的方方面面，更加注重生态与经济、社会、文化、政治等其他领域的紧密联系与辩证统一关系，更加注重对其中涉及生态发展和安全的问题进行重点研究与拓展，进一步丰富和发展首都统筹发展和安全的理论研究与实践探索。统筹首都生态发展和安全包括生态发展、生态安全两个方面。

首都生态发展是在确保首都生态环境保护、生态安全基础上的可持续发展。首都生态发展，就是实现不以牺牲生态环境为代价的绿色低碳发展，即改变传统高能耗、高污染、高排放的粗放发展模式，选择低能耗、低污染、低排放的集约型绿色低碳发展模式，实现经济增长与环境污染脱钩、经济发展与生态环境保护协同推进的生态友好型发展。可见，生态发展不仅仅是指生态系统、生态环境领域的单一保护或治理问题，而是将生态环境保护与绿色低碳发展紧密结合起来，是在生态保护中的发展、在发展中的生态保护，两者是相互作用、相互促进的过程。可以说，生态发展是生态环境保护基础上的经济社会全面绿色发展、低碳发展、循环发展。首都生态发展是在确保首都生态安全稳定基础上的绿色低碳发展，确保生态安全有利于经济社会可持续发展，而坚持生态发展更有利于夯实生态安全保障底线。统筹首都生态发展和安全，就是基于生态环境领域的发展和安全关系的统筹协调，为首都发展营造绿色低碳、生态宜居、安全稳定的外部环境，持续扩大生态空间容量，持续改善环境质量，让青山绿水蓝天成为大国首都底色，开启首都绿色发展新格局。

生态安全关系到国家经济社会发展的生态环境因素，与国防安全、经济安全一样，是基础性要素部分。树立“绿水青山就是金山银山”的发展思想，进一步充分彰显了生态安全的重要性，确保“绿水青山”的生态安全，才能获得真正意义上的“金山银山”。传统以生态环境污染为代价的粗放式发展不可持续，重视并加强生态安全建设，才能为可持续发展提供强大的基石。我国发展不平衡不充分的现象持续存在，表现在生态建设层面就是在长期发展过程中，不少区域没有重视生态安全问题，生态恶化、环境污染严重，导致经济社会发展难以持续。重视生态环境安全尤为重要。

生态安全内涵有广义和狭义之分。生态安全是指一个国家或地区生态系统的完整性和健康的整体水平。广义上的生态安全包括土地资源安全、水资源安全、生物物种安全等资源安全和环境安全、生态系统安全等多个方面和领域。而狭义上的生态安全仅指的是生态环境系统领域的安全问题。生态安全就是指一个国家生存和发展所需的生态环境处于不受或少受破坏与威胁的状态。[①] 生态安全防止生态环境退化对经济基础构成威胁，影响人们的生存，导致国家动荡。[②] 坚持生态发展与生态安全的动态平衡与相互促进，实现人与自然的和谐共生。生态安全就是通过改善和优化人与自然的和谐关系，实现自然生态系统的结构平衡与功能稳定的状态。生态安全包括生态系统自身的安全和生态系统对于人类社会的安全，两个方面相互联系、不可分割。[③]

生态安全彰显了生态空间维度与时间维度的相对平衡。生态安全所表现的生态系统完整性与健康的整体水平，在空间上是各要素共生共存、和谐稳定的平衡发展关系，在时间上是保障在一定时期内始终能够维持系统自身的组织结构稳定性、自治性和可持续性，具有维护和保持对外在胁迫、威胁、竞争的自我韧性、自我组织力、自我恢复力，体现了生态系统的空间与时间两个维度的相对平衡与自我组织过程。一方面，在空间上，生态发展和安全体现了生态系统要素与资源配置的空间均衡，体现了生态系统空间分布的要素协调与发展平衡。比如，在城市区域注重园林绿化与生态环境保护，不断提升资源环境承载力，加快建设森林城市，充分考虑生态过程的完整性是否会因人为干扰而遭到破坏，注重生态系统要素的合理配置与结构优化，实现生态发展和生态安全的有机统一。在远郊区或生态功能区注重发展林下经济、生态经济，坚持生态优先与绿色发展，确保生态功能区的生态安全发展。特别是重视对废弃矿山、荒山荒漠等空间进行生态修复、环境治理时，使用生物或工程措施与当地的环境背景和生态环境要素相协调，构筑生态安全屏障。另一方面，在时间上，生态安全体现了生态发展的可持续性与自然

① 翟为民、朱德明：《国家生态安全：加入 WTO 背景下环境保护对策探析》，《中国人口·资源与环境》2003 年第 2 期。

② 吴晓青：《加强生态保护　维护国家生态安全》，《环境保护》2006 年第 11 期。

③ 丁正亚、徐岩：《我国国家生态安全面临的主要问题及其对策》，《广西社会主义学院学报》2010 年第 1 期。

环境的动态适应能力。任何人类行为包括在生态建设、保护、修复、治理等过程中，不仅考虑当代人的发展，还要考虑未来的可持续发展，充分考虑人类各种经济社会行为后果的生态可持续性以及资源环境的可承载力。生态安全要求人类社会的各种欲望需求不能不受到必要的约束，必然要遵循自然规律，人类的物质消费欲望与精神生活追求必须与当时的生态系统服务供给实现动态平衡，人类的经济行为特别是各种消费活动必须在当时的资源环境与生态系统的可承载力范围之内。生态安全体现了时间维度的动态平衡与可持续发展。

首都生态安全是指确保首都地区经济社会各领域生态系统的完整性和健康的整体水平。2022 年 6 月，北京市印发《北京市生态安全格局专项规划（2021 年—2035 年）》，规划立足生态文明背景下的国土空间规划转型，在空间规划中把生态安全置于更加突出的位置。从首都层面看，首都生态安全与首都经济社会发展是紧密关联的，首都生态系统是首都经济社会系统健康运行的重要保障，首都经济社会发展是首都生态安全的重要基础，两者是辩证统一的关系。首都生态安全可以理解为在空间维度实现经济生产、社会生活和生命健康等方面不会对生态环境产生破坏、污染、恶化等影响，在时间维度对生态环境的影响能够得到生态系统的自我净化与相对平衡，能够为首都发展提供良好的生态环境与生态安全保障。对于首都生态安全而言，其主要包含首都生态风险和首都生态脆弱性等基本要求。生态风险表征了首都地区环境压力造成危害的概率和后果；而生态脆弱性应该说是生态安全的核心指标。加强首都生态安全必须增强首都地区生态系统对脆弱性等问题的自我抵御和修复能力，必须推动首都地区经济社会发展与生态环境保护之间的互动与共赢，必须做到首都地区的经济社会发展不以生态环境破坏和污染为代价，始终坚持“绿水青山就是金山银山”的发展思想，推动首都高质量发展。

首都生态发展和安全是首都统筹发展和安全的关键支撑和基本底色。统筹首都生态发展和安全包括推动首都生态发展、维护首都生态安全两个方面，两者辩证统一、不可分割。人类活动离不开一定的生态环境，生态安全与否直接关系到人类生存与发展安危。何谓统筹生态发展和安全？就是指人类活动遵循自然规律，人类自身活动必须在自然生态环境的可承载范围之内。统筹首都生态发展和安全，要特别重视生态安全问题，现代首都发展要区别传统以高能耗、高污染、高排放为代价的粗放式发展模式，是更加注重资源能源集约利用、生态环境保护的发展，是建立在绿色低碳、节能环保、生态宜居、安全可持续基础上的内涵式、低碳化、生态化的可持续发展。首都生态发展和安全体现了在坚持生态优先、绿色发展基础上实现首都政治、经济、社会、文化、生态等“五位一体”的全面建设与安全发展。首都统筹发展和安全要更加重视生态要素、更加遵循自然规律、更加注重保护生态环境，通过构建强大的首都生态安全屏障，实现更高质量、更可持续、更加安全、更加生态宜居、更加绿色低碳的首都新发展。

（二）统筹首都生态发展和安全的重要成就与阶段性特征

1. 统筹首都生态发展和安全取得重要成就

北京高度重视和加强统筹首都生态发展和安全，取得了重要成就与发展成效。首都北京坚持生态优先与绿色发展，出台全面加强生态环境保护坚决打好污染防治攻坚战的意见，围绕蓝天、碧水、净土三大保卫战制定实施年度行动计划，取得了阶段性成就，实现了首都地区生态环境质量的持续改善，不断筑牢生态安全屏障。

一是不断完善顶层设计，全面推进生态保护。北京市高度重视首都生态文明建设，加强顶层设计，全面推进首都生态环境保护，组建市委生态文明建设委员会，下设多个专项工作小组，加强党对生态文明建设工作的领导。制定《北京市生态环境保护工作职责分工规定》，健全生态环境保护责任体系，规范日常督察工作，建立健全河（湖）长制巡查督导、扬尘管控工作联席会议、移动源“生态环境部门检测、公安交管部门处罚、交通部门监督维修”、污染地块联合监管、领导包片、部门帮扶指导等机制。为加强首都生态环境保护，北京市先后实施《关于全面加强生态环境保护坚决打好北京市污染防治攻坚战的意见》《北京市打赢蓝天保卫战三年行动计划》等系列政策方案，强化污染防控，改善环境质量。在大气污染防治方面，实施清洁空气行动计划，聚焦重型柴油车、挥发性有机物（VOCs）、扬尘等领域，不断深化细化治污措施。北京主要大气污染物浓度不断刷新监测历史新低，蓝天“含金量”不断提高。北京为推动大气污染防治，重点从加快能源结构转型等方面入手，通过压减燃煤、煤改气、煤改电等系列举措，从源头上减少能耗和污染物排放，推动大气环境治理。多年来，北京全市煤炭消费量由2012年的2179.6万吨下降到2021年的不足150万吨。2022年全市空气优良天数达到286天，占比78.4%，呈现“优增劣减”的特征。在水污染防治方面，实施污水处理和再生水利用设施建设三年行动计划、污水治理行动方案等，不断推进农村污水处理和人居环境整治。在土壤污染防治方面，有效管控北京土壤污染风险。

二是强化区域协同治污，筑牢生态安全屏障。北京加强区域协同防控、定向精准减排，推动区域空气质量同步改善。与河北省联合印发实施《潮河流域生态环境保护综合规划（2019—2025年）》《白洋淀流域跨省（市）界河流水污染防治工作机制》等，上下流域共治，跨界水污染问题得到有效解决，首都地区环境质量水平稳步提升。北京加强环境安全风险防范，筑牢首都生态安全屏障。提升医疗废物和垃圾焚烧飞灰的无害化处理能力，实现医疗废物和工业危险废弃物无害化处置。北京加强西、北部生态涵养区的生态保护和建设，加强森林抚育。根据有关区的自然资源禀赋、经济社会发展状况等实际情况，制定差别化政策，合理安排转移支付资金。建立结对协作机制，推动生态涵养区与其他区域优势互补、合作共赢。

三是正确处理保护和发展的关系，推动绿色高质量发展。北京坚持生态优先和绿色发展理念，正确处理好发展与环境保护之间的辩证统一关系，贯彻落实首都城市战略定位，加快疏解非首都功能，提出了减量发展、腾笼换鸟等重要战略举措，推进能源清洁化、污水资源化、产业生态化。首都绿色发展水平逐步提高，美丽北京已经实现“天蓝、水清、土净、地绿”。

2. 首都发展面临新挑战，生态安全形势严峻

一是首都发展面临新挑战新要求。进入新发展阶段，首都发展面临新的挑战。首都北京是一座超大、复合型城市，存在较为严重的“大城市病”

难题，比如中心城区人口膨胀、交通拥堵、环境污染、资源环境承载力严重不足等问题尤其突出。首都“大城市病”的严峻现实，对首都生态发展和安全构成严重挑战。“大城市病”的客观存在降低了北京的宜居水平，严重影响着大国首都形象。北京疏解非首都功能，加快构建超大城市精细化治理体系，面临从城市发展转向首都发展，从粗放发展转向集约发展，从经济发展转向全面发展，从高碳发展转向绿色高质量发展等新要求。首都发展要改变传统的高污染、高能耗、高排放等高碳发展格局，要加快统筹生态发展和安全，更加强调绿色、生态、低碳、宜居等发展理念和发展方式。北京市要改善生态环境质量，将环境资源作为首都经济社会发展的内生变量，打造首都发展的绿色经济增长点，推动首都绿色高质量发展。

二是首都生态安全形势较为严峻。从全国来看，不少地区土地退化、生态失调、植被破坏、生态多样性锐减并呈加速发展趋势，生态安全已经敲起警钟。首都北京地区生态安全形势也较为严峻。

第一，主要资源能源匮乏制约首都发展。生态系统退化致使生态危机易发多发。首都地区资源禀赋先天不足，随着城市规模、产业、人口、交通等要素聚集，保障安全难度增大。比如，近些年来首都地区水生态环境不断改善，永定河实现生态补水不再断流。但是首都地区水资源短缺依然严重。北京市人均水资源量不足全国人均量的1/10，水资源对外依存度接近35%。北京作为国家首都，其生态安全的战略意义尤为突出，一旦水资源供给出现问题，生态资源风险极有可能转化为极大的政治或社会风险。土地是财富之母，人多地少是北京基本市情，在生态环境保护、双碳目标下，首都能源消耗和碳排放强度大，能源安全面临着十分严峻的挑战。

第二，突发生态环境风险高，城市运行安全隐患多。当前，北京市全局性、结构性生态环境风险问题突出，次生、原生突发环境事件仍将处于高位。随着城市化率提高以及城市开发强度加大，流动人口、高层建筑、各类可燃物等高度密集，城市建设运行安全风险增大，频频发生的火灾事故严重威胁城市公共安全。北京作为超大型城市，人口高度集聚，火灾往往发生在居住区、写字楼、封闭的交通工具等狭窄空间，一旦发生火灾，人口疏散、撤离相对困难，受各种条件限制，聚集人员逃生困难，并容易形成连锁反应。北京高层建筑密集，易多点燃烧蔓延快。城市高层建筑、综合建筑体多，大多是连廊、走道相连接，易引发多个火点，给消防和救援带来困难。许多建筑及其综合体设计上有缺陷，火灾风险防控存在先天性短板。因城市空间高度集聚大量的可燃物，城市居住区、写字楼以及地下空间大多功能复杂、电气热管道等设备多，可燃物高度密集，一旦出现火灾，很容易迅速蔓延，进而形成立体燃烧。北京市轨道交通、高层建筑等承载着大量人口的社会经济活动，发生火灾、爆炸、气体泄漏等突发事件的后果严重，生态环境安全保障形势严峻。

第三，存在经济发展与环境保护的内在矛盾。这些年来，首都北京以及京津冀周边地区生态文明建设不断推进，生态环境质量明显改善，但区域性环境污染问题依然存在，特别是重化工等高能耗、高污染产业在河北、天津较多城市还占一定比重，致使能源消耗和碳排放强度过大，低碳发展目标任重道远。北京环境污染和生态建设存在问题的原因是多方面的。如北京地形和地势特征，不利于空气污染物的疏散，处于缺水和干旱区域，雨水少，人口众多、周边工业企业集聚、机动车多等因素导致污染物排放总量居高不下。推进生态文明建设与生态环境治理往往受到跨区域利益协调与体制机制障碍制约。

第四，存在跨区域利益共享与损失补偿不对等现象。京津冀本身是生态脆弱区，生态涵养区和生态保护区缺乏经济支持。京津冀生态补偿机制已经建立并不断完善，但与人民群众期望还有一定距离。多年来，河北张家口、承德等地区生态补偿机制不健全，经济发展与环境保护、生态建设缺乏统一规划和协调，没有形成合理分工、优势互补、资源共享、协调发展的局面。

（三）新发展阶段统筹首都生态发展和安全的路径选择

统筹首都生态发展和安全是首都高质量发展与现代化建设的重要基础，关乎“国之大者”。新发展阶段统筹首都生态发展和安全，涉及经济、社会、文化、政治、生态环境等多个领域，要正确处理好首都发展与生态安全的辩证统一关系。面向保障基本生存、可持续发展及人居品质提升等多层级安全需求，加快统筹首都生态发展和安全，要贯彻落实国家总体安全观和习近平生态文明思想，树立“绿水青山就是金山银山”的发展理念，引导生态要素合理有序布局，兼顾生态功能和健康福祉，提升超大城市生态系统韧性，加强推进首都绿色高质量发展，切实筑牢首都生态安全屏障。

1. 树立绿色发展理念，构建现代化经济体系

新发展阶段统筹好发展和安全，坚持生态优先与绿色发展，破解经济发展与环境污染之间的两难问题，实现经济建设与环境污染的脱钩，实现经济发展与生态文明建设之间的双赢。要以疏解非首都功能、减量发展为“牛鼻子”，加快传统产业转型升级，加快构建高精尖经济结构，大力发展低碳、绿色、生态产业，构建绿色的现代化经济体系。

一是建立绿色生态的现代化经济体系。大力发展低碳、绿色、生态产业，减少环境污染和碳排放，提高经济效益，实现经济增长与环境污染脱钩，以生态产业、生态经济促进首都生态文明建设。加快构建高精尖经济结构，加快产业转型升级，大力发展低碳产业，建立生态的首都经济体系。

二是构建绿色低碳的新型能源结构。生态发展和安全涉及能源经济、能源安全领域。传统能源供给与消费存在体制障碍，一定程度上阻碍了资源能源的集约化、低碳化、绿色化利用。统筹首都生态发展和安全，要将煤炭等传统能源作为能源安全、生态安全的压舱石和稳定器，作为重点战略能源、重点战略物资储备起来，作为异常天气和气候条件、特殊时期或战时利用能源储备起来，加快传统能源替代，加快开发利用光伏、风电等绿色新能源。从加强大气污染治理、提高能耗效率和水平、降低碳排放强度等战略高度，加快传统能源替代与转型，更加重视太阳能、风能、地热能、生物质能等可再生能源的开发利用，不断构建绿色低碳的新型能源结构。

一方面，必须加快传统能源结构转型，从源头上减少能耗和温室气体排放，推动首都大气污染治理与生态环境质量改善。要继续加大力度推动传统能源结构转型，特别是坚持去煤、提质、惠民，减少对传统化石能源的过度依赖，持续推进能源结构调整。加大去煤力度，淘汰燃煤机组，实现电力生产与供应的清洁化、低碳化，实现城镇供暖和工业用煤清洁替代，推动首都地区能源消费基本实现“无煤化”。

另一方面，要加强北京绿色低碳的清洁能源设施建设，加快构建以热电联产、燃气供热为主导，太阳能、风能、生物质能、地热能等多种能源为补充的现代综合清洁供热供电体系。要大力发展本地和外调可再生能源，结合北京本地可再生能源资源潜力，大力推进风光水储一体化，实现首都绿色能源高质量发展。增强北京绿色低碳能源的自我生产与消纳能力，减少对外地传统能源的过度依赖，既要提高外地绿电输入比重，也要重视本地绿电开发利用。鼓励因地制宜，充分利用北京各地的闲置屋顶、空地、广场、荒山荒坡、滩涂、废弃矿区等空间，大面积开发分布式与集中式相结合的光伏风力发电站，加快太阳能、风能、地热能、生物质能等各类新型能源开发与利用。

此外，北京要发挥能源科技资源与创新优势，高度重视绿色低碳能源技术创新对推动城市经济社会全面绿色转型、实现碳达峰碳中和目标的支撑和引领作用。要加大绿色能源技术创新力度，构建北京绿色能源技术创新体系和激励机制，提高北京绿色能源自主创新水平。鼓励传统能源企业向绿色能源企业转型，建立绿色能源技术研发中心，推进核心关键性能源、储能等技术攻关，扩大新能源应用场景，提高北京绿色低碳能源在能源结构中的比重，切实降低碳排放强度和环境污染水平，加快构建绿色低碳的新能源型首都，协同筑牢首都能源安全、生态安全屏障。

三是构建绿色低碳的交通结构。交通行业是节能减排的重点领域。统筹首都生态发展和安全，推动环境污染治理，要进一步降低交通行业的能耗和碳排放强度，加快构建绿色低碳的交通结构。鼓励绿色出行，大力发展绿色公交和现代轨道交通，构建便利互通、多网融合的绿色公共交通体系。加密重点功能区轨道交通线网，优化地面公交线网，缩短公交站与地铁站出入口的换乘距离，建设连续安全、便捷可达、舒适健康、环境友好的步行和自行车网络体系。大力发展绿色低碳的电动汽车，研究制定全市新能源车推广应用方案，完善新能源汽车通行便利、运营服务和充换电基础设施建设等鼓励政策，推动传统燃油车淘汰更新为新能源车。

四是构建绿色低碳的现代建筑。北京中心城区开发强度大，各类高层建筑密集，大型城市综合体集聚，也是城市能耗和碳排放的重点领域，高度密集的城市建筑降低了城市资源环境承载力。城市建设领域的直接碳排放主要包括建筑内的供暖、炊事、生活热水等使用化石能源产生的碳排放。伴随北京城市建筑总量的不断攀升和居住舒适度的提高，建筑耗能呈不断上涨态势，加快建筑领域的绿色低碳转型迫在眉睫，是统筹首都生态发展和安全、提升资源环境承载力的重要方面。统筹首都生态发展和安全，需要加快降低建筑能耗和碳排放强度，加快构建绿色低碳的现代建筑。一方面，加强北京绿色建筑节能发展及产业升级，大力发展绿色建筑，持续推进建筑节能改造，使用绿色低碳的建筑材料，推广超低能耗、装配式建筑等高品质建筑，统筹推进人与自然和谐共生、绿色低碳的现代城市建筑体系建设，降低资源能源消耗和环境污染水平，着力提升北京城市建筑生态品质，改善北京城市人居环境。另一方面，加强城市建筑屋顶及立体绿化改造。借鉴国外的“空中花园”“屋顶绿化”等发展经验，出台鼓励政策或强制性措施引导各政府职能部门、企事业单位、开发商、社区居民、物业公司等在所拥有的建筑屋顶、露台、天台或者阳台上广植花木，铺植绿草，建造园林景观，提高城市绿化覆盖率。通过屋顶绿化，改善住宅室内温度，保护建筑物免遭高温、紫外线等损害，净化城市空气，调节城市气候，缓解热岛效应等，提升城市生态碳汇能力。

2. 加强环境治理体制创新，提高环保执法力度

统筹生态发展和安全，要加强环境治理体制创新，对现行不符合生态文明要求的制度、体制、机制进行改革与创新。

一是加强顶层设计，探索生态型区域治理体制和考核机制。加强顶层设计，建立垂直型环保管理体制，创新组织机构，提高生态环境治理能力，减少地方保护主义对环保执法的干扰，建立领导层级垂直化、管理机制扁平化、信息共享网络化的生态治理体制机制。基于生态安全格局考量，从顶层设计和战略规划上，加快统筹底线约束与系统优化、刚性管控与弹性引导，结合宏观准入政策、中观正负清单、微观项目管理，提升生态空间治理的精细化、智能化水平，加快构建和完善生态型区域治理体制和考核机制。

二是改变环保部门监管弱化倾向，强化环保部门监管的主体责任、权威和地位。要提升环保部门监管力度和影响力，强化生态保护监管的主体责任，进一步完善生态保护监管制度，明确生态保护重点监管区域和监管任务，特别是要强化对生态破坏行为和生态保护修复工程实施的监督，坚决遏制生态发展和安全建设中各种违法违规问题。将所有涉及环保、生态等方面的监管统一纳入环保部门，明确环保责任主体，并依法提高惩罚力度和强化责任追究。明确部门职责分工，协调环境保护和生态建设工作，构建生态环境保护与经济发展相协调的监管政策和长效机制。

三是合理划分北京市、区两级环境保护职权，加强基层环保机构组织和能力建设，强化跨区域环境管理。加强京津冀区域型环保管理机构建设，建立环境治理联防联控机制。北京要发挥首都排头兵作用，牵头协同天津、河北等周边地区建立首都都市圈生态文明建设联防联控机制，建立区域性环保管理机构，实现综合控制污染、统筹规划产业布局、优化产业结构，做到既发展经济又保护环境，实现环境保护与经济发展的双赢。

四是抓住重点领域的环境治理，加强对各地生态文明建设、生态环境治理的监督和评价。要改变传统的环境保护工作让位于经济建设的现状，加强首都污染型产业外迁或转型升级，重视交通尾气治理，强力治理大气污染。建立京津冀污染源信息发布平台，要求重污染区域、产业、企业制定污染减排目标或淘汰、转型升级时间表，明确每年的减排减碳任务和具体目标。对京津冀三地所有的污染源安装监控设备和相关监测指标设施，进行实时监控、实时反馈、实时追责，迫使重污染区域政府和企业采取刚性措施不断减少污染，提高环保水平，提升首都乃至京津冀城市群的生态文明建设水平。要加强面向地表和地下水务治理的环保、水务等相关部门改革和机构整合，完善“河长制”“湖长制”等机制，建立健全河道管理、排水管理、水源保护等全流程的水务治理体制。积极推广生态河道建设，建立流域综合治理体系，以流域综合治理带动社区生态建设，推动首都绿色低碳发展。

3. 完善生态补偿机制，筑牢生态安全屏障

一是科学划定和保护生态红线。在核心区、生态涵养区、功能拓展区等

全方位确定区域内林地和森林资源、湿地等生态红线范围，实行严格的耕地、林地和水资源保护制度，实行红线区域分级分类管理。五环以内限制或延缓批准新增建设用地，核心区以疏解低端产业、减少资源能源环境压力为目标，尽可能拓展生态红线，增加园林绿化用地，改建设用地为首都国家公园用地，提升城市生态承载力。

二是完善跨区域生态补偿机制。一方面，首都生态涵养区主要位于边远山区等生态薄弱地带，包括延庆、怀柔、密云、平谷等区，经济发展和公共服务基础比较薄弱，可建立以生态发展为导向的一般性财政转移支付机制。另一方面，发挥市场机制在首都生态文明资源配置中的决定性作用，推动首都核心区与远郊区、首都北京与津冀地区间建立横向生态补偿机制。通过政府财政转移支付、生态受益者付费、生态使用者付费、生态税、社会捐赠等多种方式筹集资金，探索建立跨区域生态补偿标准体系，以及生态补偿的资金来源、补偿渠道、补偿方式和保障体系。在延庆、怀柔、密云、平谷等生态涵养区实施生态补偿机制，适时将范围扩大到其他区域。

三是筑牢首都生态安全屏障。筑牢首都生态安全屏障，构建科学合理的生态安全格局，是保障首都生态安全、推动首都生态文明建设和绿色高质量发展的重要空间战略。一方面，严格环境准入关，坚决依法打击各类环境违法行为，统筹山水林田湖草一体化保护和修复，坚持生态涵养与环境治理并重，生态涵养区要全面启动“林长制”“河长制”，持续开展生态补水、矿山修复、综合治理等一系列生态修复治理工程，强化绿色 GDP 刚性约束，探索建立水资源和碳汇、节能量交易所等市场平台，构建生态产品价值实现新机制，为统筹首都生态发展和安全夯实绿色家底，筑牢首都生态安全屏障。另一方面，坚持生态优先与绿色发展理念，生态涵养区要大力发展光伏风电等新能源产业、绿色低碳产业。实现生态保护与绿色发展统筹推进，切实将推进首都生态发展与构筑首都生态安全屏障紧密结合、相得益彰，形成率先实现绿色高质量发展、率先实现碳中和目标的北京样本，加快构建高水平、高质量的平安北京、绿色北京，加快实现首都高水平保护、高质量发展和高品质生活，加快建设国际一流的和谐宜居之都。

十四　统筹首都城市发展和公共安全

城市是人类生产、生活的主要集聚地，高强度的人类活动导致城市公共安全风险的上升。尤其是对于超大、特大城市而言，其高度集聚的各种要素，对城市公共安全风险具有明显的"放大效应"，城市风险发生的概率和风险应对的难度成倍增加，任何自然灾害、生产事故、公共卫生、社会安全等突发公共安全事件都极易造成巨大损失。[①] 一方面，北京作为超大城市，是城市公共安全问题的高风险区；另一方面，作为全国政治中心、文化中心、国际交往中心、科技创新中心，其特殊的城市定位又决定了对城市公共安全问题的低容忍度。因此，统筹首都城市发展和公共安全，也是统筹首都城市发展与安全的重要方面和内容。

（一）统筹首都城市发展和公共安全的内涵

对公共安全的概念可作广义和狭义的两种理解。广义的公共安全，指的是涉及不特定多数人的生命、财产、健康及生产生活行为的安全，涵盖整个国家、社会和公民一切安全方面的问题。狭义的公共安全，则是指因为自然或人为的事故灾难等突发事件，导致人身及经济财产损失，影响社会的和谐稳定。根据本课题的研究布局，本章使用狭义的公共安全概念。按照《中华人民共和国突发事件应对法》，公共安全突发事件分为自然灾害、事故灾

① 范宪伟、张本波：《超大城市公共安全风险"放大效应"的应对举措》，《中国发展观察》2020 年第 21 期。

难、公共卫生事件和社会安全事件四大类。自然灾害类主要包括水旱灾害、气象灾害、地震灾害、地质灾害、生物灾害和森林草原火灾等。事故灾难类主要包括工矿商贸等企业的各类安全事故、交通运输事故、公共设施和设备事故、核辐射事故、环境污染和生态破坏事件等。公共卫生事件类主要包括传染病疫情、群体性不明原因疾病、食品安全和职业危害、动物疫情以及其他严重影响公众健康和生命安全的事件。社会安全事件类主要包括恐怖袭击事件、民族宗教事件、经济安全事件、涉外突发事件和群体性突发事件等。

与乡村地区相比，城市的公共安全问题更为严峻复杂。近年来，我国城市公共安全事件频发，两次疫情更加凸显了城市公共安全的脆弱性，使其成为社会各层面普遍关注的问题。2018 年，中办、国办印发的《关于推进城市安全发展的意见》提出，“促进建立以安全生产为基础的综合性、全方位、系统化的城市安全发展体系，全面提高城市安全保障水平”。

2003 年 SARS 事件后，城市公共安全问题越来越多地受到学者的关注，这一领域的发文量一直处于稳步提升中（见图 14-1）。[①] 最近几年，城市公共安全领域的研究重点集中在以下几个方面：①城市公共安全治理，这个方面的研究成果最为丰富，学者们广泛讨论了城市公共安全的整体（协同）治理、技术治理、社会治理及法制治理。②城市公共安全评价，根据脆弱性及抗灾能力，目前有三种主要的公共安全评价框架：单纯能力评价、单纯脆弱性评价、能力与脆弱性综合评价。③城市公共安全应急，从风险沟通、资源整合、应急决策、主体联动、安全管理等方面对城市公共安全应急机制进行探讨。④城市社区公共安全，对城市社区公共安全风险及治理进行研究。⑤城市公共安全文化，对城市公共安全舆情及城市公共安全教育方面展开研究。⑥除上述几个方面外，近年来，国内外还兴起了一个与城市公共安全密切相关的研究领域，即关于城市韧性的研究，研究成果涉及韧性城市的概念、评价及建构等诸多方面。

① 阳富强、林子燚、邱东阳：《基于 CiteSpace 的国内城市公共安全可视化研究分析》，《福州大学学报》（自然科学版）2021 年第 1 期。

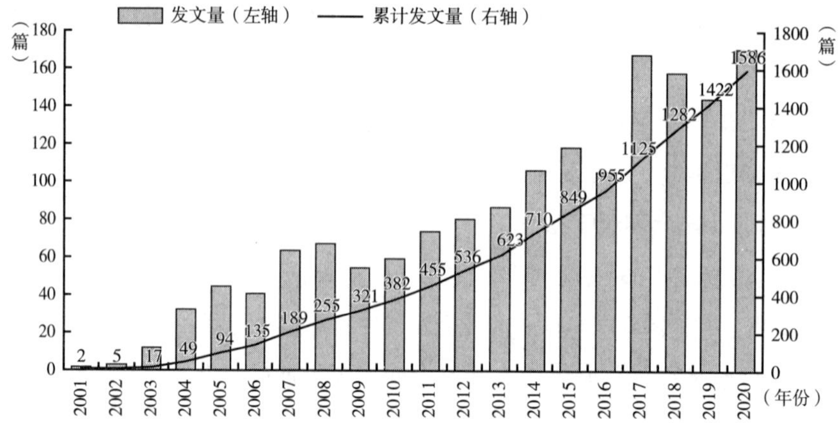

图 14-1　2001~2020 年城市公共安全领域文献的发表年份及发文量

在城市公共安全风险评估类的研究中，通常从脆弱性和能力两个方面对公共安全水平进行评价。所谓脆弱性，指的是人类社会经济系统对致灾因子的敏感程度。通常脆弱性越大，越容易致灾；反之，脆弱性越小，则不易形成灾情。能力则是指城市系统在发生损害后能够保持或恢复到可接受水平的适应能力。统筹城市发展与公共安全的含义也可以从上述两个方面理解：一方面，随着城市的发展，逐渐降低城市在面临各种公共安全风险时的脆弱程度；另一方面，则是随着城市的发展，不断提高城市应对公共安全风险的治理和恢复能力。

（二）首都城市发展中公共安全的阶段性特征

以下我们从脆弱性和治理能力两个方面，分析首都城市公共安全领域取得的新成就和面临的新问题，从而对首都城市公共安全的阶段性特征作出研判。

1. 首都公共安全脆弱性

（1）自然灾害

同自然灾害抗争，是城市发展面临的永恒主题。历史上，北京是各类自然灾害的高发区，几乎所有的自然灾害都发生过，尤其是地震、洪涝、干旱、蝗灾等。根据《中国社会统计年鉴 2021》，2020 年北京市因旱灾、洪涝、地质灾害、台风、风雹、低温冻害、雪灾等自然灾害而受灾的人口达 1.8 万人次，直接经济损失 1.3 亿元。同年，上海受灾人口为 0.8 万人次，直接经济损失 0.9 亿元；天津受灾人口为 12.9 万人次，直接经济损失 5.5 亿元。目前，北京市正按照国家的有关要求开展自然灾害综合风险普查工作，为系统掌握全市自然灾害高发易发区域和综合防治重点区域提供数据支撑。根据近几年对全市自然灾害风险的监测情况，北京市自然灾害的新特点包括以下几方面。

第一，森林防火形势严峻。2020 年，北京市共发生森林火灾 9 次。其中，一般火灾 5 次，较大火灾 4 次，火场总面积 25 公顷，受害森林面积 24 公顷。每年 11 月，北京市即进入森林防火重点时期。冬季及初春的北京，降水偏少，空气干燥，加之大风天气的影响，森林火灾易发生和蔓延，且一旦形成森林火灾，整体扑救工作难度巨大。随着北京市生态环境保护力度逐步加大，浅山区、深山区森林植被日益成熟，林区内植被茂盛，灌木杂草丛生，林区内林下可燃物堆积逐年增加，成为森林火灾的高风险区。

第二，夏季地质灾害频发。每年 6 月，本市进入汛期，由降雨引发的突发地质灾害数量会明显增加，为地质灾害高发期。需注意防范降雨引发的崩塌、滑坡、泥石流、地面塌陷灾害，可能发生的区域为交通沿线、景区、房前屋后、泥石流沟及采空区。夏季以外是北京地质灾害的低发期，但仍需注意防范降雨引发的崩塌、滑坡、地面塌陷等灾害。

第三，气象灾害发生风险较高。每年夏季，本市暴雨以及大风、冰雹、雷电等强对流天气发生风险较高，对市民生活、城市运行、城市建设、农作物生产等领域影响较大，可能造成人员伤亡和经济损失。2020 年，全市因风雹灾害农作物受灾面积达 1.6 千公顷，其中绝收 1.1 千公顷。另外，根据《中国气象统计年鉴 2019》，2018 年北京市暴雨洪涝造成农作物受灾面积 0.3 万公顷，受灾人口 11.2 万人次，直接经济损失 18.0 亿元。2018 年北京市冰雹、大风、雷电等强对流天气共造成农作物受灾面积 0.2 万公顷，受灾人口 1.9 万人次，直接经济损失 0.3 亿元。

第四，有害生物灾害整体可防可控。冬季本市主要林业有害生物多数已进入越冬状态，发生灾害风险较低。随着气温回暖，春耕备耕工作逐渐展开，瓜类细菌性果斑病、黄瓜绿斑驳病毒、番茄溃疡病、黄瓜黑星病等检疫性有害生物随种子种苗省间调运有传入风险。另外需要注意的是，在节假日及重大活动举办期间，花卉苗木的调运量将大幅增加，一些有害生物随花卉苗木调运传入的风险较高。

（2）事故灾难

引发公共安全危机的风险源可以分为两类：第一类风险源来自自然环境，主要是地震、海啸等自然灾害；第二类风险源则是人为风险源，包括事故灾难、公共卫生事件、社会安全事件等。威胁公共安全的风险源既有第一类，也有第二类，但主要是第二类。我国城市面临的事故灾难风险主要包括生产安全事故、火灾、交通事故、城市生命线运行安全事故、人员密集场所安全事故等。

第一，安全生产形势整体向好。近几年，全市安全生产形势持续稳定好转，全年生产安全事故起数和死亡人数继续保持“双下降”势头。2020 年全市共发生各类生产安全死亡事故 383 起、死亡 408 人，事故起数、死亡人数同比分别下降 9.0%、8.9%。其中，一般事故 380 起、死亡 399 人，事故起数、死亡人数同比分别下降 9.1%、8.7%；较大事故 3 起、死亡 9 人，事故起数同比持平，死亡人数下降 18.2%。[①] 2020 年北京市亿元地区生产总值安全生产事故死亡率为 0.011 人，低于 2019 年的 0.013 人；10 万人生产安全事故死亡率为 0.59 人，也低于 2019 年的 0.72 人。[②]

第二，消防安全事故稳中有降。2019 年，北京市共发生火灾事故 3034 起，死亡 27 人，受伤 29 人，造成直接经济损失 7170.7 万元。从人口火灾发生率来看，北京、天津、上海三个直辖市的情况都较好，人口火灾发生率

① 资料来源：https：//www.sohu.com/a/447363511_ 683111。

② 资料来源：《北京统计年鉴 2021》。

均低于全国平均水平的 18.3 人/10 万人，但平均每起事故的损失则均大大高于全国平均水平的 15764 元（见表 14-1）。2020 年，全市共发生亡人火灾 19 起、死亡 24 人，同比分别下降 13.63%和 11.11%。全市消防救援队伍共接警出动 31521 起，同比下降 26.58%，出动 7.6 万余车次、53.4 万余人次。其中，火警 15059 起、同比下降 26.37%。构成火灾 2524 起，同比下降 17.11%，全市未发生较大以上火灾。[①] 目前，北京全市有高层建筑 24436 栋，全市电动自行车保有量 379.3 万辆，高层建筑火灾及电动自行车及其电池故障引发的火灾值得关注。

表 14-1　分地区火灾事故情况（2019 年）

地区	北京	天津	上海	全国
发生数(起)	3034	1570	3988	255625
死亡人数(人)	27	14	44	1369
受伤人数(人)	29	17	43	889
直接经济损失(万元)	7170.7	4163.0	13850.7	402992.2
人口火灾发生率(1/10 万人)	14.1	10.1	16.4	18.3
平均每起事故损失(元)	23634	26516	34731	15764

资料来源：《中国社会统计年鉴 2021》。

第三，交通事故数量增幅较大。2020 年，北京市共发生交通事故 3963 起，受伤人数达 3478 人，2020 年分别为 2019 年的 127.4%和 124.7%，增长显著。尤其是直接经济损失，由 2019 年的 3528.0 万元增长到 2020 年的 4942.3 万元，2020 年为 2019 年 140.1%。但是，交通事故造成的死亡人数有显著下降，由 2019 年的 1258 人下降为 2020 年的 966 人，2020 年仅为 2019 年的 76.8%。北京市机动车保有量由 2019 年的 636.5 万辆增长到 657.0 万辆，2020 年为 2019 年的 103.2%。同期，机动车事故发生起数和受伤人数增幅更大，分别由 2019 年的 2414 起和 2181 人，增长到 2020 年的 3072 起和 2519 人，2020 年分别为 2019 年的 127.3%和 115.5%。但是，机

① 资料来源：https：//www.sohu.com/a/447957445_ 607929。

动车事故造成的死亡人数和每万辆机动车死亡人数，2020 年相较 2019 年均有显著下降（见表 14-2）。

表 14-2　北京市交通事故及损失

项目	2020 年	2019 年	2020 年：2019 年
交通事故			
交通事故发生数(起)	3963	3110	127.4
受伤人数(人)	3478	2789	124.7
死亡人数(人)	966	1258	76.8
机动车事故			
机动车事故发生数(起)	3072	2414	127.3
受伤人数(人)	2519	2181	115.5
死亡人数(人)	772	1033	74.7
直接经济损失(万元)	4942.3	3528.0	140.1
每万辆机动车死亡人数(人)	1.47	1.98	74.2

资料来源：《北京统计年鉴 2021》。

（3）公共卫生

21 世纪以来，世界范围内发生了多起重大的公共卫生事件，包括 2003 年的“非典”、2009 年的甲型 H1N1 流感和 2020 年的新冠疫情。对于超特大城市而言，这些公共卫生事件带来的风险更高。因此，必须构建起强大的公共卫生体系，才能为维护人民健康提供有力保障。城市面临的公共卫生事件风险主要包括传染病疫情、食品药品安全、职业病、重大动物疫情等。

第一，传染病疫情防控任重道远。2020 年，北京市传染病死亡率为 4.9 人/10 万人，居本市居民前 10 位死因顺位的第 10 位，占全市死亡总数的 0.7%。从甲乙类传染病发病率来看，近年来一直处于稳定的下降通道中，发病率从 2010 年的 268.99 人/10 万人下降到 2020 年的 80.80 人/10 万人（见表 14-3）。因此，传染病防治的总体形势是好的。但从新冠疫情来看，城市面临重大传染病疫情时的脆弱性仍然较高。由于北京中心城市的地位，国内各地暴发的疫情总会或多或少地影响北京，北京的防控压力一直较大。

表 14-3 2010~2020 年北京市甲乙类传染病发病率

单位：1/10 万人

年份	甲乙类传染病发病率	年份	甲乙类传染病发病率
2010	268.99	2016	138.00
2011	226.76	2017	139.60
2012	174.45	2018	131.50
2013	155.87	2019	139.80
2014	165.49	2020	80.80
2015	150.86		

第二，食品药品安全形势总体稳定向好。2020 年全市食品安全监督抽检合格率达 98.72%，重点食品抽检合格率达 98.65%，与 2019 年相比基本持平。药品抽检合格率 2020 年和 2019 年均达 100%（见表 14-4）。全市未发生区域性、系统性食品药品安全风险。

表 14-4 2019~2020 年食品药品安全情况

单位：%

项目	2020 年	2019 年
食品安全监督		
抽检合格率	98.72	98.85
#重点食品安全监督抽检合格率	98.65	98.89
药品抽检合格率	100.00	100.00

资料来源：《北京统计年鉴 2021》。

第三，职业病防控进展较大。北京市自 2011 年启动重点职业病哨点监测项目，2016~2020 年北京市纳入监测的存在重点职业病危害因素的企业数共 12085 家次（企业每年每监测 1 种重点职业病危害因素即为 1 家次），监测劳动者人数共 314551 人次（劳动者每年每接触 1 种重点职业病危害因素即为 1 人次）。其中煤尘（煤矽尘）的监测企业数和劳动者人数在 2016~2019 年有明显下降，苯和噪声监测企业数和劳动者人数 2017~2018 年明显升高，2018~2020 年有所下降（见表 14-5）。重点职业病危害企业数和危害接触人数均以噪声和苯为主。①

表 14-5　2016~2020 年北京市重点职业病监测情况

单位：家次，人次

危害因素	2016 年		2017 年		2018 年		2019 年		2020 年	
	企业数	接触人数	企业数	接触人数	企业数	接触人数	企业数	接触人数	企业数	接触人数
煤尘（煤矽尘）	14	3443	8	2889	7	1473	3	59	10	208
石棉尘	1	12	0	0	1	14	2	10	1	11
矽尘	47	2364	46	2732	56	2203	60	5136	49	1499
苯	961	11622	904	11401	1306	14025	695	11567	504	10987
铅	75	1298	49	1249	67	1163	37	1237	50	973
噪声	1589	42862	1620	45633	2312	59454	1194	39243	1037	37948
布鲁氏菌	22	502	23	476	40	607	15	251	0	0
合计	2709	62103	2650	64380	3789	78939	2006	57503	1651	51626

第四，动物疫情风险较高。在主要人工饲养的动物中，高致病性禽流感、口蹄疫、小反刍兽疫、羊布鲁氏菌病等动物疫病的发生风险较高。进入候鸟迁徙高峰期后，野生动物疫病发生风险高。在 2021 年 3 月启动的“国门绿盾 2021”行动中，北京海关共截获外来物种 133 种 205 种次，其中涉及盖罩大蜗牛、迅捷箭蚁、火蝾螈、龟甲牡丹、捕蝇草等动植物活体。这些外来物种非法进境会带来较高的检疫风险，不仅有可能造成外来物种的入侵，也可能给农林业带来极大的生物安全隐患。

（4）社会安全

人口的集聚和多元，容易产生利益纠纷，引发社会冲突，使得城市成为社会安全事件的高发地。城市面临的社会安全风险主要包括社会治安事件、

① 胡丽、胡在方、赵永梅等：《北京市 2016-2020 年重点职业病监测情况分析》，《职业卫生与应急救援》2022 年第 1 期。

群体性事件和恐怖袭击事件等。

第一，社会治安形势整体平稳可控。从近年情况看，全市刑事案件的立案数量稳定下降，2020 年的立案数仅有 2015 年的 78.98%，近年破案数则保持在 8 万件左右（见表 14-6）。法院治安类刑事案件收、结案情况见表 14-7。2020 年全市调解各类纠纷 19.4 万件，2020 年为 2019 年的 82.1%。根据《中国城市公共安全感调查报告（2020）》，2019 年北京市民治安安全感在全国 36 座城市中排名第 5 位，相比 2018 年的位次提高了 15 位。

表 14-6　2015~2020 年刑事案件情况

单位：件

项目	2015 年	2016 年	2017 年	2018 年	2019 年	2020 年
立案	174374	150312	140250	138696	138291	137728
破案	115807	65376	64002	74857	81755	80559

资料来源：《北京统计年鉴 2021》。

表 14-7　法院治安类刑事案件收、结案情况（2020 年）

单位：件，人

项目	收案	结案	判决发生法律效力	
			件数	人数
危害公共安全罪	4330	4380	4329	4372
破坏社会主义市场经济秩序罪	1814	1482	1476	2451
侵犯公民人身权利、民主权利罪	2310	2261	2186	2566
妨害社会管理秩序罪	2819	2737	2655	3898

资料来源：《北京统计年鉴 2021》。

第二，群体性事件易发。参加人数众多是群体性事件的最基本特征，因而往往造成大规模影响，对社会秩序和社会稳定产生较大的负面影响。近年来，北京市发生的群体性事件有日趋组织化的特点，社会影响大，处置难度高。① 上访维权型群体性事件是我国群体性事件的主要类型，其比例在 80%

① 姚兵：《北京应对群体性事件日趋组织化的思考与建议》，《北京行政学院学报》2012 年第 2 期。

左右。北京是我国的政治中心、中央政府所在地，特殊的政治地位造成北京常年有大批上访人员聚集。近年来，微博、微信等新媒体的广泛应用，对群体性事件的发生与传播产生了较大的推动作用。

第三，恐怖袭击风险高。9 · 11 事件后，全球恐怖袭击事件数量逐年上升，直至 2014 年之后才逐渐减少，但仍处于高发状态。我国也面临恐怖主义的威胁，是东突等分裂势力、极端势力恐怖袭击威胁的重点目标国家之一。北京是我国的政治中心、文化中心、国际交往中心和科技创新中心，这决定了北京遭受恐怖袭击的风险很高。作为国际化大都市，一旦发生恐怖袭击事件，不仅可能造成较大的人员伤亡和经济损失，还会造成严重的社会影响，乃至威胁国家安全。

2. 首都公共安全治理

（1）强化安全风险管控

2007~2009 年，北京市圆满完成了 2008 年北京奥运会、残奥会期间城市公共安全风险评估控制工作和新中国成立 60 周年庆祝活动风险评估控制工作。实践证明，风险管理作为一种创新的科学管理手段，是实现城市安全协调发展的必然要求和有效手段。为构建公共安全风险管理长效机制，2010 年 4 月出台了《北京市人民政府关于加强公共安全风险管理工作的意见》，从进一步完善公共安全风险管理体制机制、认真做好风险评估与动态监测、切实抓好风险控制与应急准备、加强配套制度和保障机制建设、积极推进社会共同参与等方面，对该项工作进行了全面的部署。在此基础上，2016 年出台《北京市人民政府关于推进安全预防控制体系建设的意见》，以新思路、新办法和新机制推动安全预防控制体系建设。

2017~2018 年，市安委会组织相关单位，在本市危险化学品单位、人员密集场所、建筑施工项目、生活垃圾处理设施、规模以上工业企业、“两客一危”企业、矿山和非煤矿山及尾矿库等 7 个行业领域及涉及城市运行的水、电、气、热和公共交通等 13 家国有企业与 11 家市属公园开展了安全风险评估试点工作，初步建立了全市安全风险评估工作标准体系，建成并运行全市统一的安全风险信息管理平台，基本摸清了部分重点行业领域安全风险源，探索形成了城市安全风险评估工作推进机制。2019 年 5 月，市安委会正式印发《北京市城市安全风险评估三年工作方案（2019 年—2021 年）》，以城市安全风险评估试点工作为基础，通过 3 年时间，在本市建筑施工、市政、交通、商务、文化、旅游、危化、工业、体育、园林绿化等 10 个重点行业（领域）开展全覆盖的安全风险评估工作，进一步夯实安全风险管理工作基础，不断完善安全风险评估技术标准体系，有效评估各类安全风险，深入落实安全风险分级管控措施，切实增强重大安全风险防范化解能力，全面提升城市安全风险防控水平。

党的十八大以来，习近平总书记强调，要健全风险防范化解机制，从源头防范化解重大安全风险，把问题解决在萌芽之时。2020 年，市应急管理局牵头启动北京市公共安全风险管理体系建设，2021 年 6 月，经市政府批准，市应急委印发了《北京市公共安全风险管理办法》和《北京市公共安全风险管理总体实施指南》。在顶层设计上，建立了公共安全风险管理的体系框架。以办法和指南体系形式，构建了涵盖自然灾害、事故灾难、公共卫生事件、社会安全事件等四大类突发事件的风险管理体系，也称“1+1+N”体系。在工作主线上，推动突发事件应对由“事后处置”向“事前防范”转变。在机制职责上，建立了综合统筹、分类分级管理机制。在组织实施上，规范重构了风险管理的工作流程和技术方法。目前，北京市已经基本建立了综合风险会商研判、灾害风险监测预警、安全风险评估等工作机制。

在安全隐患——特别是生产安全隐患——排查方面，2015 年 11 月出台了《北京市生产安全事故隐患排查治理办法》。2017 年 11 月 18 日，大兴区西红门镇发生火灾事故，造成重大人员伤亡，为此全市开展了为期 40 天的安全隐患大排查、大清理、大整治专项行动。2018 年，北京市人民政府办公厅印发《北京城市安全隐患治理三年行动方案（2018 年—2020 年）》。2020 年出台《北京市安全生产专项整治三年行动计划》，包括危险化学品安全整治、非煤矿山安全整治、消防安全整治、交通运输安全整治、城市建设安全整治等 9 个专项整治实施方案。2021 年全市重点行业领域事故隐患目录编制工作基本完成。

目前，北京市在风险防控领域存在的主要问题包括：科技信息化水平不高，风险隐患的早期监测、早期识别、早期预警、精准发布等能力仍有欠缺；公众风险防范意识、自救互救能力不足等问题依然比较突出。

（2）提升应急管理和救援能力

2003年“非典”以后，北京市作出了全面加强应急管理工作的战略部署。2004年9月，市委、市政府通过了《北京市突发公共事件总体应急预案》。2005年4月，北京市率先成立了突发事件应急委员会。根据《北京市突发公共事件总体应急预案》，突发事件分为一般、较大、重大和特别重大四级。针对不同等级的突发事件，制定了不同层级的处置应对及指挥体系。

2018年中华人民共和国应急管理部成立，北京市整合原市安全生产监督管理局、市政府办公厅应急管理部门的职责成立应急管理局。同时，保留并创新市、区应急委，由应急局承担应急委办公室日常工作；市应急局和市应急办联合加挂“北京市人民政府总值班室”牌子，对各类突发事件统一领导、集中指挥。

2008年7月，北京市率先实施了我国第一部地方性应急管理法规《北京市实施〈中华人民共和国突发事件应对法〉办法》，并配套出台了《北京市突发事件应急预案管理办法》《北京市突发事件信息管理办法》等一系列政策措施。“十三五”期间，以市委、市政府名义制发推进安全生产、防灾减灾救灾等改革发展的文件，强化应急管理改革发展顶层设计。出台应急值守、突发事件应急指挥与处置等规范性文件。

“十三五”期间，在全国率先组建完成航空应急救援队、300人市级森林消防综合救援队伍以及61支2440人区级森林消防综合救援队伍。认定涵盖10多个重点行业领域的市级专业应急救援队伍25支5000余人，实名制注册应急志愿者队伍500余支13.1万人。建成90个小型消防站、7208个微型消防站、4个区级消防训练和战勤保障基地，全市万人拥有消防员数量从3.5人提高到4.6人。

目前，北京市在应急管理领域存在的主要问题包括：应急管理体制机制还处于过渡完善阶段，“统”与“分”、“防”与“救”的责任链条尚未完全理顺，应急资源和力量尚未实现有机整合融合，高效指挥协调机制尚未建立，应急物资储备、调拨缺乏整体统筹，应急救援力量专业性不强、技术装备配备不够先进，基层应急能力薄弱等。

（3）安全生产监管水平稳步提升

着力强化党委、政府和企业单位“两个主体”的安全生产责任落实，基本构建起全覆盖、无缝隙的安全生产责任体系。2014 年底，印发《北京市安全生产“党政同责”规定》，落实安全生产“党政同责、一岗双责、齐抓共管”的要求。2017 年 2 月，出台《北京市安全生产工作考核办法》，实行“一票否决”制度，发生重大及以上生产安全责任事故的单位按不合格评定，其主要负责人要向市政府作出书面检查。2019 年 6 月，制发《北京市党政领导干部安全生产责任制实施细则》，强化属地管理，对党政领导干部安全生产职责进行细化。2019 年 7 月，率先颁布《北京市生产经营单位安全生产主体责任规定》，构建起覆盖企业安全生产全过程的“1+8”责任体系。2017 年印发《北京市企业安全生产标准化建设管理办法》，逐步建立了 89 项安全生产地方标准，通过安全生产标准化强化了企业安全生产主体责任落实。

安全生产基层基础得到夯实。组建乡镇、街道（园区）和区职能部门安全生产专职安全员队伍，推动行政村、社区设立专兼职安全生产巡查员队伍。健全安全科技支撑体系，建设安全生产大数据信息平台，实现了市、区之间系统互通、数据互联。大力推进安全生产责任保险制度和企业标准化创建工作，建立安责险费率浮动机制、完善标准化工作激励政策。广泛开展安全宣传教育，切实营造良好安全氛围。

“十四五”时期，北京市安全生产工作仍处于爬坡过坎、滚石上山的关键时期。建筑施工、道路运输、危险化学品等传统高危行业领域安全风险仍然突出。城乡接合部、城市大型商业综合体、高层建筑、地下空间等重点地区、重点部位安全隐患尚未根治。新业态、新模式、新产业快速发展，新型安全风险不断涌现。因此，对重点行业、重点领域、重点地区的安全监管工作还有待强化。

（4）提升公共安全治理社会化程度

基层是公共安全的主战场，也是构建现代化公共安全治理体系的关键节点。北京市通过“吹哨报到”“接诉即办”“协商共治”等手段或机制，提升基层一线解决包括公共安全问题在内的各种问题的能力。2018 年 3 月起，北京市试点推广党建引领“街乡吹哨、部门报到”改革模式，通过扩大街道的统筹协调权，强化了“块”对“条”的整合力度，提升了基层化解难题的能力。北京市以 12345 热线整合了全市分散的热线资源，形成面向社会的“一号响应”机制，成为群众参与基层安全治理的新通道。北京市还积极创新多元主体“协商共治”的机制，利用“社区议事厅”等方式开展群众共商共议活动，共同解决各类问题。

北京市积极创新发动群众参与公共安全治理的新模式。“西城大妈”“朝阳群众”“海淀网友”成为北京群众参与治理的典型，对于强化安全巡查、发现隐患苗头、维护网络安全等发挥了重要作用。越来越多的群防群治品牌在城市社区治理和公共安全治理中发挥着重要的作用。

当前在公共安全治理社会参与方面存在的主要问题包括：政府、企业、社会组织间高效合作模式还有待建立，如何引导科研院所、社会专业机构、行业领军企业深度参与安全治理工作仍需进一步探索。安全文化的宣传和培训还有待加强，需进一步提升公民应急处突能力，扩大首都安全志愿者队伍规模。

（三）统筹首都城市发展和公共安全的路径

1. 树立以人为本的城市发展理念，把保护人民生命安全摆在首位

以人民为中心的发展理念，为首都城市发展及公共安全治理提供了根本遵循。民心是最大的政治，民安是最大的责任。要严格落实坚持人民至上、生命至上的原则，把保护人民生命安全摆在首位，全面提高公共安全保障能力。要始终将保护人的生命和健康当作制定抗疫政策的首要考量，最大限度保护人民生命安全和身体健康。以对人民群众极端负责的精神抓好安全生产

工作，把安全生产纳入落实首都战略定位、推进国际一流的和谐宜居之都建设、推动京津冀协同发展的重要内容。建立高效科学的自然灾害防治体系，提高灾害防范应对能力，有效减轻灾害风险。加大普法和安全教育力度，提升市民安全法制意识以及自救互救技能等安全素质。

2. 以城市高质量发展带动解决公共安全问题，以公共安全治理高标准倒逼城市高质量发展

2014 年 2 月，习近平总书记来到北京视察工作，指出北京日趋严重的“城市病”问题，表面看是人口过多带来的，其实深层次上是功能太多带来的。因此他提出要明确北京的城市战略定位，调整疏解非首都核心功能。自北京开展“疏解整治促提升”专项行动以来，北京市全面疏解和整治环保不达标、安全隐患严重的一般制造业和低端服务业企业，坚定有序推进“减量”发展，既改善了城市安全状况，也为城市高质量发展拓展了空间。“十四五”时期，新一轮非首都功能疏解即将开启。2021 年 2 月，北京市人民政府印发《关于“十四五”时期深化推进“疏解整治促提升”专项行动的实施意见》。在落实这一意见的过程中，要将“疏解整治促提升”与城市公共安全治理有机结合在一起，一方面利用“疏解整治促提升”有效缓解北京的“大城市病”、消除各类安全隐患；另一方面以公共安全治理的高标准严要求倒逼城市加快转型步伐，走高质量发展之路。

3. 合理开展城市空间布局规划，从源头上提升首都公共安全风险防控能力

城市规划在城市发展中起着重要的引领作用，是实现城市发展目标的重要手段。要从城市规划源头抓起，统筹城市空间布局的生产、生活、生态和安全需要，构建保障城市安全发展的“四梁八柱”。在编制国土空间总体规划时，要将保障城市安全的举措考虑在内，构筑有效预防和应对突发事件的城市空间体系。实施重大规划公共安全风险评估制度，把城市安全评估作为重大规划工作的前提。加强消防、医疗设施、综合管廊、危险化学品卸载基地等重点领域、重点部位专项规划的编制和修订，从先天上避免不科学、不安全的城市设计。强化城市防灾减灾救灾的空间保障和合理布局，预留重大公共安全事件应急集中救治场地和应急避难所。居民区布置“常态”公共安全服务设施，保障每个社区单元均具备相对独立的抗击灾难、自救互助的能力。转变北京“摊大饼”式的不合理城市空间发展结构，建设好北京城市副中心和雄安新区，积极推动京津冀协同发展，打造世界级城市群。

4. 把韧性城市建设摆到更加重要的位置，实现城市发展与公共安全风险的共生共存

城市发展过程中面临的各种公共安全风险是客观存在的，与其追求彻底消灭、避免、对抗这些风险，不如转而采取适应、调整和改进的策略。韧性城市强调城市对公共安全事件的抵御、吸收、适应、恢复和学习能力，是城市安全发展的一种新范式。提高城市韧性可以从物质层面和社会层面两方面着手。物质层面，加强首都城市基础设施、生命线通道、废物处置系统等的能力冗余和运行安全性。社会层面则需要提升城市居民的社会资本水平以及整个社会动员和秩序保障的能力。

5. 提高城市管理精细化水平，保障首都城市运行安全

2019 年 11 月，习近平总书记在考察上海时指出，搞好城市治理，关键是要抓一些“牛鼻子”工作，上海正在以智能化为突破口，重点抓“政务服务一网通办”和“城市运行一网统管”两张网建设。“城市运行一网统管”是提升城市治理能力和治理水平的重要抓手，是实现更加智能、更加精细的城市治理“绣花功夫”的生动实践。北京市将坚持需求导向，推动“一网统管”建设和城市治理模式创新。

6. 以智慧城市建设为统领，强化公共安全风险的技术治理

随着物联网、大数据、卫星遥感、人工智能等新技术深入集成应用，以智能化为引领的全球新一轮科技革命蓬勃发展，为城市公共安全提供了大数据治理、智慧治理的新渠道。智慧城市是新一代信息通信技术与城市经济社会发展深度融合，促进城市规划、建设、管理和服务智慧化的新理念和新模式。在智慧城市建设中，要把全面增强城市安全综合保障能力作为最重要的目标之一，特别是增强应对各种公共安全风险的能力。

十五　统筹北京数字空间发展和安全

当今世界，信息技术创新日新月异，数字科技显著提高了人类社会的生产力水平，提升了生产效率，为全世界的广泛联系与交往奠定了坚实的技术基础，为增进全人类福祉提供了充足的动力。首都北京是我国数字技术发展的前沿阵地，也是全球数字技术领域的“桥头堡”。党的十八大以来，北京的数字空间发展演变速度进一步加快，有力地推动首都社会经济迈向新发展阶段。在新时代首都发展中，如何协调好北京数字空间发展和安全的关系，使两者处于统筹、协同、同步状态，这是首都贯彻新发展理念、实现新发展格局亟待解决的重大理论与现实问题。

（一）数字空间的含义、分类与特点

1. 数字空间的含义

数字空间是一种全新的生产生活场域，是互联网空间发展、演变、升级后的又一新阶段。学术界对于数字空间的定义有很多，他们都是从数字空间的场域特征角度出发界定数字空间。

威廉·吉布森（William Gibson）在其著作《神经漫游者》（*Neuromancer*）中首次提出“网络空间”（Network Space）这一概念，这可以视为数字空间概念的滥觞。[①] 他提出，在这种新型的网络场域中，用户可以实现信息的高效快捷传输，并利用这种快捷性开展深层次的人类交往活动。美国学者法玛

① 〔美〕威廉·吉布森：《神经漫游者》，Denovo 译，江苏文艺出版社，2013。

尔和穆林思达（F. Randall Farmer& Chip Mouninstar）深刻地提出了网络场域与现实空间的内在联系，他们认为两者是通过特定的渠道和模式协同实现、同步蜕变与升级，他们具有预见性地指出网络场域终将成为改变人类生产生活方式的平台，网络场域终究会成为新世纪人类生产生活的属性与特征。进入21世纪后，互联网应用覆盖全球，全球网民数量激增，日均海量的网络行为和信息构成了一个全新的空间，处于概念和设想中的网络空间逐渐演变成现实存在的互联网空间。21世纪初，就有学者指出互联网空间其核心功能是为广泛参与者提供可交互式空间。著名未来学者米克尔（Mary Meeker）提出，物联网、云计算、大数据等前沿技术不断成熟，接入互联网的应用终端不再是传统意义上的电脑、手机等，将会实现“万物可联、万物必联”，互联网空间正在急速扩增，并演化出全新的空间形式，即数字空间（Digital Space）。

国内学者对数字空间内涵的讨论中具有代表性的有：魏奉思2016年提出了空间科技前沿交叉领域的“数字空间”。在他看来，“数字空间”是一种数字基础设施，各类科技应用在这一全新的基础设施上展开，也就是说“数字空间”具有基础平台属性。[①] 李芳、程如烟则认为，“数字空间”具有显著的虚拟性和符号性，其与现实领域有着较强的映射关系。[②] 李艳认为，“数字空间”应该是物理场域中的物质、信息和联系数字化与虚拟化的结果，在她看来数字空间是一个动名词，更多地指向一个虚拟化、符号化、编码化的过程。

充分综合海内外专家学者的观点，并结合当前数字空间的本质特征，数字空间是指以数据（二进制代码）为基本要素[③]，以数字代码、符号使用、流动、产生、湮灭和再生为基本环节，以现实中的互联网、物联网框架为基

① 魏奉思：《“数字空间”是空间科技战略新高地》，《河南科技》2016年第19期。

② 李芳、程如烟：《主要国家数字空间治理实践及中国应对建议》，《全球科技经济瞭望》2020年第6期。

③ 数据是所有能输入计算机并被计算机程序处理的符号介质的总称，是用于输入电子计算机进行处理，具有一定意义的数字、字母、符号和模拟量等的通称。在现代信息科技中，数据一般指的是由二进制代码（0和1）表示的信息。

础，以现代信息技术为主要支撑，能够反映现实世界变化、关系和状态并反作用于现实世界的活动的总称，如图 15-1 所示。

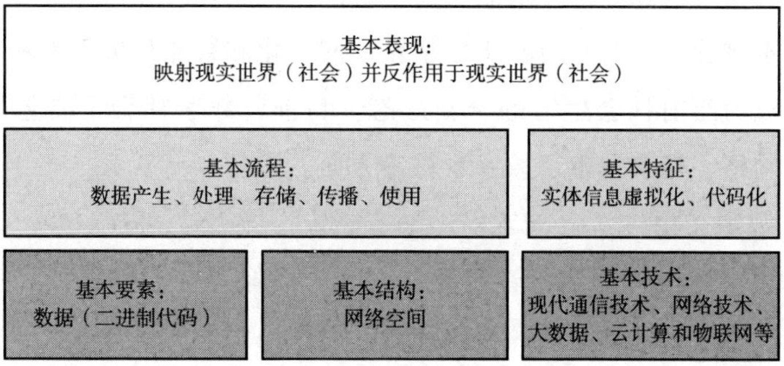

图 15-1　数字空间的含义展示

2. 数字空间的分类

根据数字空间的内在维度，可以将数字空间进行多维度、多向度、多视角的划分。为了更清晰地展示数字空间的内部分类，可以从场域的属性角度出发对数字空间进行划分，如表 15-1 所示。

表 15-1　数字空间的分类

子空间				
数字经济	数字社会	数字文化	数字政治	数字环境
数字产业、数字贸易、电子商务、数字税收、数字金融等	数字社区、社交网络、智慧城市、数字乡村等	文化创意产业服务与产品、搜索服务、数字教育、数字竞技等	数字政务和政务信息化建设	技术标准、数字要素、数字治理、前沿技术、相关法律法规、行业规范等

（1）数字经济

数字经济是一种以数字技术为支撑的经济系统。不仅如此，数字经济也是一个市场行为和活动数字化的系统，企业、消费者和政府之间通过网络开展各类市场行为（交易、营销、定价、签约等）。目前，数字经济主要包括数字产业、数字贸易、电子商务、数字税收、数字金融等方面。

(2) 数字社会

数字社会是社会生活在数字空间的映射，其显著的特点就是依托网络，从基础性的技术保障和运作机制层面，解决人们在社会生活中所必须面对的一系列基本难题与矛盾。得益于数字化、网络化和智能化进程不断加快，数字社会已成为当前社会生活的全新形态。目前，数字社会主要包括数字社区、社交网络、智慧城市、数字乡村等方面。

(3) 数字文化

数字文化是指以数字化音视频、文字、图像等信息的采集、处理、加工、存储、传播为基础活动的文化产品、思想与观念的集合。数字文化依托各类文化创造传播主体，利用 VR、AR、智能合约、脑机联网、人工智能等全新技术应用实现思想和观念的扩散，具有创新性、体验性、互动性、共享性等特征。目前，数字文化主要包括文化创意产业服务与产品、搜索服务、数字教育、数字竞技等方面。

(4) 数字政治

数字政治是现实世界的政治活动在数字空间的映射，是人类政治文明的最新形态。考虑到我国社会主义国家性质和新时代中国特色政治文明发展的实际情况，目前，数字政治主要指的是数字政务和政务信息化建设。

(5) 数字环境

数字环境主要指的是数字空间发展变革所依赖的外界硬件软件环境。目前，数字环境主要包括技术标准、数字要素、数字治理、前沿技术、相关法律法规、行业规范等。

3. 数字空间的特点

(1) 虚拟性

数字空间的虚拟性体现在空间虚拟、主客体虚拟、行为虚拟等方面。

随着现代数字技术的不断发展，尤其是物联网、元宇宙等的出现，传统世界的四维时空结构在数字空间能够被轻易地虚拟展现出来。这种虚拟展现出来的情景还原度高，但又具有现实世界或环境的不同特征。

这种新的空间无任何边界或中心（比如国界等），也消弭了各种限制，每个人都可以作为网络世界中的一员，并通过数据网络建立无所不在和无所不至的联系，自由地出入各种虚拟的空间单元。这种虚拟世界是以信息、消息、文字、图像、声音等为存在形式，其本质都是二进制的符码。数字空间将现实生活中的各种身份、特征、场所等模糊化、代码化和平等化。

（2）映射性

数字空间与现实物理世界存在交互映射的关系，映射性具体表现为互动性和可拓展性这两大特征。

互动性指的是数字空间和现实物理世界之间可以相互联动，一方的变化与发展会对另一方的变化与发展产生影响。例如，现实物理世界的物质不断丰富、社会交往日趋频繁，共同推动数字空间的规模不断扩大，推动信息交互模式和结构演变升级；数字空间的变化、扩容、升级与演进也会对现实物理世界产生影响。在数字空间发展的前一阶段，这种互动性更多地表现为现实物理世界对数字空间产生巨大的影响，但随着数字空间的不断发展与成熟，这种互动性更多地表现为数字空间对现实物理世界产生影响。

可拓展性指的是数字空间与现实物理世界的映射关系可以不断扩展，从单一有限的连接关系发展成为一种泛在多元的连接关系。例如，在互联网发展的初期，只有电脑终端可以上网，随着互联网技术的发展，手机等移动终端可以连入网络中，在不久的未来即可实现“万物皆可联网”。

（3）拟真性

拟真性指的是数字空间反映现实物理世界的颗粒度和逼真性。随着计算机图形学和数字建模技术的不断发展，现在的数字仿真模拟水平能够超出人类知觉感官的识别水平，实现了现实世界的全息模拟。近年来，迅猛发展的元宇宙和数字孪生技术使得数字空间的拟真性达到一个前所未有的高度，利用多维度的信息传播渠道，为使用者提供了全新的使用体验。

（4）闭环性

闭环性指的是数字空间具有独立运行的底层架构和基础运行框架，数据的生产、处理、存储、加工和传播都在相对独立的空间完成。即使在与现实物理世界出现断链的极端条件下，数字空间的数字要素也能够实现自我循环、自我复制、自我传播，数字空间的节点之间也能相互交换、使用数据。也就是说，数字空间具备独立运行和应对突发外在冲击的能力，“鲁棒性”[①]较高。

（二）北京数字空间发展和安全的阶段性特征

1. 北京数字经济发展和安全的阶段性特征

（1）数字经济规模巨大结构优化

党的十八大以来，北京数字经济获得了长足的发展，数字经济规模居全国首位，数字经济在国民经济中的比重位于全国领先水平。根据北京市统计局的相关公报，2021 年北京数字经济年产值为 1.6 万亿元，排除价格因素同比增长 13.2%。[②] 互联网和信息技术服务业表现突出，全年营业收入达到 2.2 万亿元，继 2018 年突破万亿元规模后，仅用 3 年时间实现翻番，占全国比重达到 25.7%，居各省区市首位。[③]

北京数字经济内部结构进一步优化。根据 2020 年的数据，数字经济核心产业逐步成为数字经济的主体[④]，实现增加值 7601.3 亿元，占数字经济比重从 2015 年的 46.9%逐年提高至 2020 年的 52.3%。进一步细分来看，2020 年数字产品制造业实现增加值 546.2 亿元，占核心产业比重为 7.2%；

① 鲁棒是 Robust 的音译，原意是健壮和强壮的意思。在工程学上，鲁棒性指的是系统在异常和危险情况下生存的能力。

② 《北京 2021 年数字经济增加值达 1.6 万亿元》，2022 年 7 月 22 日。

③ 《北京全面加快建设全球数字经济标杆城市》，http://www.beijing.gov.cn/gongkai/shuju/sjjd/202204/t20220410_2670717.html，2022 年 4 月 10 日。

④ 2021 年，国家统计局发布了《数字经济及其核心产业统计分类（2021）》。该分类从“数字产业化”和“产业数字化”两个方面，确定了数字经济的基本范围，将其分为数字产品制造业、数字产品服务业、数字技术应用业、数字要素驱动业、数字化效率提升业等五大类。其中，前四大类为数字产业化部分，即数字经济核心产业，是指为产业数字化发展提供数字技术、产品、服务、基础设施和解决方案，以及完全依赖数字技术、数据要素的各类经济活动，对应《国民经济行业分类》中的 26 个大类、68 个中类、126 个小类，是数字经济发展的基础。第五大类产业数字化部分，是指应用数字技术和数据资源为传统产业带来的产出增加和效率提升，是数字技术与实体经济的融合。

数字产品服务业实现增加值 213 亿元，占核心产业比重为 2.8%；数字技术应用业实现增加值 5329.8 亿元，比重为 70.1%；数字要素驱动业实现增加值 1512.3 亿元，比重为 19.9%，数字化效率提升业实现增加值 6932.4 亿元，占比 47.7%。①

北京数字经济的创新能力和创新水平遥遥领先于其他省区市，特别是在边缘计算、智能存储、算力网络、网络攻防、AI、新一代物联网、Web3.0 领域处于全球领先水平。拥有一支规模巨大、层次合理、领军效应突出、示范效果良好的人才队伍。据相关资料统计，现有数字经济高端人才 4 万多人。

北京数字经济标杆企业规模可观、竞争力强，ICT 领域独角兽公司数量仅次于美国硅谷，拥有百度、京东、美团、字节跳动、小米等一批行业龙头企业。除此以外，北京的“专精特新”数字企业也别具特色，成为北京数字经济创新的“引爆点”和“蓄力池”，是北京集成创新体系中的有机力量，为北京数字经济创新层次的提升提供了不竭的动力。

（2）安全体系日臻完善

党的十八大以来，北京高度重视数字经济安全配套建设，一系列具有全球领先水平的国家级网络安全感知、分析、介入、控制平台已落地投入使用。全市各级网络安全治理主体拥有较为健全的网络攻防、风险检测、共享协同等设施配套，检测和防护平台网络防护能力有所提升，能够保障首都日常运行中网络和系统的安全，并在标准规范、工具专利等方面取得显著的突破与成绩。

（3）数字经济安全步伐需要加快

第一，跨境数据安全措施需要进一步加强。北京已朝着建设全球数字经济标杆城市这一宏伟目标大幅度迈进，数字经济的跨境流动成为今后数字经济发展的“主题词”。北京还要加快数字领域对外开放，在确保安全的前提下，需要更多海外数字经济企业来京投资和开展业务。这就需要探索相应的

① 资料来源：《北京统计年鉴 2021》。

数字跨境流动安全监管制度和体系，明晰数据跨境的重点监管领域，需要在立法上先行先试，对跨境数据的产权确定、价值评估、在线交易、保险理赔、数据脱敏、数据出关等领域进行详细的制度界定，厘清法律边界。

第二，安全协同治理机制需要尽快建立。在数字经济发展中，各个市场主体（如政府、企业、组织、个人等）的联盟关系搭建难度低，不同主体通过利益机制实现合作共赢，但由于知识产权保护、商业机密维护和自然人隐私权利等因素的存在，这种机制的构建与运行还面临很多阻挠因素。数字经济的各类主体在安全风险面前很难形成“统一战线”，往往陷于“各打各的算盘”“各顾各的账本”的状态中，难以走出“囚徒困境”和“公共草地”的窠臼。时常在某个类型网络风险出现后，相关利益受损主体不愿意做“吹哨人”，任凭事态进一步恶化，造成同一领域内其他主体接二连三的“中招”。更难以实现“联防联治、群防群治”，不能形成网络安全防范的合力。

第三，与发展相配套的安全建设重点待明确。数字经济中的安全领域涉及多个委办局和政府部门，“众口难调”现象一直存在，“政出多门”病痾长期存在。不同管理、治理主体对于安全领域的认识层次和水平难以“一碗水端平”，在制度设计和制度变迁进程中缺乏协同。

2. 北京数字社会发展和安全的阶段性特征

（1）数字社会建设成绩瞩目

第一，“一网通办”速度加快。全市“一网通办”和“一网统管”格局已基本形成。城市运行“一网统管”工作方案已编制完成，交通、医疗、工商、城管、公安等八大重要领域均有序开展重点任务建设，力争实现针对社会面的主要业务全流程上网上云，全面简化业务流程和降低业务办理成本。①

第二，数字社会应用成效明显。重点精心设计和着力打造的“北京通”App 已经实现 2700 多个服务项目平台集成，月度活跃用户已接近 1000 万

① 《实录丨2022 北京新闻中心北京全球数字经济标杆城市建设专场发布会》，https://cj.sina.com.cn/articles/view/2418724427/902ace4b019011f7p? sudaref = www.baidu.com&display = 0&retcode=0，2022 年 2 月 11 日。

户，占首都网民规模的78%，服务范围囊括居民社会生活的各个主要领域。特别是高效应对首都疫情防控常态化要求，不断优化完善以“健康宝”为核心的疫情防控应用，历经数次防疫压力考验，累计为1亿多人提供130亿次查询服务，为市级各层面疫情防控提供了有力的信息保障。在企业服务领域，北京市新开办企业可以通过“北京通”App、北京云章小程序、北京市政务服务网免费领取和使用电子印章。为适应首都人口结构变化，上线“老年人服务专区”“养老助残卡”等专项服务，为首都地区老年人提供线上线下融合的便利服务。①

（2）数字社会安全配套措施跟进

全市各级委办局和区、街道、乡镇政府对数字社会应用的内容安全给予高度关注，建立了“横到边、纵到底”的网络内容安全责任制，网络意识形态责任制实现无缝衔接，数字社会服务内容、流程审查、信息发布机制进一步强化，传播流程进一步优化。同时，结合专项行动和常态化治理，进一步打击侵犯个人信息安全的行为，严惩盗窃公民信息的个人与组织，通过软件和硬件升级提升个人信息保护力度。

（3）数字社会发展和安全的统筹力度仍需进一步加大

目前，北京数字社会安全监管体系基本形成，内容安全和各类应用运行安全成为安全监管体系的工作重点。但从实际情况来看，统筹数字社会发展和安全还需要深度强化，网络上下无缝监管措施仍存在漏洞，各个领域之间协同仍不紧密。

3. 北京数字文化发展和安全的阶段性特征

（1）数字文化健康繁荣

北京一直是数字文化发展的高地。2022年2月，中国互联网络信息中心（CNNIC）发布的第49次《中国互联网络发展状况统计报告》显示，全国IPv4地址数约为3.5亿，北京占比达25.4%，占据1/4的份额；全国域

① 《实录丨2022北京新闻中心北京全球数字经济标杆城市建设专场发布会》，https://cj.sina.com.cn/articles/view/2418724427/902ace4b019011f7p?sudaref=www.baidu.com&display=0&retcode=0，2022年2月11日。

名总数约为 3593 万个，北京占比达 15.8%，位列全国第一；北京地区网络页面内容量达 10.93×10^{13}KB，占全国网络页面总量的 42.43%，北京地区网页平均信息量为 88.78KB，高居全国首位。北京也是数字文化创新的展示台。各类全新数字文化产品丰富、样式多彩，以数字合约、数字孪生、虚拟现实为基础的数字文化创新产品大量涌现。不仅如此，北京还具有一批跨界数字文化领军人物，数字文化基础配套制度建设较为完备。

（2）数字文化安全得到高度重视

数字文化安全主要体现为意识形态安全和网络内容安全这两大方面。北京在抓好数字文化发展的同时，丝毫没有忽视数字文化产业意识形态属性和政治站位，将数字文化的引领作用放在一个突出的位置，始终强调数字文化产品与服务要突出中国特色社会主义核心价值观，弘扬中华民族优秀传统文化与观念。不断提升数字文化意识形态安全治理力度，完善和改进数字文化产品与服务内容治理手段和措施；采用各种手段和方式打击各类网络谣言；有效遏制意识形态渗透、反政府运动、网络黑客、网络恐怖主义以及信息泄露等行为，营造风清气正的首都网络文化空间。

（3）亟待建立灵活高效的数字文化安全治理机制

近年来，首都数字文化安全治理水平不断提高，治理能力也有了显著改善。需要承认，数字文化创新领域繁多，表现形式复杂多样，内容含义极为丰富，能够适应新形势、新要求的数字文化安全治理机制还需要面对许多躲不过、绕不开、避不了的问题：治理主体和创作主体之间的龃龉和不理解仍将进一步持续；采用单一的、固定的数字文化评审评价机制能够短期内取得一定的治理效果，但带来的长期抑制作用不可忽视；个别管理部门难以深刻认识到数字文化创新和文化安全之间的动态关系，处理各类创新产品时往往陷于“非黑即白”的思维中，治理格局经常面临“一管就死、一放就乱”的窘境，特别是针对全新的数字文化产品（如星链视频服务、元宇宙游戏、数字孪生文艺、在线剧本杀等），安全治理机制建设往往滞后于行业发展步伐。

4. 北京数字政务发展和安全的阶段性特征

（1）北京数字政务进步显著

第一，完善制度设计。近年来，北京围绕“放管服”改革、优化营商环境等方面，于 2021 年正式印发了《北京市数字政务建设行动方案（2021—2022 年）》，明确了今后两年总体框架和任务目标，大力推进数字政务建设，营造数字政务新生态；制定了北京数字服务实施方案及配套的信息化建设方案，已经市政府营商环境调度会议审议通过，并在全市专题部署。

第二，优化工作流程。为了配合数字政府改造工作，组建了北京政务科技有限公司，为全市数字政务平台建设运营提供长期稳定、快速响应、灵活迭代、持续优化的专业化技术服务，保障数字政务建设各项任务快速落地。与此同时，聚焦疫情防控、异地通勤、社区老年人养老服务等重点难点问题，分别出台工作方案，推进线上线下多渠道落实。

第三，推广功能应用。全市各级政府大力推进“网上办、掌上办、自助办、智能办、区域办”，推进线上服务统一入口和全程电子化，通过统一事项标准，规范业务办理，整合服务渠道，实现线下任一服务站点可办理任意事项，提升全程网办率，建成覆盖四级的网上政务服务体系，全市 65 个市级部门和 16 个区、经济开发区全部入驻市级网上政务服务大厅；在“北京通”App、微信、支付宝、百度 4 个渠道小程序分别上线 1000 余项服务，推出移动端“企业服务专区”，集合 300 余项政策服务和网上办事入口；重点推进京津冀地域跨省通办，建设京津冀区块链数据共享平台，实现了京津冀 150 个证照区块链上可共享，并整合北京市户籍和企业信息服务雄安新区企业开办线上核验，助力京津冀协同发展和雄安新区建设。①

（2）数字政务安全配套同步跟进

一是主体责任制基本建立，规定了各个部门的数字安全职责范围，确保“责任到人、责任到岗、责任到位”，不留“死角”。二是各级政府部门的政

① 资料来源：北京市经信委 2021 年工作材料。

务数据处理能力基本健全，具有较高水平的数据存储、使用、脱敏、加密能力，各个重要环节均有专业人士操作。三是数字政务数据安全制度基本建立，界定和明晰了政务数据使用管理义务、权限和责任。

（3）数字政务安全领域存在瓶颈

一是政务数据安全服务综合管理力度需要提升。当前很多政府政务数据服务由下属企业和下属部门来负责，没有在管理层级上进行优化与提升。二是核心设施防御能力仍需提高。目前，北京市政务数据面临着境内外双重安全威胁，黑客、境外非法组织的攻防能力不断提高，数字政务中的云、网、平台、数据、系统等关键信息基础设施的防护工作很难应对新型网络攻击，容易造成不良的政治影响和社会舆论压力。[①] 三是政务预警应急机制尚待完善。政务数据安全事件应急处理体系较为孱弱，关键岗位安全应急教育培训力度不到位，政务数据安全预警机制仍在摸索之中。

5. 北京数字环境发展和安全的阶段性特征

（1）下出数字环境的“先手棋”

第一，深化数字经济关键规则研究。北京市已经建立具有联席会议性质的“数字经济专班”，收集整理国际数字监管与合作规则及其细则，开展具有北京地方特色的数字贸易相关制度调研工作；深度掌握数字贸易主体的制度需求和维权难点，举办相关教育培训班，为数字贸易主体的海外知识产权维权提供咨询与参考。

第二，积极推进数字空间制度创新。2022 年 11 月，《北京市数字经济促进条例》已由北京市第十五届人大常委会第四十五次会议表决通过；完成《北京市数据分类分级指南》和《“两区”试点企业数据安全保护能力评估测试办法》的研制和试点应用工作；《北京市智能网联汽车政策先行区总体实施方案》已开始试点应用。

第三，“数据跨境”摆上重要议程。以数字标杆企业为重点领域，通过

① 2022 年 4 月 28 日，北京健康宝使用高峰期遭受网络攻击。据分析，网络攻击源头来自境外。在北京冬奥会期间，北京健康宝也遭受过类似网络攻击。资料来源：http：//www.xinhuanet.com/local/2022-04/28/c_ 1128605758.htm。

北京市大数据交易所托管敏感个人信息、对出境信息进行匿名化处理等安全措施，争取中央政府授权验证数据出境的合规途径。同时积极梳理企业意愿，遴选合适的企业作为流动试点。

（2）注重数字环境中的安全因素

数字环境中与个人因素和商业机密有关的安全规则是数字环境建设的重点。当前，北京正在组织专班，细化个人信息出境安全评估办法。完善相关制度及配套文件，收集企业需求，试点开展个人信息出境安全评估工作。积极探索基于可信第三方的数据交易平台和“可用不可见技术”（隐私计算技术）在中欧数据跨境中的应用。

（3）数字环境建设需要加强沟通

数字环境的建设与优化是一种渐进式制度变迁的过程，需要数字空间各类主体参与到这种制度变迁进程中来，在不断的博弈和谈判中完善优化现有制度框架。从目前情况来看，北京数字环境建设还是呈现“政府主导、企业跟从、个人跟随”的局面，大量处在生产第一线的市场主体的意见和想法难以纳入制度建设中去，再加上政府前期调查研究不够深入，带来了一定程度的政策制定执行偏离、制度失灵等问题。

（三）统筹北京数字空间发展和安全的指导思想和基本原则

1. 指导思想

以习近平新时代中国特色社会主义思想为指导，全面贯彻党的十九大和十九届历次全会精神，深入贯彻落实习近平总书记关于数字经济、网信工作、科技创新和北京工作等重要指示精神，牢牢把握全球数字化发展新机遇，以数据为关键要素，以数字技术与首都社会生产生活深度契合为脉络，发挥技术作用、突出创新引领，发挥市场主体的作用，充分实现数字空间的社会价值和经济价值，协同推动数字安全软件与硬件建设，加快培育新技术、新业态、新模式，全面提升数字产业能级和数字社会建设水平，推动数字文化合规创新，着力提升数字政务层级，进一步创新、完善、优化数字环境，全面助力北京打造全球数字经济标杆城市，为首都“四个中心”功能高效发挥和北京高质量发展提供重要支撑。

2. 基本原则

第一，辩证看待发展与安全。需要清晰地理解发展和安全的关系：发展是安全的基本目标和前提条件，故步自封、畏葸不前才是最大的安全隐患。只有通过不断的发展与前进，才能从根子上克服和解决一系列安全问题，提升解决问题的能力和水平。同时也要深刻地看待安全是发展的保驾与护航，数字空间领域的安全隐患层出不穷、变化多端，没有安全作为保障，发展也是短期的、暂时的和乏力的。要以辩证的思路看待发展和安全的关系，两者不是简单的从属、隶属和服务关系，而是相互交织、相互制约、相互影响的动态复杂关系。

第二，清醒认识矛盾与难点。内在矛盾与外在矛盾并存是当前数字空间发展的重要特征，一方面发展中内部不合理，阻碍数字空间生产力发展的瓶颈和难题依然存在，另一方面境外反华势力和非法网络组织不甘失败，不断加大对我国数字空间的渗透、滋扰和破坏力度，妄图采用不同方式手段侵蚀我国数字空间安全与稳定的发展大局。首都北京是中国的网络之都，一直是境外攻击的首要对象，需要高度警惕。与此同时，要充分认识到当前首都北京还存在区域网络发展水平差异性较大，社会经济不稳定的多重因素叠加影响等现实阻碍，如何在“疫情要稳住”的基本要求下，充分利用数字空间实现“经济要稳住、发展要安全”这一目标，仍需要政府、企业等各类数字空间主体的探索和创新。

第三，着力构建体制与体系。体制和体系建设应当成为统筹北京数字空间发展和安全的着力点。体制与体系建设应在党的领导下展开，不能偏离中心；还要确保在进程中发挥政府主导引领作用。在此基础上，采用渐进式制度变迁不断优化北京数字空间发展和安全所需的运行体制和安全体系；制度设计和优化过程中要充分调动数字空间各类主体的作用，使其有效参与到治理过程中去；灵活甄别、评价数字空间发展的新型风险，确保数字空间的安全稳定，使得各类数字创新应用在安全稳定的前提下发挥作用。

第四，全力加强创新与突破。创新与突破是统筹北京数字空间发展和安全的重要方法。要摆脱路径依赖，面对全新的战略蓝图和现实困难，不能有“走走看看、等等停停”的思路，需要大胆创新、先行先试。摒弃传统治理思路，果断扬弃运动式管理方式，尊重数字空间演进的基本法则，不设立“毕其功于一役”的战略目标，不搞“一窝蜂”的集体活动。不仅如此，还要持续优化创新氛围，要营造允许失败、包容不成功的良好气氛，持续推进简政放权、放管结合、优化服务，激发数字空间主体的活力和愿景。积极解决困扰日常生产生活的实际问题，实现精确对焦、精准发力。

（四）新发展阶段统筹北京数字空间发展和安全的路径

进入新发展阶段，应当立足首都“四个中心”发展大局，深刻领悟我国所处的历史定位，在“疫情要防住、经济要稳住、发展要安全”的重要指示指引下，利用北京建设全球数字经济标杆城市的战略机遇，全面释放数字空间的生产力和创新力，加快构建北京数字空间高质量发展格局。

1. 以数字要素安全推动数字经济上一新台阶

要围绕数字要素安全“做文章”，以数据要素市场建设为切入点和突破口，在确保数字信息安全、保护市场主体权利的基础上，加强数字要素的去敏感化、降密级工作，不断提高数字要素在数字空间主体中的分配效率和使用效率；进一步完善制度建设，全面释放数字产业的生产力，全力打造北京数字产业的核心竞争力，并为北京经济社会发展提供有效支撑；围绕数字安全保障设备、数据价值再开发、数字安全技术落地、数字安全应用产业化等方面，营造数字经济安全发展的良好生态环境，在确保安全的基础上，鼓励突变式创新，实现数字经济快速发展。

2. 以智慧社区平台试点数字社会安全应用

结合北京数字社会应用实际，将社区智慧化系统平台作为重点示范引领项目，在实践中推进数字社会发展与安全治理的协调互动。在条件成熟的区域开展智慧平台应用试点，积极开展项目服务和数据收集工作，迭代优化项目功能，闭环提升平台安全水平，重点塑造毫秒级海量数据闪存、传输和应用能力，面对各类安全威胁能够提供不同的应对解决方案。同时，智慧社区平台还需要具有新增单元模块无缝嵌入和优化迭代功能，充分应对现代生活日益复杂化的突发冲击和持续攻击，尤其要具备承担复杂繁重的常态化疫情防控工作的能力。不仅如此，该平台需要进一步优化人机对话界面、完善图形设计、理顺应用逻辑、简化应用流程，方便不同层次的社会居民使用。

3. 正面引导引领数字文化发展

大力建设社会主义意识形态，鲜明弘扬社会主义主旋律，充分发挥社会主义核心价值观的带动引领作用，传承和发展中华民族优秀理念，引导、整合首都数字文化领域的价值观念和文化思潮。鼓励优秀数字文化作品创作，提高数字文化自主创新能力，打造具有民族特色的内容；建立健全数字文化治理的长效机制，在数字文化领域积极捍卫马克思主义的主导地位，维护网络意识形态安全，确保社会思潮稳定；加强数字文化阵地建设，及时把握数字文化的演变方向，杜绝监管死角；建立灵活高效并及时适应新形势、新技术和新业态的数字文化安全治理制度，完善综合治理体系。

4. 营造全新数字政务业态

依托“双随机、一公开”原则①，建设数字政务网络综合治理系统，建设综合智能执法平台，完善行政执法的督查功能，升级综合态势感知、智能应用耦合、数字孪生检测、全息信息传输等应用，杜绝监管死角，充分优化市场主体的经营环境，减少行政活动的搅扰；构建就近处理、全网通办、瞬间推进、合规免办等新型服务场景，在条件允许的地区和领域，推广以在线监管、动态监督、智能预警为显著特点的非现场活动，提升执法治理的效率和防患于未然的预警水平；采用“揭榜挂帅”的方式吸引各类主体参与数字政务建设，给予充分支持和高度信任，扶持系列高科技政务应用产业园区发展，实现集成创新展。

① “双随机、一公开”，即在监管过程中随机抽取检查对象，随机选派执法检查人员，抽查情况及查处结果及时向社会公开。

5. 强化顶层设计统筹协调

全面解决“数据烟囱”问题，破除管理壁垒，剥离各类数字空间应用冗余，全面应对数字空间安全设计余量不足问题。可以考虑由市政府牵头成立数字空间工作专班，定期召开工作协调推进会议，制定统筹数字空间发展和安全的重点工程图和计划时间表；充分发挥沟通联络和协同工作功能，打通不同部门、不同层级的信息孤岛，在合法合规的条件下实现数据的共享、共用和共治；通过协商共同加大人、财、物供给保障力度，确保统筹工作有序展开。

6. 加强数字安全领域制度建设

按照先内后外的原则，结合国内各地区、各领域发展实际，推进京津冀数据互联互通，推动京港澳数据协同合作，不断完善区域间数据要素资产安全交易的技术与监管规则。条件成熟后，将领域拓展到“一带一路”等跨国数据的安全交易，率先构建跨境数字交易的核心技术与规则。

7. 积极开展前沿科技研究工作

近期，数字空间全新技术正在进一步加快进入市场，逐渐形成一批具有技术引领力和市场示范效应的产品与服务。但这些先进技术应用领域存在较多安全隐患和监管死角，相关部门应密切关注技术革新走向，组织专业人士摸清技术发展脉络和动向，深入剖析前沿科技的利弊，有效应对各类创新应用的机遇与挑战；结合北京数字空间发展的实际情况，应选择一批重要的前沿领域做好研究工作，夯实共性基础知识和底层技术储备。

参考文献

《习近平谈治国理政》(第一卷),外文出版社,2014。

《习近平谈治国理政》(第二卷),外文出版社,2017。

《习近平谈治国理政》(第三卷),外文出版社,2020。

习近平:《决胜全面建成小康社会　夺取新时代中国特色社会主义伟大胜利——在中国共产党第十九次全国代表大会上的报告》,人民出版社,2018。

中共中央党史和文献研究院编《习近平关于总体国家安全观论述摘编》,中央文献出版社,2018。

中共中央文献研究室编《十八大以来重要文献选编》(上),中央文献出版社,2014。

中共中央文献研究室编《十八大以来重要文献选编》(中),中央文献出版社,2016。

中共中央文献研究室编《十八大以来重要文献选编》(下),中央文献出版社,2018。

中共中央党史和文献研究院编《习近平关于防范风险挑战、应对突发事件论述摘编》,中央文献出版社,2020。

新华月报编《新中国70年大事记(1949.10.1-2019.10.1)》,人民出版社,2020。

习近平:《在纪念马克思诞辰200周年大会上的讲话》,人民出版社，2018。

习近平：《在庆祝中国共产党成立95周年大会上的讲话》，人民出版社，2016。

习近平：《推动我国生态文明建设迈上新台阶》，《求是》2019年第3期。

《〈中共中央关于制定国民经济和社会发展第十四个五年规划和二〇三五年远景目标的建议〉辅导读本》，人民出版社，2020。

习近平：《在纪念中国人民抗日战争暨世界反法西斯战争胜利75周年座谈会上的讲话》，人民出版社，2020。

习近平：《习近平谈"一带一路"》，中央文献出版社，2018。

中共中央文献研究室编《习近平关于全面建成小康社会论述摘编》，中央文献出版社，2016。

中共中央文献研究室编《习近平关于社会主义经济建设论述摘编》，中央文献出版社，2017。

中共中央党史和文献研究院、中央"不忘初心、牢记使命"主题教育领导小组办公室编《习近平关于"不忘初心、牢记使命"重要论述摘编》，中央文献出版社、党建读物出版社，2019。

中共中央宣传部：《习近平新时代中国特色社会主义思想三十讲》，学习出版社，2018。

中共中央文献研究室编《习近平关于社会主义文化建设论述摘编》，中央文献出版社，2017。

习近平：《在全国抗击新冠肺炎疫情表彰大会上的讲话（2020年9月8日）》，《求是》2020年第20期。

习近平：《在第十八届中央政治局第二十三次集体学习时的讲话》，《人民日报》2015年5月29日。

习近平：《"我是经常地敲警钟"》，《人民日报》2021年12月12日。

习近平：《坚持系统思维构建大安全格局　为建设社会主义现代化国家提供坚强保障》，《人民日报》2020年12月13日。

习近平：《共担时代责任，共促全球发展》，《人民日报》2017年1月18日。

习近平：《在十八届中央政治局第十四次集体学习时的讲话》，《人民日报》2014年4月26日。

《习近平出席世界经济论坛2017年年会开幕式并发表主旨演讲》，《人民日报》2017年1月18日。

《习近平在联合国成立75周年纪念峰会上发表重要讲话》，《人民日报》2020年9月22日。

习近平：《正确认识和把握中长期经济社会发展重大问题》，《求是》2021年第2期。

《统筹推进新时代“五位一体”总体布局》，《人民日报》2017年11月3日。

《全面贯彻落实总体国家安全观　开创新时代国家安全工作新局面》，《光明日报》2018年4月18日。

《习近平出席中法全球治理论坛闭幕式并致辞》，《人民日报》2019年3月27日。

《中共中央关于党的百年奋斗重大成就和历史经验的决议》，人民出版社，2021。

《习近平在中共中央政治局第三十六次集体学习时强调：深入分析推进碳达峰碳中和工作面临的形势任务　扎扎实实把党中央决策部署落到实处》，《人民日报》2022年1月26日。

《中共中央政治局召开会议审议〈国家安全战略（二〇二一—二〇二五年）〉〈军队功勋荣誉表彰条例〉和〈国家科技咨询委员会二〇二一年咨询报告〉》，《人民日报》2021年11月19日。

《敏锐抓住信息化发展历史机遇　自主创新推进网络强国建设》，《人民日报》2018年4月22日。

《习近平出席第二届世界互联网大会开幕式并发表主旨演讲》，《人民日报》2015年12月17日。

《习近平在中共中央政治局第二十九次集体学习时强调：保持生态文明

建设战略定力　努力建设人与自然和谐共生的现代化》，《人民日报》2021年5月2日。

《〈告台湾同胞书〉发表40周年纪念会在京隆重举行　习近平出席纪念会并发表重要讲话》，《人民日报》2019年1月3日。

《习近平在出席解放军和武警部队代表团全体会议时强调：贯彻依法治军战略　提高国防和军队建设法治化水平》，《人民日报》2022年3月8日。

习近平：《在科学家座谈会上的讲话》，人民出版社，2020。

《提高防控能力着力防范化解重大风险　保持经济持续健康发展社会大局稳定》，《人民日报》2019年2月22日。

《中华人民共和国网络安全法》，法律出版社，2021。

《中华人民共和国生物安全法》，法律出版社，2020。

《中华人民共和国核安全法》，法律出版社，2017。

蔡奇：《在习近平新时代中国特色社会主义思想指引下奋力谱写全面建设社会主义现代化国家的北京篇章》，《北京日报》2022年7月4日。

蔡奇：《高质量推动新时代首都发展》，《人民周刊》2022年第6期。

蔡奇：《坚持以首都发展为统领　奋力谱写社会主义现代化的北京篇章》，《人民日报》2021年5月6日。

蔡奇、陈吉宁：《奋力谱写新时代首都发展新篇章》，《人民日报》2019年8月20日。

〔德〕乌尔里希·贝克：《风险社会——新的现代性之路》，张文杰、何博闻译，译林出版社，2018。

〔美〕塞缪尔·P. 亨廷顿：《变化社会中的政治秩序》，王冠华、刘为等译，上海人民出版社，2008。

〔英〕巴里·布赞、〔丹麦〕琳娜·汉森：《国际安全研究的演化》，余潇枫译，浙江大学出版社，2011。

〔英〕赫德利·布尔：《无政府社会——世界政治中的秩序研究》（第四版），张小明译，上海人民出版社，2015。

陈宝明：《高度警惕并有效防范化解科技领域重大风险》，《中国党政干部论坛》2019 年第 3 期。

陈楠:《城市外交与中国特色大国外交——思想契合、战略对接与机制创新》,《国际展望》2018 年第 1 期。

陈曙光:《世界大变局与人类文明的重建》,《哲学研究》2022 年第 3 期。

陈振明:《中国应急管理的兴起——理论与实践的进展》,《东南学术》2010 年第 1 期。

单菁菁、李红玉、武占云主编《中国城市发展报告 No. 13——大国治理之城市安全》,社会科学文献出版社,2020。

董晓辉:《坚持统筹发展和安全》,《红旗文稿》2020 年第 23 期。

范柏乃、段忠贤:《数字经济安全风险防控机制建设路径探讨》,《国家治理》2022 年第 5 期。

冯鹏志:《深入把握发展和安全的辩证法》,《学习时报》2021 年 2 月 26 日。

冯维江:《关于国家发展安全指数构建与测度的理论思考》,《国家治理》2021 年第 11 期。

高培勇:《从全局高度准确把握和积极推进构建新发展格局》,《经济日报》2021 年 1 月 18 日。

高培勇:《构建新发展格局:在统筹发展和安全中前行》,《经济研究》2021 年第 3 期。

高培勇:《构建新发展格局要统筹发展安全两件大事》,《经济日报》2020 年 10 月 27 日。

高小平:《中国特色应急管理体系建设的成就和发展》,《中国行政管理》2008 年第 11 期。

耿惠昌:《全面提升国家安全工作法治化水平》,《求是》2014 年第 24 期。

耿建扩、张晓悦:《河北玉田:"老字号"带来新机遇》,《光明日报》2019 年 11 月 10 日。

韩冰:《总体国家安全观的传承超越与独创性贡献》,《东岳论丛》2021 年第 9 期。

胡惠林:《国家文化安全学》,清华大学出版社,2016。

黄东:《“统筹发展与安全”的理论意涵》,《人民论坛》2021年第23期。

黄育华、杨文明、赵建辉主编《公共安全蓝皮书:中国城市公共安全发展报告(2016~2017)》,社会科学文献出版社,2017。

黄宗昊:《“发展型国家”理论的起源、演变与展望》,《政治学研究》2019年第5期。

蒋华福:《总体国家安全观的战略体系与思维方法》,《党建研究》2019年第6期。

蒋熙辉:《统筹发展和安全,走中国特色国家安全道路——深入学习习近平总书记总体国家安全观思想》,《人民论坛》2017年第32期。

李国平、杨艺:《“套路深”的大城市走向何方——国外大城市远景规划及启示》,《决策探索》2021年第9期。

李少军:《国际政治学概论》(第二版),上海人民出版社,2005。

林婷:《中国共产党百年党内政治生态建设的历史经验》,《马克思主义研究》2022年第2期。

刘慧:《守住全年粮食丰收基本盘》,《经济日报》2021年8月12日。

马宝成:《统筹发展和安全筑牢国家安全屏障》,《中国党政干部论坛》2020年第12期。

门洪华、肖晞:《总体国家安全观与中国特色国家安全道路》,《攀登》2016年第1期。

任远喆:《次国家政府外交的发展及其在中国跨境区域合作中的实践》,《国际观察》2017年第3期。

尚庆飞:《“新的历史特点论”:党中央治国理政科学体系的历史基座》,《中国社会科学》2017年第4期。

舒展、刘墨渊:《国家经济安全与经济自主性》,《当代经济研究》2014年第10期。

苏长和:《中国地方政府与次区域合作:动力、行为及机制》,《世界经济与政治》2010年第5期。

孙金阳、龚维斌:《城市公共安全风险治理的现实困境及其破解路径》,

《中共中央党校（国家行政学院）学报》2020年第4期。

唐钧：《论安全发展的创建和统筹》，《中国行政管理》2022年第1期。

王锐、倪星：《政党引领的权力监督模式：生成逻辑与内在机制》，《政治学研究》2022年第1期。

薛泽林：《从约略到精准：数字化赋能城市精细化治理的作用机理》，《上海行政学院学报》2021年第6期。

颜晓峰：《科学统筹发展和安全两件大事》，《经济日报》2020年10月13日。

杨卫、于湘人：《中国特色社会主义政治经济学统筹发展和安全观》，《上海经济研究》2021年第9期。

杨毅：《国家安全战略理论》，时事出版社，2008。

游光荣、张斌、张守明等：《国家科技安全：概念、特征、形成机理与评估框架初探》，《军事运筹与系统工程》2019年第2期。

虞崇胜：《促进发展和安全良性循环的三个关键》，《国家治理》2021年第11期。

张家年、马费成：《科技安全的分析模型及其核心要素表征》，《中国科技论坛》2020年第5期。

张丽娜、孙书琦：《超大城市基层社区公共安全风险治理困境与提升研究——基于北京市社区的调查分析》，《中国行政管理》2021年第12期。

张强：《新发展阶段统筹发展和安全的新思路》，《国家治理》2021年第11期。

张宇燕、冯维江：《新时代国家安全学论纲》，《中国社会科学》2021年第7期。

赵建平：《“统筹发展和安全”：理论意涵与创新策略》，《党政论坛》2021年第2期。

赵世军、董晓辉：《新时代我国科技安全风险的成因分析及应对策略》，《科学管理研究》2021年第3期。

赵中源：《新时代社会主要矛盾的本质属性与形态特征》，《政治学研究》2018 年第 2 期。

郑国光：《统筹发展和安全着力防范化解重大安全风险》，《红旗文稿》2021 年第 10 期。

钟国安：《以习近平总书记总体国家安全观为指引谱写国家安全新篇章》，《求是》2017 年第 8 期。

钟开斌：《百年来中国共产党应对风险挑战的基本历程与主要经验》，《改革》2021 年第 9 期。

钟开斌：《统筹发展和安全：理论框架与核心思想》，《行政管理改革》2021 年第 7 期。

钟开斌：《中国国家安全观的历史演进与战略选择》，《中国软科学》2018 年第 10 期。

孙久文、夏添：《新时代京津冀协同发展的重点任务初探》，《北京行政学院学报》2018 年第 5 期。

陈锡喜：《关于习近平新时代中国特色社会主义思想新的历史定位的学理思考》，《思想理论教育》2022 年第 1 期。

王新生：《习近平新时代中国特色社会主义思想的理论意义》，《中国高校社会科学》2020 年第 4 期。

李国平、宋昌耀：《"一核两翼"协同发展与现代化大国首都建设》，《行政管理改革》2021 年第 2 期。

张杰：《首都高质量发展改革的突破口》，《前线》2020 年第 10 期。

文魁：《文化经济：北京经济的新特性——首都发展要义下对首都经济的再思考》，《人民论坛》2019 年第 25 期。

李忠杰：《历史新坐标上的战略谋划》，《人民论坛》2020 年第 31 期。

刘海霞、王宗礼：《习近平生态思想探析》，《贵州社会科学》2015 年第 3 期。

邸乘光：《论习近平新时代中国特色社会主义思想》，《新疆师范大学学报》（哲学社会科学版）2018 年第 2 期。

刘希刚、王永贵：《习近平生态文明建设思想初探》，《河海大学学报》

（哲学社会科学版）2014年第4期。

秦书生、杨硕：《习近平的绿色发展思想探析》，《理论学刊》2015年第6期。

蒯正明：《习近平关于全面从严治党思想研究》，《中国特色社会主义研究》2015年第2期。

邵发军：《习近平“人类命运共同体”思想及其当代价值研究》，《社会主义研究》2017年第4期。

檀学文、李静：《习近平精准扶贫思想的实践深化研究》，《中国农村经济》2017年第9期。

成文浩、李同昇、马彩虹：《基于MCR模型和DO指数的宁夏沿黄生态经济带生态安全格局构建》，《西北大学学报》（自然科学版）2022年第3期。

罗康隆、吴合显：《生态文化观下的生态生计耦合与生态安全研究》，《贵州民族研究》2022年第2期。

张卉：《基于生态安全的渤海流域环境生态安全时空差异分析》，《能源与环保》2022年第4期。

潘越、龚健、杨建新等：《基于生态重要性和MSPA核心区连通性的生态安全格局构建——以桂江流域为例》，《中国土地科学》2022年第4期。

吴立军、田启波：《碳中和目标下中国地区碳生态安全与生态补偿研究》，《地理研究》2022年第1期。

郭雪艳、达良俊：《生态安全背景下的城市生态建设再思考》，《风景园林》2022年第1期。

贺祥：《生态系统服务供给安全阈值视域下喀斯特地区生态安全演变》，《地理科学》2021年第11期。

曹家宁：《生态安全·生态发展·生态正义：人民美好生态生活的三维建构》，《鄱阳湖学刊》2021年第5期。

周忠伟、周煜川：《企业污染与社会生态安全问题研究》，《企业经济》2012年第10期。

柴艳芳、谭迎新：《对生态安全的初步探讨》，《环境保护与循环经济》2009 年第 2 期。

Chester I. Barnard, *The Functions of the Executive*. Cambridge, MA: Harvard University Press, 1938.

Paull C. Nutt and Robert W. Backoff, *Strategic Management of Public and Third Sector Organization: A Handbook for Leaders*. San Francisco: Jossey-Bass, 1992.

Michae T. E. Porter, *Competitive Strategy*. New York: The Free Press, 1980.

Gibson W. Neuromancer, *Crime and Media*. Routledge, 2019.

Farmer, F. R., Morningstar, C., Crockford, D., From Habitat to Global Cyberspace, Proceedings of COMPCON'94. IEEE, 1994.

后 记

本书是在作者主持的2021年度北京市习近平新时代中国特色社会主义思想研究中心、北京市社会科学基金重大项目“统筹发展和安全研究”（21LLMLA007）成果基础上，经过多方专家意见征询，进一步修改完善而形成的研究成果。全书坚持以习近平新时代中国特色社会主义思想为指引，全面梳理归纳了习近平总书记关于统筹发展和安全的系列重要论述，创造性地提出统筹首都发展和安全的理论分析框架以及实践性方向指引，对首都率先基本实现社会主义现代化进程中“统筹发展和安全”进行了路径探索。为推动习近平总书记关于统筹发展和安全等系列重要论述、重要观点在京华大地落地生根、开花结果，推动“统筹发展和安全”思想贯彻到新时代实现首都高质量发展的全过程。

本书是国内首部系统研究统筹首都发展和安全的学术著作。以习近平总书记关于首都发展和安全、总体国家安全观等一系列重要论述为根本遵循，研究阐释习近平总书记在首都政治、文化、科技、国际交往、经济、社会、生态等多个领域有关发展和安全的重要讲话和指示精神，挖掘其丰富的理论内涵，创造性地建构新时代统筹首都发展和安全的理论分析框架，是本部作品在学术思想上的重要创新性贡献。全书通过理论与实践研究相结合，以“建设一个什么样的首都，怎样建设首都”这一重大时代课题为主线，从首都发展的内涵阐释、历史演进、面临的新形势新挑战新要求、工作要点等维度，比较国外首都城市发展经验，深刻阐释和系统把握首都发展核心要义，提出新时代首都高质量发展的路径选择。

北京市社会科学院党组成员、副院长杨奎研究员负责书稿的整体设计、研究计划、文献整理、修改统稿、审核定稿等工作。北京市社会科学院相关同志参与撰写工作，各章具体分工为：第 1 章杨奎、杨巧蓉；第 2 章刘长军；第 3 章孙照红；第 4 章杨奎、陆小成；第 5 章李晓壮；第 6 章杨慧；第 7 章尤国珍；第 8 章黄仲山；第 9 章邓丽姝；第 10 章赵继敏；第 11 章邓丽姝、侯昱薇；第 12 章李晓壮；第 13 章杨奎、陆小成；第 14 章齐心；第 15 章李茂。杨奎、陆小成、刘长军同志承担了书稿汇总编辑、文字校对与修订等工作，谭日辉、项晓东、俞音等同志承担了该课题的组织协调工作。

感谢北京市社会科学院党组以及各研究所、各职能处（室）负责同志对本书的指导和关心！感谢北京市社会科学院文库出版资助评审专家提出的宝贵意见建议！感谢社会科学文献出版社对本书稿耐心细致的修订、校对、编辑，为本书的付梓出版做了大量具体细致的工作。

由于本书撰写团队的水平和能力有限，书中难免存在一些不妥之处，也许还有个别观点值得进一步深入研究和商榷。在此敬请首都发展、首都安全各领域的专家学者和广大读者批评指正，提出宝贵的意见建议。

2023 年 3 月 10 日

图书在版编目(CIP)数据

统筹发展和安全研究：新时代大国首都的生动实践 / 杨奎等著 . --北京：社会科学文献出版社，2023.10
ISBN 978-7-5228-1560-2

Ⅰ.①统… Ⅱ.①杨… Ⅲ.①城市发展-研究-北京 Ⅳ.①F299.271

中国国家版本馆 CIP 数据核字（2023）第 045925 号

统筹发展和安全研究

——新时代大国首都的生动实践

著　　者 / 杨　奎 等

出 版 人 / 冀祥德
组稿编辑 / 邓泳红
责任编辑 / 张　媛
责任印制 / 王京美

出　　版 / 社会科学文献出版社 · 皮书出版分社（010）59367127
地址：北京市北三环中路甲 29 号院华龙大厦　邮编：100029
网址：www.ssap.com.cn
发　　行 / 社会科学文献出版社（010）59367028
印　　装 / 三河市龙林印务有限公司

规　　格 / 开　本：787mm × 1092mm　1/16
印　张：20.75　字　数：316 千字
版　　次 / 2023 年 10 月第 1 版　2023 年 10 月第 1 次印刷
书　　号 / ISBN 978-7-5228-1560-2
定　　价 / 128.00 元

读者服务电话：4008918866